格差をこえる学校づくり

関西の挑戦

志水宏吉 編

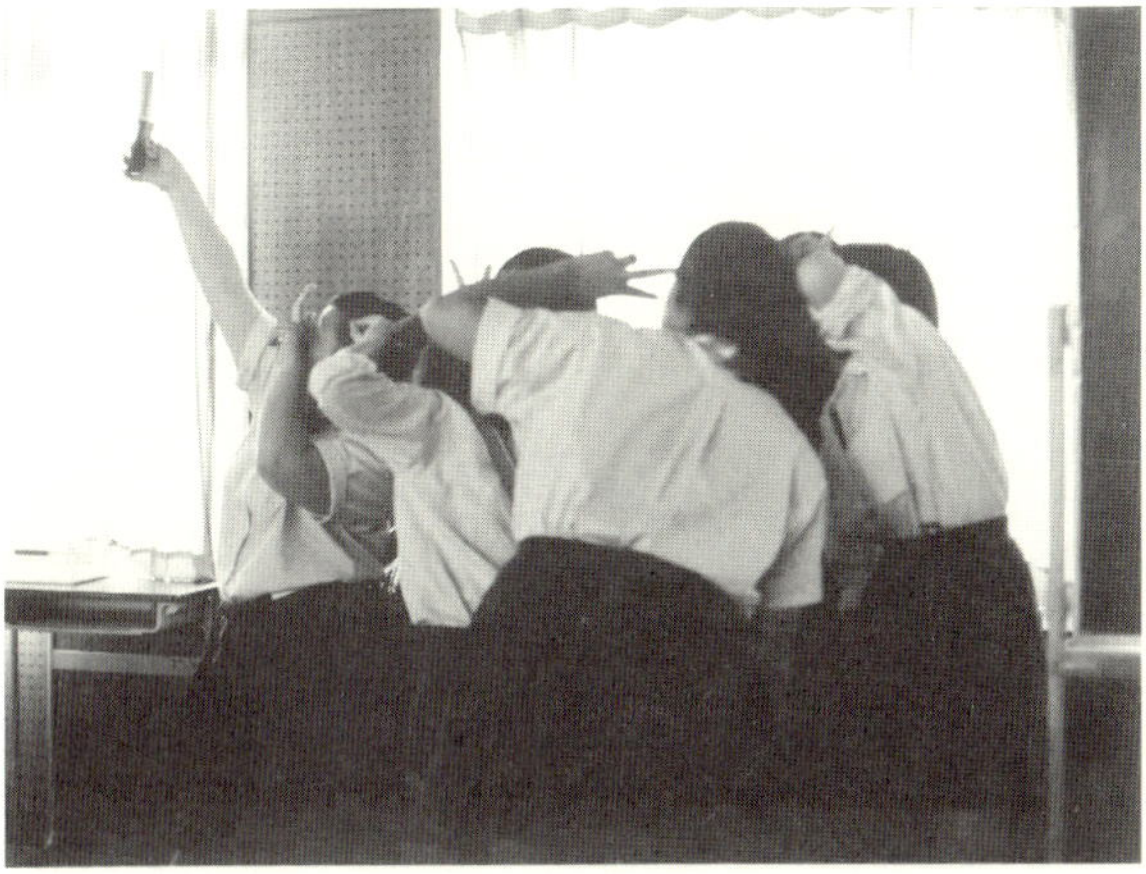

HANDAI Livre 028

大阪大学出版会

格差をこえる学校づくり——関西の挑戦・目次

序章　格差をこえる学校づくり

（大阪大学教授）
志水宏吉

一　はじめに

この本では、格差拡大という日本社会の趨勢に対して学校教育がなしうることを、大阪を中心とする関西地区で実践を積み重ねてきた人々の経験をベースに探究してみたい。具体的には、私もふくめた一五人の実践家および教育研究者の文章を集めるなかで、格差問題に対する、関西の教育現場からのひとつの提案を行ってみたいと考えている。

このところ、公立学校の教育に対する風当たりは強い。教師たちは激しいバッシングの波にさらされている。そして、いささか自信喪失気味である。新自由主義的な考え方を信奉する政治リーダーをいただく大阪では、事態はなおいっそう深刻である。

そもそもある公立学校に通う子どもたちの点数学力の水準は、校区の社会経済的な背景、より具体的に言うなら子どもたちの家庭の階層的分布に強く規定されるというのが、私たち教育社会学者の基本的考え方であるが、それは決して世間の常識ではない。大阪の小中学生の学力水準が高くないのは、端的に言って教師がさぼっているからだと考える人も多い。そして、その状況を打開するためには、学校・教師、そして子どもたちを競い合わせねばならないと考える。

ともあれ、教師らの奮闘努力の甲斐もあって、二〇〇七年から二〇一〇年にかけて、大阪の小学生の学力はかなり向上した。全国学力テストの都道府県別順位で言うなら、四五位から三四位へと上昇したのである。しかし、中学生の状況は、依然としてきびしいままである。中学校の教師が、小学校の教師ほど熱心でないからか。むろん、そうではない。中学校の教師たちも、懸命にがんばっている。ただ、中学生の学力の平均値を上げることは、小学生を相手にするときよりもずっと困難なのである。残念なことに、ふつうの人々は、そうした知識を持ち合わせていない。そして、「大阪の公立中学は水準が低い」「教師の質が悪い」というステレオタイプを主張する声にのみ込まれていってしまう。こうした状況のもとで、教師たちは無力感にさいなまれ、自信と誇りを失いがちになっている。

この本は、逆境に追い込まれた格好になっている公立学校教師の「復権」をめざして編まれたものだと言うことができる。「公立学校も、捨てたもんやあらへんで！」というのが、編者である私（志水）の率直な気持ちである。

関西には、「しんどい子を中心とする学級・学校づくり」という伝統がある。「しんどい子」とは、「学力や生徒指導面で多くの課題をかかえた子ども」のことで、その背景には「家庭環境のきびしさ」

がある場合が多い。私自身、一九六〇年代後半から七〇年代にかけて、地元（兵庫県西宮市）の小中学校で、こうした指導方針のもとでの学校生活を送った。そして、五〇代になった今でも、その教育の恩恵をこうむっていると感じている。

「しんどい子を中心とする学級・学校づくり」という伝統を形づくらせたのは、同和問題の存在である。「うちの子どもらに何とかしっかりとした学力をつけさせてくれ」という同和地区の人々からの異議申し立てによって、関西の学校・教師は「自己変革」の必要性に迫られ、そして独特の学校文化を形成してきた。その伝統なり、文化なりが、すぐれて現代的な意味を持ちうるのではないかと、私は考えている。

端的に言うなら、関西で展開されてきた同和教育という「古い」もののなかに、格差社会と呼ばれる現代における教育の諸課題を乗り越える「新しい」価値や方法が内蔵されているのではないかと思うのである。本書の全体を通じて展開されるように、そのスタンスや具体的手法には、新自由主義的なものとは大いに異なる特徴がある。そこで示されるものは、関西というローカルな場所で育まれてきたものではあるが、世界じゅうのどこでも通用するコスモポリタンな価値を有しているに違いない。

以下序章では、この本を読み進めるにあたっての前提となる、二つのトピック（「格差」と「学校づくり」）について述べることにする。まず、本書でいう「格差」とは何かという問題について扱う（一節）。特に焦点をあてて論じたいのが、近年私たちの研究グループが提唱している「つながり格差」

仮説というものである（三節）。次に、数年前に私たちが、大阪府教委との連携のもとで提示した「力のある学校」のスクールバス・モデルというものを紹介しておく（四節）。大阪における、同和教育の展開をベースにしたこの「学校づくり」に関するモデルは、本書の執筆者全員にとっての共有財産となっていると言ってよい。最後の節（五節）では、本書の構成について簡単に述べる。

二　格差という問題

まず、「格差」とはそもそも何かという問題について、簡単な検討を行っておきたい。ポイントは二つである。第一に、「格差」は「個人差」ではなく、「集団的な違い」である。第二に、「格差」は「単なる違い」ではなく、「是正すべき違い」である。

まず、第一のポイントに関して。あるクラスには、必ず「背が高い子」もいれば、「背が低い子」もいる。そこにはさまざまな個人差があるが、それはふつう格差とはみなされない。それが、たとえば男女別に集計されたとき、「男女の身長には二センチの格差がある」となる。あるいはまた、「早生まれ」の子とそうでない子との間には、「三センチの格差がある」などと言われる。この事例から明らかなように、格差とは基本的に集団的事象なのである。

第二に、右で見た身長の場合、男女差もさることながら、早生まれかどうかによる格差の方が、幼稚園や小学校低学年では問題視されることが多いだろう。月齢・年齢の違いが身体的成長の度合いに反映するため、行うべき教育的介入のあり方に多大な影響を及ぼしうるからである。このように集団間の違いが、何らかの意味での是正や介入の対象にすべきだと考えられた場合に、その「違い」が「格差」と呼ばれることになる。

そこで、現代の日本社会の状況を考えてみる。かつて日本は、「平等社会」と称されることが多かった。「一億総中流」などと呼ばれたように、各家庭の収入にはばらつきがあったに違いないが、欧米諸国と比べると取るに足らないものとみなされていたために、収入の違いが「格差」と形容されることはなかった。

ところが、一九九〇年代後半あたりから、日本社会は急速に「格差社会」と形容されるようになってきた。最も顕著なのが、豊かな人々と貧しい人々との間の所得格差の問題である。その中身には、ここでは立ち入らない（格差・貧困問題については、数多くの図書が出版されているので、類書を参照していただきたい）。ここで指摘しておきたいのは、明らかに今日の日本社会は、「格差社会」と称しうるような内実を備えるようになってきているということであり、それに対応するための包括的な社会政策が構築されなければならないということである。

所得格差は、人々の生活状況の格差に抜きがたく関係してくる。そしてその問題を放置しておくことは、日本社会の分断状況をいやが上にも促進することになる。教育政策は、社会政策の重要な一翼を担うものである。教育が直接所得格差の是正に寄与することはできないが、次に述べるような道筋を通して、教育は「格差をこえる」という社会目標に寄与しうる力を発揮できる、と私は考えている。

社会学の概念に、「ライフチャンス」（生活機会）と「ライフスタイル」（生活様式）というものがある。前者は、「大学に進学できるチャンス」「選挙で投票できるチャンス」「海外旅行に行くチャンス」といった用いられ方をし、人々の間に不均等に配分されている「量的なもの」とされる。後者は、文字通り、人々の日々の生活の仕方を示し、量的な差異ではなく、「質的な違い」であるとみなされている。

前節で述べた同和教育の伝統のもとでは、「ライフチャンス」に関連する教育的働きかけが「学力保障」（および「進路保障」）、「ライフスタイル」に関係する働きかけが「集団づくり」（あるいは「仲間づくり」）という言葉で言い表され、学校という場で実践の中身が鍛えられてきた。

「学力保障」とは、「すべての子どもに基礎学力を身につけてもらう」ことを教師の最大の使命とすべきという考え方である。一般的な「学力向上」の考え方は、どの子もまんべんなく伸ばす（べき）というものだが、「学力保障」の考え方では、とりわけ「しんどい層の学力を下支えする」という側面が重視される。その背後にあるのが、人々が多様なライフチャンスを享受することが可能となるためには、希望する進路につけるように（「進路保障」）、しっかりとした学力を身につけることが不可欠だという認識である。具体的には、習熟度別指導の採用、授業外での各種の補充学習の充実、徹底した家庭学習の指導、たしかな学習習慣の形成などが取り組まれてきた。

他方、「集団づくり」あるいは「仲間づくり」とは、子ども集団の質を高めるための指導の総体を指す。集団の力を生かして個々の子どもの能力なり、個性を伸長させるというスタイルは、日本の教育界全体の特徴だとも言えるが、同和教育の文脈ではとりわけ、「しんどい子に寄り添う」「仲間の生活の背景を理解し、共感する」といった側面が大切にされてきた。ひとことで言うなら、「仲間を大切にする子ども」を育成することが目指されてきたのである。かつて関西のいくつかの地域では、「地元校方式」という呼び名で、地元の公立高校に皆で進学しようという運動が盛り上がったことがあった。賛否はおくとして、「自分だけが進学校に進むことを潔しとしない」子どもをつくろうという教育観がそこに存在していたことはたしかである。

整理するなら、同和教育では、「学力保障」と「集団づくり」という二つの主要な回路を通して、差別のない社会を実現するための子どもたちの育成が試みられてきた。前者は、「人生を切り拓く力」としての学力を獲得させることによって、マイノリティの子どもたちのライフチャンスを改善させようとするものである。また後者は、すべての子どもたちのなかに「仲間を大切にする心」を育み、連帯や協働を志向する生き方やライフスタイルを定着させようとするものである。

これらの論点については、私（志水）が書く一五章で再び立ち返りたいと思う。

三　「つながり格差」仮説

格差社会と呼ばれる今日の日本社会に見られる「学力格差」の問題を、この一〇年ほどにわたって私は追いかけてきた。世間では、「経済格差」が「学力格差」に結びついているという論調が支配的である。そしてそれは、明らかな事実である。文科省が二〇一〇年に公表したように、世帯収入と子どもたちの学力はみごとに相関している。すなわち、豊かな家庭の子どもほど、学力が高くなる傾向にあるのだ。しかしながら、話はそれだけにとどまるものではない。私の研究室でこの二年ほどにわたって行ってきた分析から、私たちは「つながり格差」というコンセプトを提唱している（志水 二〇一〇）。それを、改めて紹介しておきたい。

四〇～五〇年前の日本の子どもたちの学力格差は、「都鄙《とひ》格差」という言葉で言い慣わされていた。都会の子どもは学力が高く、いなかの子どもは低かったのである。明らかにこれは、都市部と農村部との経済的豊かさの違いに由来していたものと考えられる。

ところが、二〇〇七年の全国学力テストの都道府県別の結果を、他の統計データと関連づけて分析してみたところ、興味深い結果が導き出された。さまざまな統計指標のうち、「持ち家率」「離婚率」「不登校率」の三つが、とりわけ学力との相関が強い指標として浮かび上がってきたのである。もちろんこの三つは、経済的な要因との関連性を有しているが、それだけでは解消できないものをもふくんでいる。それを示すために生み出したのが、「つながり格差」という言葉である。

何よりも、「持ち家率」という指標が浮かび上がってきたのは、私たちにとって想定外の事態だった。「持ち家率」が全国でも屈指の秋田県の平均県民所得は、それほど高くなく、下位グループに属している。それに対して、「持ち家率」が低い大阪のそれは、上位グループに入っている。にもかかわらず、秋田の子どもたちの学力はトップであり、大阪は冒頭に述べたように下位に低迷している。経済要因だけが学力に関係しているのであれば、決してこのような結果は出てこないはずである。

そこで私たちは、「持ち家率」の高さは、「地域社会・近隣社会と子どもとのつながりの豊かさ」を表示する指標と捉えたらどうかと考えた。持ち家が多いということは三世代同居率が高く、近くに親族が住んでいる割合も高いと考えられる。地域の行事やお祭りなどを通じて、近隣に住むその他の大人たちとのつきあいも密接なものになると思われる。持ち家率の高さは、世帯の経済的余裕というよりもむしろ、近隣における人間関係の豊かさという社会（学）的要因を表示するものと位置づけたのである。

同様に、「離婚率」の低さは、「家庭・家族と子どもとのつながりの豊かさ」を表示するものと考えられる。これについては、説明するまでもないであろう。また、「不登校率」の高さは、「学校・教師と子どもとのつながりの豊かさのゆらぎ」を示すのではないかと考えた。秋田では、公立学校の権威はいまだ健在で、中学生にいたるまで教師の言うことは素直に聞く。そのような状況のもとでは、少しぐらい体調が悪くても、あるいは仲間関係でトラブルがあったとしても、子どもたちは学校を休まないだろう。しかし、大阪ではいささか状況が異なる。大阪の、とりわけ中学生の不登校率の高さは、彼らにとって学校の価値が相対化されてしまっていることの表れと見ることができよう。先日、ある小学校で次のような話を聞かされた。学期がスタートしてからある女子が不登校に陥っているという。その理由は、お母さんとの約束を破ったために、ペナルティーとして「学校に行かせない」ということのようなのである。こちらの頭が混乱してくるような話ではある。

要するに、私たちの分析結果は、「地域、家庭、学校と子どもとのつながり」の多寡が、今日の子どもたちの学力の状況に大きな影響を及ぼしているという事実を示しているのである。かつての「学力格差」が「都鄙格差」であったのに対して、今日のそれは「つながり格差」にもとづくものではないかというのが、私たちの仮説である。

その仮説を裏づけるために、最近新たな分析を行ってみた（志水ほか 二〇一〇）。上に述べたことが、都道府県別の結果というマクロなデータにもとづくものだったのに対して、今から述べることがらは、一人ひとりの子どもの家庭環境と学力との関係をみるというミクロな関心にもとづくものである。

データは、耳塚寛明お茶の水女子大教授を研究代表とする文部科学省委託研究プロジェクトによって得られた、五つの政令指定都市の小学校それぞれ二〇校、全体で一〇〇校の小学六年生およびその保護者を対象とするものである。分析のねらいは、保護者がもつ三つのタイプの資源（「経済資本」「社会関係資本」「文化資本」）が、子どもたちの「社会関係資本」および「学力」にどの程度関連しているかを明らかにすることにあった。なお、ここで言う「経済資本」とは「世帯の収入」であり、「文化資本」とは「家庭の文化的・教育的環境」を、保護者の学歴と保護者対象アンケートの項目から尺度化したものである。さらに、「社会関係資本」とは、先に述べた「つながり」のことであり、「子育てについて相談できる人が周囲にいるか」「子どもを安心して預けられる人がいるか」といった項目を組み合わせて尺度化した（同様に、「子どもの社会関係資本」とは、「学校で友だちと会うのが楽しい」「家の人と学校のことについてよく話をする」「地域の行事によく参加する」といった項目を組み合わせたものである）。

見出された主要な結果は、三点である。第一に、親の資源と子どもの社会関係資本との関係をみたところ、経済資本と子どもの社会関係資本とはほとんど無関連であるという結果が出てきた。これは、欧米の定説とは異なる結果である。すなわち、欧米の研究では、家庭の豊かさが子どもの人間関係の豊かさに結びつくとされているのに対して、今回の調査では、子どもの人間関係の豊富さと家庭の物質的豊かさの間にはほとんど関係がないという結果が示されたのである。これは、現代日本の状況を物語る、ひとつの興味深い知見である。

第二に、親の資源と子どもの学力との関係については、三つの資本のそれぞれが学力に対して統計的に有意な関連を有していることがわかった。すなわち、経済的に豊かな家庭ほど、また文化的・教育的に恵まれた家庭ほど、さらには保護者の「つながり」が豊かな家庭ほど、子どもの学力が高くなりやすいことが判明した。ここで注目すべきは、社会関係資本の影響力が、経済資本や文化資本のそれと同程度に高いという結果が出てきたことである。言葉を変えて言うなら、たとえ家がそれほど豊かでなくても、あるいは親の学歴がそれほど高くなくても、親が豊かな人間関係のネットワークのもとで生活していれば、子どもの学力は引き上げられやすいということである。

第三に、経済資本別に、子どもの社会関係資本と学力との関係をみたところ、きわめて興味深い結果が見出された。すなわち、豊かな家庭では子どもの「つながり」と学力との間には相関が見られなかったのに対して、豊かではない家庭において、子どもの「つながり」と学力との間に有意な関連が見られたのである。言い換えるなら、次のようになるだろう。つまり、家が豊かであれば、たとえば友だちがいてもいなくても学力はそこそこ高くなりやすいのに対して、豊かでない家の子どもである場合には、「つながり」の有無が学力形成にとって決定的に重要となるということである。

まとめるなら、都道府県別データを通じて出てきた「つながり格差」仮説は、個々人のデータを通してみても妥当性を有することが立証されたといえるだろう。経済格差が子どもたちの学力形成に一定の影響力をもっていることに間違いないが、少なくともそれと同等に、私たちが「つながり格差」と呼ぶものの影響力は大きい。経済格差の問題に直接かかわることができない学校・教師にできることは、子どもたちを取り巻く「つながり」を再構築していくことに他ならない。豊かな人間関係のネットワークのもとでこそ、子どもたちは安心した学校生活を送り、学力をはじめとする諸々の力を伸ばすことができるのである。

四 「力のある学校」のスクールバス・モデル

本書の二番めのキーワードが「学校づくり」である。私たちの研究グループでは、欧米の「効果のある学校」研究を範として、学校現場との協働による調査研究を進めてきた。その第一の成果とも言えるものが、「しんどい子に学力をつける七つのカギ―大阪の『効果のある学校』」（志水 二〇〇五）であり、第二の成果が、これから述べる「『力のある学校』のスクールバス・モデル」である。

「効果のある学校」（effective schools）とは、「人種・階層的背景による学力格差を克服しうる学校」（鍋島 二〇〇三、一七頁）のことである。日本では、この考え方は、同和地区と地区外の子どもたちの学力格差を解消するという課題をもつ「同推校」（同和教育推進校）の教育実践の成果と課題を検討するために、導入された経緯がある。詳しくは、先述の鍋島の著作や拙著（苅谷・志水・清水・諸田 二〇〇二、志水 二〇〇五）を参照していただきたい。それに対して、「力のある学校」（empowering schools）とは、現在私たちが提唱している考え方で、「すべての子どもをエンパワーす

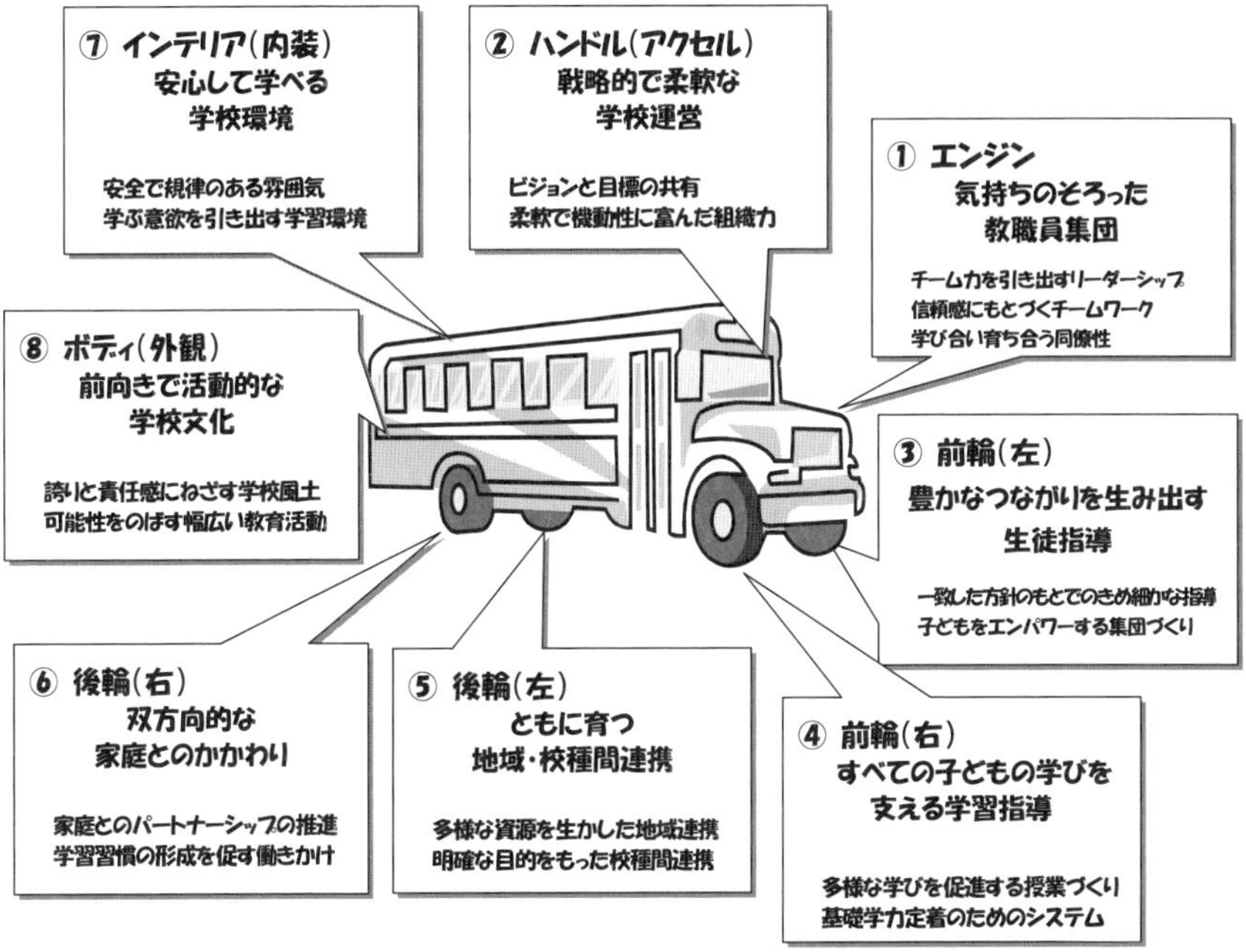

図1　スクールバス・モデル

る学校」を意味している。

「七つのカギ」という考え方を提出したのち二〇〇六年に、大阪府下で大規模な学力実態調査が実施された。私たちの研究グループはその分析に参画したわけであるが、量的な分析だけで終わってしまうのはもったいないと考え、翌二〇〇七年に大阪府教委とタイアップして、調査で導き出された府内の一〇の「効果のある学校」（小五校、中五校）に対する継続的な訪問調査を実施した。その成果をまとめたものが、図1に示したスクールバス・モデルである。このモデルは、二〇〇八年二月に府教委から出された『学校改善のためのガイドライン』に最初に掲載された。

その中身の詳細については、すでに他の所で整理している（志水 二〇〇八、志水 二〇〇九）ため、ここでは繰り返さず、基本的なコンセプトだけを述べておくことにする。

学力保障という観点からみて良好な成果があがっていると判断された一〇の公立学校をつぶさに観察した結果、その成果に寄与していると思われる要因を八つに整理することができた。その八つの項目を二つずつペアにして、バスの各パーツに当てはめていったものが、スクールバス・モデルである（なお、各項目の下にあるのはサブカテゴリーであり、全部で一七項目ある）。

最初のペアは、①「気持ちのそろった教職員集団」と②「戦略的で柔軟な学校運営」。車の操作にかかわる「エンジン」と「ハンドル」に相当する部分である。第二のペアは、車の前輪に相当する部分、③「豊かなつながりを生み出す生徒指導」と④「すべての子どもの学びを支える学習指導」。二つを合わせて、「教育指導」のタイヤと呼ぼう。続く第三のペアは、車の後輪、⑤「ともに育つ地域・校種間連携」と⑥「双方向的な家庭とのかかわり」。この二つは、「外部連携」のタイヤと位置づけることができる。そして、最後のペアは、バスの内装（インテリア）と外観（ボディー）に相当する部分。具体的には、⑦「安心して学べる学校環境」と⑧「前向きで活動的な学校文化」である。

このスクールバス・モデルが生み出されてから、早くも三年ほどの歳月が経つ。当初の時点ではそれほど意識しなかったが、さまざまな地域の、さまざまな場でこのスクールバス・モデルを紹介する機会を持つなかで、このモデルのベースにあるのは、関西の同和教育であると強く感じるようになってきた。意図としては日本のすべての小・中学校にあてはまる「力のある学校」のモデルを提示したつもりであるし、また実際に全国の教師から好意をもって受け入れられもしているわけであるが、たとえば③の「子どもをエンパワーする集団づくり」、④の「基礎学力定着のためのシステム」、⑥の「学習習慣の形成を促す働きかけ」などは、特に大阪の地で重視されている項目のように感じられる。

大阪および周辺地域では、二〇〇二年の同和対策法の期限切れ以降、「同和問題」あるいは「同和教育」という言葉を使用することが「忌避」される風潮が強まっているように見受けられる。法が切れたということは同和問題が解決された証しであるという見方が幅をきかせ、役所の組織図や各種文書から「同和」の文字が消されつつある。他方で、「同和がらみの利権問題」が噴出し、「同和バッシング」の論調が勢いを増している。

それに対して、同和問題はいまだ解決しておらず、同和教育の火を消してはならないと考える人々は、国連やその他の国際機関が推奨する「人権教育」(human rights education)という看板をかかげて、同和教育が守り育ててきたものを維持・継承・発展させようと試みている。言うまでもなく本書は、こちらの側の立場から編まれたものである。

今一度図1を見ていただければわかるが、スクールバス・モデルには、「同和教育」あるいは「人権教育」といった文言は一切出てこない。しかしながら、そのことに私自身が気づいたのは、つい最近のことである。私もふくめ、このモデルの作成にかかわったすべての者にとって、同和教育・人権教育の精神は、意識の表層にはのぼってこない存在だったようである。言い換えるなら、当たり前の前提をなすものだったわけである。後づけになるかもしれないが、今日的な「人権教育」の精神をスクールバスのなかに位置づけるとするなら、それは、この図のなかに隠されている「車台」(車の土台となる部分）ということになるだろう。一人ひとりの子どもの人権を大切にすることを教育の根幹に据える人権教育の精神が、スクールバスの基底部を構成しているのである。

ところで、スクールバス・モデルのいたるところに「つながり」というキーワードが出てくる。すなわち、①や②のポイントは「教職員のつながり」、③のポイントは「教師と子どものつながり」および「子どもたち同士のつながり」、⑤のポイントは「学校と地域および他の学校とのつながり」、⑥のポイントは「学校・教師と家庭とのつながり」といったように。「力のある学校」では、何よりも人間同士のつながりが重要視されている。前節で述べた、現代社会における「つながり格差」を克服するひとつの拠点たりうるのが、私たちが提唱する「力のある学校」である。

私たち執筆者のすべては、それぞれの持ち場で、「格差をこえる力をもつ公立学校」の構築を目指している。以下に続く各章において、一五人の執筆者が語るそれぞれの物語に、真摯に耳を傾けていただきたい。

五　本書の構成

本書に寄稿してくれた人々はみな、私が主宰する研究会のメンバーである。「中学校づくり研究会」という名前のその研究会は、スタートしてから早くも六年が経過する。二カ月に一度のペースで例会をもち、中学校をめぐる問題を中心としたさまざまなテーマについて報告・検討を行ってきた。そうした活動のなかから、「格差をこえる学校づくり」というテーマで本をつくってみたいと思うようになり、一四名の賛同者を得ることができた。

本書は、四つのパートからなる。第Ⅰ部では「中学校の挑戦」と題して、四人の現職の先生方（お一人は、現在は大阪府の指導主事）に、自らの実践について書いてもらった。一章の書き手土田さんは、大阪の「名物教師」と言ってよい方である。八尾市の「一般校」における集団づくりの実践が、みずみずしい筆致で描かれている。二章は、大阪の人権教育の「若頭」的存在である田中さんによるもの。主題は、自らが勤務した茨木市豊川中における、「学びの共同体」論にのっとった授業改革を核とする学校づくりの物語である。三章を書いた小林さんは、『格差を越える中学校』という著作もある、土田さんと並ぶ大阪の中学校の「顔」と言ってよい人物である。今回は、「ユニット制」という集団づくりに関する独自の取り組みについてのレポートを作成してもらった。四章は、中学教師として同和教育に打ち込んできた一方で、大阪大学で博士論文を執筆した経験をもつ原田さんの手によるものである。「特別支援教育に同和教育の視点を」という主張は、すこぶる明確である。

第Ⅱ部「高校の挑戦」では、三人の高校の先生方に、大阪の高校の新たなる展開について論じてもらった。五章と六章は、いずれも府立高校の校長先生の手によるものである。五章を担当した山田校長が描くのは、高校の学びの「ユニバーサルデザイン化」をめざす西成高校のチャレンジである。高校の同和教育の先端を走ってきた西高のプライドが感じられる文章となっている。一方、六章を担当する島崎校長が熱く語るのは、新しい赴任校・堺西高校を活性化するための戦略である。「パッション」「ミッション」「ビジョン」「アクション」という見出しのもとにたたみかけてくる筆致はするどい。続く七章は、府立高校の校長職を経て、現在大阪府教委の高等学校課長の要職にある津田さんの手によるものである。高校生の進路保障をテーマに、過去から現在にいたる取り組みの流れが手際よくまとめられている。

第Ⅲ部では、「教育行政の挑戦」と題して、地方自治体レベルでの学力保障・学力向上の取り組みを、四人のメンバーに報告してもらった。まず八章では、「ジョイントアップ事業」と称される、「小中連携」を軸とした、ある自治体の取り組みを紹介した。筆者の佐古さんは、私の高校時代からの友人であり、その事業においてキーパーソンとしての役割を果たした人物である。続く九章では、大阪府茨木市の、「茨木っ子プラン22」という、学力向上に焦点をしぼった三カ年計画について記述した。この章の筆者である加藤さんは、そのプランを中心的に立案・推進してきた人物である。私自身も、そのプロセスにおいて随時アドバイスをさせてもらった経緯があることを付け加えておきたい。一〇章は、「学力・学習状況調査」の活用をテーマとした章である。筆者の三田さんは、この章に出てくるB中学校の元校長であり、私もその当時何度か訪問させてもらった。B中の成果は、市内でも抜きん出たものだと言って間違いはない。一一章は、尼崎市の教育長をつとめる徳田さんの手によるものである。私と氏の付き合いは、かれこれ二十数年にも及ぶ。この町を愛する徳田さんの文章は、時にきびしく、そしてあたたかい。

最後の第Ⅳ部は、「教育研究者の挑戦」と題した。私をふくむ四人の執筆者はいずれも大学教員であるが、そのうちの二名は元中学校の教師である。一二章を担当した佃さんは、中学校の校長を務めたあと、大学教員に転身した人である。ある特定の教師の学校組織運営の仕方について、「パラダイム論」という独自の視点から論じたこの章は、本書全体のなかでもユニークな位置を占めるものとなっている。一三章の神村さんも、同和教育一筋に歩んできた実践家である。現在は大阪教育大学で、次代を担う教員の育成・養成に携わっている。本章の内容は、大学を舞台とした、湯気が出てきそうな実践レポートとなっている。一四章の筆者高田さんは、私と並ぶ、教育現場を経験したことがない、純粋（？）な研究者である。とはいえ、彼の研究関心はすこぶる実践的なものであり、同和問題の解決に向けて人一倍心を砕いてきた人物である。「学力保障」をテーマとする本章では、その目標を達成する上でのいくつかの課題が提示されている。私が担当する一五章では、先行する一四本の論文をふまえたうえで、同和教育のリニューアルという視点から、時代に即した新たな教育実践の可能性について議論を構築してみた。

前置きは以上である。早速、本論に入っていくことにしよう。

（三月二〇日記す）

苅谷剛彦・志水宏吉・清水睦美・諸田裕子　二〇〇二『調査報告「学力低下」の実態』岩波ブックレット
鍋島祥郎　二〇〇三『効果のある学校』解放出版社
大阪府教育委員会　二〇〇八『学校改善のためのガイドライン』大阪府教育委員会事務局
志水宏吉　二〇〇五『学力を育てる』岩波新書
志水宏吉　二〇〇八『公立学校の底力』ちくま新書
志水宏吉　二〇〇九『「力のある学校」の探究』大阪大学出版会
志水宏吉　二〇一〇『学校にできること―一人称の教育社会学』角川選書
志水宏吉・高田一宏・鈴木勇・知念渉・中村瑛仁　二〇一〇「社会関係資本と学力―『つながり格差』仮説の再検討」日本教育社会学会62回大会発表レジュメ

第Ⅰ部　中学校の挑戦

一章　学力保障の根底にあるもの
――豊かな人権学習と集団づくり――

（八尾市立曙川中学校首席）
土田光子

一　はじめに

大阪府下全体の教員年齢構成は砂時計状にある。それは、「ベテラン世代の言葉」を「若い教員も理解できる言葉」に翻訳して伝える中堅世代が、今の学校にはほとんどいないということを示している。学校現場の命綱のひとつは、「数珠つなぎの年齢構成という「じょうご」」である。この「じょうご」を通し、大先輩のさまざまなスキルが若い世代に自然に踏襲されるという状況のなかに、若い人が育つための学びがあった。しかし今や学校は、その「じょうご」を失ってしまった。とりわけ中学校では、保護者より年下で経験年数の少ない教員が大半を占める日が目前に迫っている。それでも学校が十全に機能するためには、「若い教員育て」は急務である。しかしながら、若い教員の何をどう育てるのかということについての真摯な論議は、なかなか聞こえてこない実態がある。

そこで本稿では、学年一丸となった実践を通じて、若い教員が何を学び、どう変わっていったのかを綴っていこうと思う。単なるスキルではなく、「豊かな人権学習と集団づくりが学力保障の根幹をなす」と実感するに至った若い教員たちの姿を通じ、同和教育に取り組んできた世代から、「どうしても伝えたいこと」の一つでも示せたら幸いである。

二　キャリア教育をきっかけに

わたしが二年間の長期研修を終えて職場復帰した二〇〇八年度は、文科省の人権教育研究指定本発表の年であった。テーマはキャリア教育を核にすえた人権教育である。復帰早々学年主任として配属された六一期生第三学年教員団には九人のメンバーがいたが、一年からの持ち上がりは講師を含む若い教員三名のみであった。残る六名（わたしを含む新転任四人、旧学年からの残留二人）は、六一期生について何の情報も持っていなかった。研究指定本発表の研究主任も兼任していたわたしは、復帰早々の学年会議で、「六一期生の実態」と「人権教育を中心とした二年間の取り組み」について、三人の若い教員に振り返ってもらった。

久々に落ち着いた様子で入学してきた六一期生が、急激に崩れ始めたのは一年生の中盤からで、以後今日まで、連日のように問題事象が生起しているという。「方法の是非はおくとして、今まで自分を出せないでいた子どもたちが、ともかく自分を出すようになったのだとはとらえなかったのか。急激な変化をきっかけに、教員が子どもと話し込むことと並行して、個の問題をクラスの課題として考えていくような取り組みはあったのか」と問うと、「表現方法のゆがみばかりに目が行き、「何、勝手なことやってんねん！」「ちゃんとやれ！」と、一方的に迫ってきた気がする。子どもたちの思いや事情を聞く前に、まずは叱りつけ、教員としての自分の考えを語り、マンツーマンの指導に終始してきたように思う。子どもをつなぐための行事にも精一杯取り組んだが、いつの間にか「行事の成功」が目標になっていき、何のために取り組んでいるのか話し合うこともなかった。キャリア教育についても、単なる職業体験学習を展開すればいいと考え、共通の目的意識もないまま、ただやみくもに忙しい日々が続いていった」と正直に話してくれた。

わたしはこの研究指定本発表を千載一遇のチャンスととらえ、学年団のメンバーが大幅に変わったことを根拠に、今一度キャリア教育とは何かという原点から実践を仕切り直そうと提案した。春休みの連日の学年会議で、単なる職業技術教育と対抗する概念として提唱されるようになったキャリア教育であることを学習し直し、自分の将来に展望を持ち、自己実現に向けた実践力としての生きる力を育成するキャリア教育＝人生教育に取り組むためには、しっかりした人権学習の構築と、人との関係を紡ぐ集団づくり、そして何より、自分がどのようなものであるのかを見つめる自己認識力が不可欠であることに学年団は気づいた。キャリア教育の原点は自分探しにあると腑に落ちたようであった。

若い教員は、この一年間の実践の中で、日々のショートホームルームや生活ノート・班ノートの取組みも、自己認識を深める学びの場であることに気づき、学校生活のあらゆる営みを見直していくようになっていった。教員が一方的に教え込み、言い聞かせて終わる人権学習を打破する試行錯誤が生まれ、さらに日々の授業のあり方や学力観を見直し、結果として、自分の「子どもを見る眼」を検証し直すことができたのである。

三　若い教員の自尊感情を大切にしながら

持ち上がりの若手三名は、自分たちの実践を否定するところから再スタートしようとしていた。実践を総括し成果と課題を共有することは、今までの実践はダメだったと認識することではないにもかかわらず。自分たちの二年間の歩みを全否定していては、次の一歩は踏み出せない。彼らが自信を持って再出発するためにも、子どもの変容をもたらした彼らの歩みの確かさを確認し合いたいと考えていた。そのころ、Aが書いた作文に出会った。自分を変えていこうとするAを支えたのは、若手教員の粘り強いかかわりだった。

私が一、二年荒れてたのは、学校がおもんなかったんもあるけど、家庭の事情が自分の中で一番のストレスやった。二年の時は、もう家族みんなバラバラで、お兄ちゃんもおとんもおかんも死んだらいいのにと毎日思っていた。家に帰るの嫌で、おばあちゃんの家におったこともある。ずーっとそんな毎日やって、二年の三学期に初めて担任にそのことを話せた。言うた後、めちゃ楽になった。そのまま、まだ家族がバラバラのまま、何も解決もなく三年になった。

そんな時、足の手術をすることになった。クラスに迷惑ばかりかけている私を、三組のみんなは千羽鶴をおって迎えてくれた。うれしくて泣いてしまった。このクラスならみんなを信じて自分の気持ちを打ち明けられる。そう思って、私は今まで荒れてたその訳を、誰にも知られたくなかった本当の理由を、正直に話すことができた。みんな真剣に聞いてくれたし、その後うわさ話をすることなく、受け入れてくれた。（中略）もしこのクラスじゃなかったら私は自分の荒れている理由も話せなかったし、素直になれてなかったと思う。だから、クラスが心を寄せ合って正直な気持ちを出せるようにしていくことは、人の命を救うことにもつながると、私は思った。つながりって大切や！

Aはさまざまな問題行動を起こしてきた子どもである。二年の終わりに荒れに走る原因がようやく整理でき、担任に打ち明けられたが、仲間には語れぬままだった。三年進級を機会に、自分を変えたいという気持ちから委員長に立候補し当選したAは、自分の決意を信じてくれた仲間の存在に癒やされ、今まで教員だけに語ってきた話を、班ノートに書き始めた。

足の手術を終え、退院してきたAを千羽鶴で迎えてくれた仲間を前に、Aは自分の生活を語った。その後Aは、自分の今までを振り返り、「私は、式なしで答えだけ出してきたから人とつながれなかった。なぜキレたのか、その訳をきちんと話さなかったら、友だちなんて一人もできんわ」と総括した。

わたしは旧学年での取り組みをたたえながら、「このAの変容過程こそ、キャリア教育ではないのか」と学年に提起した。どんな知識や技能を身につけたところで、それを日常の生活や人間関係づくりに活かせないのでは何の意味もない。キャリア教育とは、自分の持てる力を使う力、自分のスキルを活かして生き抜く力の育成を目指すものである。Aは、怒りを持てあまし一人でキレていた自分の姿を直視し、その怒りや悲しみの原因を認識する力を持った。そして、荒れるに至った理由を正直に仲間に打ち明けることで、自力で新たな人間関係づくりをスタートさせた。自分を変えたいという願いを持って委員長立候補という手段を選択し、自力で自己実現の道を歩んでいる。同時に、Aをそんな気にさせる集団が育っている。これこそキャリア教育の道筋そのものではないか。今までの実践は間違っていなかった。残る一年、この成果に依拠しながら、さらに発展的な取り組みを打とう。そのためにも、キャリア教育として特別なことに取り組むより、今ある取り組みをキャリア教育の観点で組み立て直す手法をとる方が、より本質的な取り組みになるのではないか、というわたしの提案は、学年に了承された。

四　具体的実践―行事編

自分探しに必要な集団づくり

単なる職業技術教育と対抗する概念として提唱されるようになったキャリア教育は、自分の将来に展望を持ち、自己実現に向けた実践力としての生きる力を育成する人生教育であるが、将来展望には、自分を見つめる自己認識力が不可欠である。ゆえにキャリア教育とは、自分探しから始まる取り組みであると言えよう。

人が自分のことを知るためには、他者と出会う必要がある。子どもたちは、同じ学習をしたにもかかわらず、人とは違う感想を持つ自分や自分とは違う意見を持つ仲間に出会い、自分固有の考えや思いや自分らしさ、そして仲間と共有しあえる共通の考えや思いがあることを認識していくからだ。

従って、キャリア教育の前提となる自分探しには、集団が必要となる。他者とは違う自分や他者と共鳴する自分を発見し、そんな自分を正直に出し合える関係性を生み出すには、自分の意見や思いを安心して発表できる環境がいる。そう考えれば、集団は単なる群れであってはならない。こうして、教室を安心と協働の場にしていくための集団づくりが不可欠であることが、学年団に共有されていった。そして、集団をつなぐことを大きな目標に、今後の行事を展開していくことが確認された。

まずは沖縄修学旅行でキャリア教育する

早速取り組みが始まった。まずは五月の修学旅行である。自分たちの行事を自分たちで企画・運営・総括できる力を育むキャリア教育風にアレンジしてみると、修学旅行を成功させるために必要な仕事を自分たちで考え、その仕事ごとに実行委員会を置き、全員が自分の意志で実行委員会を選択し、全行程を自分たちで仕切る「子どもたちの手創り修学旅行」という図式となる。教員が何もしないのは申し訳ないので、困難に立ち向かう力をつけようと、わたしたちは随所に障壁を用意した。例えば「クラス別行動時は自由服」という学年生徒会の原案には、「普段から制服を着崩しているくせに何が自由服だ」と厳のように立ちはだかる。対する学年生徒会は、制服着崩しゼロ運動を成功させることで自由服を勝ち取ろうと、闘いを挑んできた。しかし学年生徒会メンバーの九割は、A同様、今までさんざん学年をかき回してきた子どもたちである。自分を変えたくて委員長になったものの、依然として短いスカートを履いたまま「着崩しゼロ」を叫んでも、誰も振り向いてはくれないし、「それでは誰も耳を貸さない」と指摘してくれる仲間もいないのが、六一期生の現実だった。

この運動を通して、私服を着たいという単純な思いが、自分たちの関係を見つめ直し変えていきたいという思いに高まった子どもたちには、安心して学習に取り組める学級を作ることと修学旅行を成功させることは、同じだということが見えてくる。そして、本当に安心して授業に集中するには、みんなが一生懸命勉強するだけでは足りないということも。間違っても笑われないし、安心してわからないと言える。そんな人間関係もないまま、ただ勉強だけを頑張っても、信頼と友情でつながる仲間にはなれない。そう考えるようになった子どもたちは、沖縄での聞き取り学習後、各クラスにわかれ、クラスの仲間と感想を分かち合う時間を設定し、できれば単なる感想交流ではなく、自分のことを語り合う「クラスミーティング」に発展させたいと準備を始めた。

当日は、いじめ体験や家族の死、勉強での悩みや両親の離婚など、子どもたちは自分の生活を語り合った。何よりの成果は、自分の話を真剣に聴いてくれる仲間がいることを、子どもたちが実感できたことである。しんどい現実を正直に打ち明けてくれるのは、自分への信頼だと感じたからこその傾聴の姿勢は、語った人たちへの「真剣な話は笑われないのだ」というメッセージとなり、クラス全体に大きな達成感をもたらした。

文化祭でもキャリア教育する

文化祭の脚本づくりにも全員がエントリーした。プレゼンテーションのあと投票により選ばれた三作品をベースに、脚本係に名乗りを上げた子どもたちが夏休みに何度も集まり、脚本が完成した。脚本係から、この劇を完成させるには、役者、沖縄舞踊、エイサー、和太鼓、大道具、小道具・衣装、音響・照明にそれぞれ何名必要かが発表され、各自の意志で役割をとっていった。一〇〇分におよぶ創作劇は、大成功のうちに幕を閉じた。

五　具体的実践―人権学習編

参加型で展開する人権学習

キャリア教育では、人間関係づくりやコミュニケーション能力の育成が欠かせない課題となる。しかし、アサーティブ・コミュニケーション能力は、丁寧な言葉遣いや社会的マナーを身につけることとは位相が異なる概念である。自分のことを大切にし、嫌なことは嫌だと言える力や、相手のことを自分に置き換えて考えられるといった、自他の人権を尊重する高い人権意識に裏打ちされてこそ、本物のコミュニケーションスキルが身に付いていく。そうすると、人権学習の組み立ても変わらざるを得なくなる。「各人権課題について授業する」という発想でいると、どうしても一方向の「知識伝達型学習」に陥ることに気づき、必然的に「参加体験型学習」が増えていった。さらに、人権学習が単なる知識理解に終わらぬよう、いかに行動化させるかという問題意識を持って、人権学習の再構築がはかられた。

社会的被差別の立場を持つ子どもの存在が見えにくい本校では、人権学習における「ひとごと意識」が払拭しきれない現実があった。そこを乗り越える手だてとして、多様性教育からヒントを得たアクティビティをたくさん取り入れたが、ここでは「中学三年生の私たちは、なんといってもこれが欲しい」の取り組みを紹介しよう。「素敵な彼氏・彼女」「何でも理解してしまえる賢さ」など三〇の商品を、擬似紙幣を使って競り落とすゲームである。ルールはひとつ、私語厳禁。

擬似紙幣とはいえお金のかかった活動に、子どもたちの目の色が変わる。ある子どもは「スリムな体重」を全財産の一万円で競り落とそうと、虎視眈々待ち構えていたが、隣から突然「一万千円」のコールがかかり、「数え間違えているよ」と小声でささやいた。その横で「こちらの列には一万円、そちらの列には二万円ずつ配っているので、問題ありません」と言う教員に、「えーっ、そんなん不平等や！」と騒然とする教室。教員が、「だってふだん買い物に行くとき、財布の中身は決められた金額しか入っていないのですか？」と言ってのけると、一万円しか配られなかった列の子どもたちはやる気をなくし、擬似紙幣を投げつけたりもする。それでも気を取り直し再びオークションに参加していると、金を持ち寄ったのだろうか、一万円グループから「二万千円」のコールがかかった。すると同じ一万円グループから、「周りの人と団結したら勝てると気づいていたけど、私語厳禁のルールがあるから諦めていたのに、あの子たちはずるい」と抗議の声が上がる。今度も教員は平然と、「もともと不平等なルールを、どうして守らなければならないのですか」と返していく。

ゲーム終了後の振り返り。人権学習に否定的であったBは、「わたしはずっと二万円グループの立場で生きてきて、そこからものを考えていた。でも今日、不平等な立場に立たされたら、やる気ごと奪われていくってことがわかった。人権学習なんかするから、かえって差別がなくならないんだと思っていたけど、ちゃんと知らないとアカンってわかった。わたしの学力は塾にも行ける環境の中でついたものや。わたし、英語ならいけるから、英語わからん人はわたしの周りに来て」と呼びかけ、放課後助け合い学習会では何人もの仲間が彼女の周りに集まっていった。若い教員たちは、学んだことを知識理解でとどめず行動化したBの姿から、「キャリア教育は、つけた力を活用するところにまで高めた人権・同和教育のことなんだ」と合点し、「ああ、すっきりした」と笑った。

アイデンティティを見つめるキャリア教育

人は誰もがみな、子どものころに思い描いた夢を実現させ、やりたかった仕事に就いているわけではない。しかしそれが仮に意に添わない仕事であったとしても、それでも、生きるがため食べるがため、そして何より家族のために、親は日々黙々と働き続けている。見通しのつかぬ不況が進行している現在では、その生活の糧としての仕事さえ奪われかねない家庭が数多く存在している。親の仕事の不安定さは子どもの心の不安定さとなり、子どもをすさませていく。階層的不平等が広がる現実に目を向けず、仕事を奪われたのは親に力がないからだと誤認し、親を否定的に捉える子どももいる。学校で学んでいることと子どもの生活の事実の間に、乖離を生んでいるものは何なのか。それは「夢の自己実現」というきれいな言葉で語られる未来と、そのための今にばかり目をやり、自らの来し方を振り返らせてこなかったことに起因している。

自分を見つめるとは自分のアイデンティティを認識することに他ならない。それには自分をつくった人と向き合う必要がある。わたしたちは、子どもたちが親から仕事の聞き取りをすることを通じて、再度親との向き合い直しができるよう、取り組みを重ねていった。

親にとって仕事のやりがいの中には、家族を支えたいという願いが大きいことを子どもたちは知る。それはとりもなおさず、自分の存在が親の生きがいでもあることを知るということだ。自分の存在が人を支えていることを知ることは、自分の存在、自分の命の重さを自覚することにつながる。親の仕事を通して親の人生を聞きとり、その親に育てられた自らの来し方を振り返る中で、自己の存在の重さを認識した子どもたちは、改めて進路と向き合う。この聞きとりは、この先の未来をどう生きていくのか、この厳しい社会の中で、どう自分を活かしていくのか、進路選択を前に今一度、生き方としての進路を考えていけるよう設定した課題である。自分に命と名前を与えてくれた親の存在と、その命を守り育ててくれた親の労働から謙虚に学んだ子どもたちは、修学旅行についで、再びクラスミーティングの中で自分のことを語った。その語りには、自他の命の重さとかけがえのなさに対する深い敬意にあふれていた。来し方を振り返ることで未来が拓かれていく。そんな実感を持つこともまた、キャリア教育なのだと確認し合うことができた。

日常活動の中でのキャリア教育

各取り組みの最後には、「この取り組みをくぐっての今の自分を見つめて綴る」活動を必ず入れる。綴ることで自己認識を深め、綴ったことを交流し合うなかで仲間を知り、思いを返しながら人とつながっていく営みも、キャリア教育ではあるまいか。そういえば、日々のショートホームルームや班ノートも、自分とはどういう人間であるかを見つめたり、仲間とつながる機会である。そう再認識した教員団は、学校生活のあらゆる営みを、自己認識を鍛える場として活用できているか見直していった。

その結果、あらゆる取り組みをそれぞれ目的化してしまい、その取り組みを何とか成功させることに躍起になっていく罠に巻き込まれていくからくりが見えてきた。それぞれの取り組みの真の狙いは、子どもたちが自己認識を深め、仲間とつながりながら、自己実現のために努力を惜しまない力をつけることにあり、個々の取り組みは、そのための手段でしかない。若い教員にも、その神髄の部分が見えてきて、日常の授業や活動で、子どもにかける声が変わってきた。「ちゃんとしろ！」という罵声が消え、「どうしたんや」という声が自然に出るようになった。キャリア教育の取り組みは、教員をキャリアアップさせ始めたのである。

授業改革に行き着いたキャリア教育

授業もまたしかりである。チョーク&トークの一斉授業を見直し、学びの主体である子どもたちの活動からなる授業づくりに取り組むようになっていった。一斉授業の場合にも多くの工夫を入れ、個を見つめた評価の在り方についての研修も重ねた。放課後助け合い学習会もクラス別の日や教科別の日を設定し、学年あげて学力保障に熱が入っていった。そのかいもあって、不況の中、府下で多数の進路未定者を出したこの年度にあって、六一期生は全員が進学できた。

教室が安心と協働の場になったとき、子どもたちは初めて落ち着いて学習に取り組める。もちろんそれでも「わからない」に負け、学びから降りようとする子どもは何人もいる。しかし集団がそれを許さない。「逃げても何も変われへんやろ」と、飛び出す仲間を執拗に追いかけ、辺りが真っ暗になるまで助け合い学習が続くからだ。

学力保障の根幹には、集団づくりと人権学習がでーんと座っている。これは間違いのない現場の事実である。その事実を体で知った若い教員たちは、大きく変わっていった。

六　キャリア教育に取り組んだ若い教員たちの発見

文科省の研究指定に端を発した本校のキャリア教育は、キャリア教育という概念を共通認識しないまま、職業体験学習の充実や、新しい教材の発掘など、今までの人権・同和教育とは違ったもののような発想で取り組みをスタートさせていたが、再度学習し直し、仕切り直していく中で、つまるところ、キャリア教育は人権・同和教育そのものであることに教員集団が気づいていった。何も難しいことはない。今まで人権・同和教育が粛々と取り組み続けてきたその内実をベースに、それを行動化する力を育むため、積極的に自主活動を取り入れていくことがキャリア教育を形成していくのだと、改めて実感できたのである。

この取り組みは第六一回全国人権・同和教育研究大会での大阪からのレポートに選ばれ、実践当時新任三年目の教員と、当初予定していたもう一人の若い教員が転勤したため、転任一年目の中堅の二人で報告した。この間の自己変容を彼ら自身はこう綴っている。

三年生から改めて仕切り直したキャリア教育の根幹には、自らのアイデンティティを見つめる取り組みを、徹底した集団づくりの中で積み重ねていくという、人権・同和教育の理念が据えられており、集団をつなぐ手立てとして、出会いを大切にした人権・同和教育の充実と、自分を綴ることや、仲間と自分の生活を語り合うクラスミーティングが、随所に取り入れられていた。すでに三校目となる私には私なりの教員経験があったが、私はここに来るまで、クラスミーティングという言葉すら知らず、また、子どもの力を信じ切って、さまざまな取り組みを子どもたちの手に委ねるという手法も知らなかった。何よりも、クラスミーティングを通して、子どもが見せる姿の背景には、必ず生活があるということを知り、子どもを見る目が大きく変えられていった。学年教員団の仲間たちと、そして何より、子どもたちが、私を変えてくれたのだ。

これまで、問題のないクラスがいいクラスだと思い込み、自分の考える理想の子ども像に子どもたちを当てはめることに汲々とし、そこからはみ出す子を問題のある子としてとらえていた自分勝手な子ども観が、木っ端みじんにされていく。この一年間は、そんな日々となった。けれども、私にとって、自分が変えられていくこの経験は、今までの自分に対する苦い後悔を伴いはしたが決して不愉快なものではなく、間違いなく、私の教員生活における、確かなターニングポイントとなった。……（K先生）

この子どもたちや学年教員団との出会いは、新任三年目の僕の、今後の教員生活を大きく左右するほどインパクトのあるものとなった。しかし、この一連の報告の機会が与えられなければ、そんな思いは単なる直感や感想にとどまり、今の学級経営に活かされていなかったかもしれない。

自分の実践を綴ることは間違いなく力になる。今回の全人教まで報告を重ねていく度に取り組みを振り返り、繰り返し子どもや自分を見つめ直しながら綴り重ねていったこの作業は、自分にとって大きな力になった。自分たちの実践を振り返りながら、「どのようにして子どもが変わっていったのか?」「その取り組みの意味は何であったのか?」「日頃の何気ない取り組みは、一年間を通じどんな形になって現れるものなのか?」「自分たちの考え方がどこで変わったのか?」など、様々な観点から分析することは大きな気づきを生み、綴ることで今まで気づけていなかった事実を改めて認識し、次に活かすことができるのだと実感できた。綴るという作業を重ねたことで、自分の子ども観が大きく変容したことを認識できたことは、とりわけ大きい発見だった。

……（Y先生）

七　おわりに

ベテラン教員の退職を新任が埋めるといった状況から、六一期生学年教員団同様、持ち上がり原則も守れない今日、若い人育てはいよいよ重い課題になってきた。本年度、首席を務めることになったわたしは、「言葉だけでは人は変わらない」「自分のやり方を否定された人が協力者になることはまれである」「トップダウンの学校運営では若い人は育たない」という経験値による実感を根拠に、同僚性を大切にしながら、チームで動く中で、各教員が自ら学び取り自分の力にしていけるよう、さまざまな仕掛けをしている。会議・研修・授業研の変革、共通言語の育成など、さまざまなことに着手したが、ここでは集団づくりと学力保障を有機的に結びつけた取り組みを紹介して、終わりの言葉に代えたい。

今や新任五年目となった先述のY先生は、今や本校のミドルリーダーである。そこで、集団づくりが学力保障に直結することを、若い教員に事実として認識してもらえるよう、彼に、班活動のモデルケースを意識的に実践してもらった。

彼はテスト前に班競争を仕掛けた。「もともとそれぞれの学力に違いがあるのに、平均や合計点を班で競い合うなんて間違っている。けれどやる気を高めるために競争を使うことは有効だ。そこで今回のテストでは、前回のテストから何点伸ばすことができたか、その上げ幅を班対抗で競い合ってみないか」というわけである。この競争では、個人がばらばらにがんばっても成果は出ない。わからなくて困っている仲間をそのままにして自分だけががんばっても、班対抗では勝てない。ましてや、一人でこつこつがんばれる子どもは、もうすでにかなりの結果を出しており、一〇〇点までの余白がきわめて少ない。九〇点の子どもが九五点になっても五点しか伸びていないが、二〇点の子どもが三五点を取れば一五点も伸びたことになる。各班はそれぞれのスタイルで、助け合い勉強会に取り組んでいった。

このクラスの班ノートから、Bの文章を紹介する。

Bです。いつも班は楽しいです。最初はみんな静かで「班かえたーい」「この班いや」って言ってたケド、今では楽しいし、協力できてるかなっ！みんな明るいね！とにかく、わたしは、学校来るのが楽しみなんやでー!勉強できひんから、イヤになるときもあるけど、みんな教えてくれる。特に、Cさん・Dさん・Eくんは、いつも教えてくれる。分かるまで教えてくれてありがとう!

みんなのおかげで、一次関数のグラフは分かった。分かったら、一次関数のグラフをやるのが楽しい。二班のみんな、ありがとう!思ったことはみんな班ノートに書くようになってから、明るくなった!気のせい?班ノート書くの、楽しい!みんなこれからもなかよくやろー!テストがんばろう!……

最初はイヤだった班の中で、テスト前助け合い学習に取り組み、「みんなのおかげで分かった↓分かると楽しくなった↓班のみんな、ありがとう」と言える関係が生まれていく。わたしがこの班ノートを学年通信で紹介すると、学年通信で取り上げられたことで、他の班の班ノートにも気合いが入っていく。いつもいやいやノルマを果たしているだけのような状態だった班ノートが、みんなへの率直な気持をつづった長編エッセイに成長していく。

こういう関係が学力を育む。どのクラスでも班が新しくなり、もめ事が絶えないけれど、それを乗り越えていく中で温かいドラマが生まれていく。その葛藤の中で心が開かれ、安心して学びあえる環境が生まれ、結果として学力が伸びていく。先輩の実践から、すべての答えは人と人との関わりの中にあることを、新任教員たちは目の当たりにする。そして、Bのいる二班は、五教科合計で一人平均三七、八点も上がったのである。

いい班になっていけばその班は成績が上がる。いいクラスになれば成績が上がる。これはわたしの長年の経験からくる実感であるだけでなく、今回、学年の先生全員に調査をお願いしたところ、班がうまくいっていると成績は上がり、うまくいっていない班は伸びが小さかったり下がっていた。さらに、班ノートがしっかり回っている班は成績が上がり、成績の伸びない班は班ノートが止まっているとも付け加えてくれた。

集団づくりと学力保障は、見事なまでにリンクすることを、Y先生の実践が裏付けてくれている。この事実を前に、若い教員は、授業研究は言うに及ばず、学級経営を丁寧にやる担任になりたいと、班づくりの学習会を要求するようになった。あんな担任になりたいという先輩モデルを持った若い教員は強い。めざす教員像を具体的に持った若い教員は、自分にはどんな力と意欲があって、何が足りないのかが見えるようになり、それを補完するために自ら求めて学ぶようになった。

主体的な姿勢は、子どもの輝きや変化をいち早くキャッチする力を育む。子どもの起こすさまざまな事象は、子どもの声であり、ときには子どもの悲鳴であり、そこには必ず背景があることや、背景を知るには子どもの生活を知るしかないことを実感した若い教員たちは、「あいつの顔が上がる授業がしたい」「今度こそあの子を寝かせない授業をしてみせる」と、今日も遅くまで、教材研究に余念がない。

二章　教職員も子どもたちも育つ学校づくり

―― 集団づくりを力にして ――

（大阪府教育センター指導主事・
前茨木市立豊川中学校）
田中宏和

一　はじめに

一五年前の春、茨木市立豊川中学校の正門をくぐったときのことを今でも鮮明に思い出せる。ちょうど昼時に先輩の先生に連れられて、豊川中学校に到着したときに、ある先生が言った一言が忘れられない。

「うわぁ。新任の先生や。珍しい〜。何年ぶりやろ。職場に新任の先生が来るなんて。こっちが緊張するなあ」。自分の世代はいわゆる団塊ジュニアの世代で、それまでの人生では同世代がたくさんいるため、受験や就職のときに、厳しい競争に駆り立てられることはあっても、特に珍しがられたり、重宝されたりしたことはあまりなかったので、不思議な気分になったことを覚えている。実際に自分が教員として採用された一五年前の大阪府では、まだ教員の採用が少なく、茨木市で辞令交付された同期の教職員は六名だった。その数年後から大阪では教職員の大幅な世代交代が始まり、人権教育をはじめとする大阪の教育を継承・発展させていくことが大きな課題となっており、まさに自分の課題ともなっている今現在である。

豊川中学校は茨木市の西部に位置し、東西に大きな国道があり、それと並行して歴史ある西国街道が走っている。国道沿いには大型店舗があるが、田んぼや畑の広がる田園地域がまだまだたくさん残っている。南東部には一九七〇年代にニュータウンとして建てられた団地があるが、こちらも周りにはたくさんの自然が残り、のどかな自然あふれる田園地帯という感じである。

校区全体として少子高齢化が加速度的に進み、子どもたちの数は年々減少し、現在では小規模な中学校となっている。教職員も大阪府の世代交代の流れと同じく、ここ数年初任者を含む教職員が人事異動で入れ替わってきている。自分自身が豊川中学校に勤務した最後の五年間に、新しく教職員になった人たちが育ち、学校づくりの中心となり、子どもたちとともに学び育っていく姿を、幸いにもたくさん見ることができた。

豊川中学校では、様々な立場の子どもたちの進路保障を進めていくために、中学校区として「一八歳時点での多様な進路選択のできる子どもたちを育てよう」をテーマに、保育所、小学校、中学校、高等学校、そして地域や家庭との連携を進めている。その歴史は四半世紀以上にもわたり、中学校区での地域教育コミュニティが学校づくりの大きなバックボーンとなっている。学校には生活背景や家庭の文化や立場の違う様々な子どもたちが通ってきている。格差社会の大きな影響を受け、経済的に厳しい家庭や、外国にルーツのある子どもたちもたくさんいる。そのような子どもたちが、自分の現在を起点にして、これまでをふりかえり、これからの自分の人生を展望し、切り拓いていくことが求められている。そのためには、お互いの違いを認め合い、自分の思いを本音で語ることができる集団づくりをベースとした学力・進路保障の取組みと人権学習の展開が学校づくりの柱となっている。

ここ数年、子どもたちを取り巻く状況の劇的な変化の影響を受け、子どもたちの様子が変わってきている。これまでは、集団づくりを進めていく上で、保育所や小学校のときからの地域でのつながりが大きな力となっていたが、少子化の影響もあり、子どもたちが集団の中で自分らしさをうまく発揮することができず、仲間として信頼関係を構築していく上で困難な状況におかれつつある。経済的に厳しい状況におかれている家庭では、余裕をもって子育てに取り組むことが困難で、子どもたちが家庭で、自分のことをかまってもらいながら自己肯定感を高め、自尊感情を育むことが難しくなってきている。自分のことを肯定的に受け止めることが困難な状況におかれている子どもたちが、他者を受け入れることはそれ以上に困難であり、中学校での集団づくりは、教職員からの絶対的な愛情を受け取ることからスタートしているのが現状である。同じように家庭の文化的、経済的背景の影響を大きくうけ、学力格差が広がり、学力的にも厳しい状況におかれている子どもたちが増えてきている。自分が豊川中学校に赴任した一九九六年頃と比較すると、学級数は半減するほどに子どもたちの数は激減しているが、様々な課題のある子どもたちの数はむしろ増えている状況である。

二〇〇四年度より五年間、人権教育部長（いわゆる学校づくりのリーダー）を任された。学校が大きな荒れを経験した直後だったことや、人事異動の多い年だったこともあって、教職員集団が大きく入れ替わった。その中で、豊川中学校の再建をスタートさせたのである。

年度当初は、学校は落ち着いているようだったが、これまでの集団づくりをベースとした授業づくりと人権教育の取り組みは、子どもたちの変化に対応しきれないまま形骸化し、継承・発展どころか大きく後退し、年度途中からは学校が静かに荒れ始めていた。授業が行われている教室の中で、授業に興味の持てない子どもたちが学ぶことを放棄している状況だった。授業を妨害したり、エスケープしたりするような大きな荒れの状況ではなく、授業は淡々と進められているのだが、集団として崩れていた。教室には突っ伏して寝ている（寝たふりをしている）子、授業と関係のない本や物を机の上にだしている子、何もしない子、などが多数いる状況だった。何よりも子どもたちの人間関係の厳しさを象徴していたのは、このような状況に対して、誰も何も言わないことであった。お互いに関わり合いを持たないことで、自分自身を守っている状況だった。このような状況の中では、授業は粛々と行われていても、課題のある子どもたちをはじめ、すべての子どもたちの学力を保障する取り組みにはなかなかなっていなかった。毎日遅くまで次の日の授業準備をし、あの手この手で授業を工夫している同僚の先生方が、自分の授業を終え、職員室に戻ってきて、肩を落とし、授業が成立しないことを決して子どもたちのせいにはせず、自分の授業づくりが至らないからだと反省している姿を見て、新しい次の一手の必要性を感じた。

二　学校改革へのチャレンジ

次の一手として必要なこととして、まず集団づくりを支える信頼関係づくり、とりわけ困難な状況におかれている子どもたちと教職員との信頼関係づくりが重要だった。学ぶことを放棄したり、生徒指導上の問題を起こしてしまった子どもたちと、真正面から向き合える教職員集団が必要だった。ただ、これまでのように「個々の生活背景や生い立ちなどをふまえて、しっかりと子ども理解を進めていってください。大切ですよ」なんて言っても、特に教職経験年数の比較的少ない先生たちには、すぐに理解してもらえるわけもなく、豊川中学校の学校づくりを言葉や理論で伝達するだけではだめだった。そこで、思い浮かんだことは、新しく転勤してこられた先生も含めて、教職経験年数が二〇年程度のベテランの先生方（多くは四〇代半ばの働き盛りの先生方）をモデルにして、若手の先生に伝えていくことだった。

当時の豊川中の教職員の中で、どの学年にもいた四〇代の先生方の、経験に基づいた実践は、何より若手の先生の見本になると考えた。一〇年前には自分と同じ世代だった先生方が、前任校でも学校づくりの中心となって、様々な実践をすすめてきていたことを知っていたので、「四〇代の先生方は失敗も含めて、とにかく何でもやって見せてください」とお願いした。当時の大阪府内の学校では、職場に増えてきた若い先生方を中心とした学校づくりを進め、学校を活性化するという方針が多かった。だが、あえて豊川中学校は四〇代の先生方を学校づくりの主役として、学校改革をスタートした。授業づくり、生活指導、集団づくり、自主活動などあらゆる場面で、ベテランの先生方がまずやって見せて、若手の先生方はその姿を近くで見て学ぶというスタイルが定着し、若手の先生方はアドバイスを受けながら、少しずつではあるがたくましく成長していくのがよくわかった。

たとえば、何か問題を起こした子どもたちへの対応一つとっても、ベテランの先生方はまず子どもたちに聞くことを優先し、その子の思いを受け止めたうえで、自分の思いを伝えて丁寧な指導を行っていた。だが、若手の先生は経験が少ないことによって、子どもたちの思いをしっかりと受け止めることがどうしてもおろそかになってしまい、感情的に自分の思いをぶつけるだけに終わって、子どもたちとつながるチャンスをみすみす失ってしまっていることを、若い教職員に気付かせてくれた。

この学校改革の大きなねらいは、授業の中で教師と子ども、そして子どもたちどうしが信頼関係を構築していくことのできる、協同的な学びを取り入れた、「聴きあい学びあう授業づくり」の実践だった。東京大学大学院の佐藤学先生には、二〇〇一年度より豊川中学校区の授業づくりに関わっていただいていたが、自分たちの不勉強もあり、授業づくりで学校改革を進めていくことへの手ごたえを感じきれていなかった。これまでの取り組みを振り返りながら、自分たちの改革がとても中途半端で、何も理解できていなかったことを反省し、本格的に「学びの共同体」の理論を取り入れた学校改革に着手した。もちろん豊川中学校の子どもたちの実態を踏まえながら、豊川中バージョンの学びの共同体にチャレンジした。子どもたちの「できることなら勉強ができるようになりたい」「授業をわかりたい」という本当の願いに応えるためには、私たち教職員が、子どもたち一人ひとりと丁寧な関係づくりをしていくことが求められたし、何よりも子どもたちのことを丸ごと受け止め、信じていくことが必要であった。

教職員の入れ替わりと子どもたちの変化により、学校づくりの基盤である集団づくりがやや形骸化していた中で、新しいスタイルの集団づくりの実践と理論が必要であった。また、学校づくりにすべての教職員が主体的に参画していくためにも、「授業」を軸とした学校改革の必要性を自分自身感じていた。そして、これまで五～六人（多いときは七人）で編成していた生活班を解体し、四人で生活班兼学習班を作った。これまで各学級には六名の生活班の班長がいたのだが、このことにより、四〇人学級では一〇人の班長が必要となった。初めは抵抗もあったが、実際に授業の中で学習班として四人班が機能し始めると、その抵抗もなくなっていった。

授業づくりを軸とした集団づくりを確かなものにしていくというこの学校改革について、経験の少ない教職員には、口頭で説明しても全くイメージができなかった。そこで学校事務職員と協力して、出張旅費の月別予算を立て、授業改革を中心にした学校づくりを計画的にすすめている学校への視察を行った。二年間でほぼ全教職員が実践校への視察を行うことができた。実際に授業の中で子どもたちが生き生きと学びあう場面を見てきた教員は、授業づくりの具体的なイメージを持つことができ、その後の実践に大きく役立てていった。

最初はなかなか成果が見えてこなかったこの取り組みも、すべての教職員が悪戦苦闘しながらも、授業改革に取り組んでいくことで、あれほど落ち着きを失っていた学校が、二学期後半から少しずつ落ち着きを見せ始めた。そのターニングポイントとなった授業二つを当時の記録をもとに紹介する。

三　私たちのターニングポイント

二年生で行われた国語の公開授業は、この取り組みへの展望を示してくれた。この学年の子どもたちは、一年生の三学期にはどのクラスもほとんどの授業が崩壊していた。本当は勉強が分かるようになりたい、勉強ができるようになりたいと思っている子どもたちだったが、実際には授業中立ち歩いたり、私語をしたりして授業を妨害する場面が多くあった。子どもたちの実態を踏まえながら学校改革をしていく必要性を、子どもたちが身をもって示してくれた学年だった。

小学校では一～二クラスの学級編成で、人間関係が固定化され、子どもたちの中に力関係ができてしまうと、それを立て直すのは容易ではなかった。この学年の子どもたちの小学校時代の人間関係における マイナス経験はとても大きく、それをそのまま持って中学校に入学してきた状態だった。教職員、保護者などの大人に対する不信感も女子を中心に根強いものがあり、一年生の後半からは、思春期の子どもたちの気持ちの揺れと重なりながら、不信感はより顕著となり、不登校や授業エスケープなどの問題行動にも発展していた。これらの日々の授業を担当するのはいわゆるベテランの先生で、「本来子どもたちは力を持っている」「私たち教師の思いにきっと応えてくれる」と信じて『走れメロス』の授業に臨んだ。

先生たちは、生活体験が乏しく語彙が乏しい子どもたちが、じっくりと教科書を読み込むことができるようにしたいという願いをもっていた。四人班を活用した授業改革に着手するまでは、子どもたちは授業中に、何かわからないことがあればすぐに「先生、先生」と声を上げて個別対応を要求し、黒板に書かれた板書をノートに写すこともしんどそうだった。その子どもたちが、この授業づくりに取り組んでから変化を見せ始めていた。大きな変化は、クラスの仲間とともに学ぶこと（厳密にいうと作業すること）が出来始めたことである。一年生の一学期まではクラスや班の仲間を信じたり、頼ったりすることがなかなかできなかった子どもたちだったが、継続して取り組んできた結果、グループやペアでの協同作業ができるようになっていた。

ある日は先生が、授業を始めてすぐ、グループの中でペアを組んで教科書を読むように指示されたことにより、子どもたちはとても落ち着いた雰囲気の中、教科書の本文を読んでいった。登場人物の気持ちを考えながら読みましょうという課題設定もあり、じっくり落ち着いて読みあう姿が教室中のあちこちで見られた。音読したり、黒板や教科書に書かれた文字をノートに写すことが極めて困難なAさんや、厳しい生活背景の中で何とか学校に来ているBさん、そして一年次よりお互いを牽制し合ってなかなか互いの関わりを持てなかった女の子たちが、男女混合のペアで教科書を読みあっていたのである。授業が始まってわずか一〇分足らずの学習活動ではあったが、子どもたちの中に確かな変化を感じ取ることができた。前向きに学習に取り組むことができない子どもには、授業者の先生が丁寧にかつさりげなく関わっていた。これが、教室の中のすべての子どもたちが教材に出会い、学びあう授業が始まった瞬間だった。

いつもはなかなか自分の意見や考えを発言しない女の子たちが、自分の読んだ言葉の意味や表現について、同じ班の男子と意見を交流しはじめた。「この言葉なんていう意味？」男子の何気ない質問が班の中に投げ込まれると、「それはな…」と答えてくれる班の仲間がいた。また、「登場人物がどんな気持ちでそのセリフを言ったのかを考え、文中からその根拠となる部分を抜き出しなさい」という次の課題についても、すぐにグループの中でお互いの考えをつぶやき始めた。「あっそうか」「なんで」「ここはどうなった」などの言葉が自然に班の中にあふれ、子どもたちの中に意見の違う仲間から学ぶという関係ができていった。また、授業の後半では、クラス全体で「王はどのような思いでいたのか、教科書に書かれた表現を根拠に説明してください」という発問に対して、ある子どもは「王はなんでも自分の思い通りになって調子に乗ってた」という考えを発言していたが、Bさんが「王は国に一人しかおらんやろ、本当はさみしかったんちゃうか」とつぶやいたので、先生が「教科書のどこを読んでそう思った？」と問い返すと「わからん」と、いつもの無愛想な受け答えをしていた。これは公開授業でたくさんの先生方がいるので照れもあったのだが、すかさず班の女子が、「さっきはここって言ってたで」と助け船を出していた。

本当に些細な変化ではあったが、子どもたちがこれまで引きずっていた人間関係のもつれを、学びあう関係づくりを軸にして再構築できるということを確認できた瞬間だった。授業の中で、教師と子どもがつながりあい、子どもと子どもがつながっていく場面だった。

この日の研究協議では、講師から今後の改革をすすめる上での課題を提示された。それは「子どもたちの中に「聴きあう」関係をつくること」と「言葉を丁寧に扱う授業をすること」だった。

今日の国語の授業では、先生と子どもたちの間で「聴きあう」関係をたくさん見ることができた。人間関係を作ることとの苦手な子どもたちが、先生との信頼関係をつくれたことはすばらしいことだった。しかし、その関係を横の仲間につなぐ「聴きあう」関係が少なかったので、子どもたちをつなぐための仕掛けや発問をこれから大事にしようということが見えてきた。さらに、言葉を丁寧に扱うということは、国語の授業だけでなくすべての教科で、教師の言葉、教科書の言葉、子どもたちが語る言葉にこだわる研究と実践を重ねていかなくてはならないということだった。こうして、私たち一人ひとりが自分の授業を改善していく具体的な道筋を見つけ出すことができた。

このようにして、この日の授業では、あれほど厳しい状況にあった子どもたちが授業の中で学びあう姿に感動することができた。それとともに、この取り組みを信じてさらなる改革を推進していくことの重要性を全教職員で確認することができた。授業の中での達成感や、仲間との関わりの中での自己有用感、自己肯定感を高めていくことにより、初めは教師や大人に対して距離を置いていた子どもたちが、少しずつではあるが意欲的に学び、仲間とつながる実感を持つようになった。こうして、厳しい状況におかれた子どもたちとの信頼関係の再構築を、授業改革を通じて行っていくという当初のねらいが徐々に実現していった。

次の月に行った一年生の授業でも、子どもたちにも教師にも大きな変化が見られ、学校改革に勢いをつけることとなった。

一年生社会科の授業は、校区の小学校と一緒に授業づくりをすすめていくための大きな力となった。中学校に入学してほぼ一年間経った子どもたちの姿を見て、小学校の先生方が研究協議の中で感動し、自分たちの授業づくり、学校づくりを振り返る姿がとても印象的だった。

このクラスには、小学校で学級崩壊を経験した子どもたち、ほとんど保健室で過ごした子どもなど、様々な課題や生活背景のある子どもが多くいた。小学校の先生たちが感動したのは、小学校時代の子どもたちの様子からは想像できない姿、一人ひとりが学び、仲間と学びあっている姿を、授業全体を通して見ることができたからだった。

この日は地理の授業で、沖縄についての単元だった。沖縄県の経済が観光業と密接に関わっていること、米軍基地や中東での戦争が、沖縄県の人たちの生活に関係していることについて、来訪者数のグラフと、日本と世界の出来事が書かれた年表をもとに考える学習だった。子どもたちは、まず沖縄海洋博以降たくさんの人々が沖縄に来るようになったことに気付き、その後、年表にある出来ごとと重ねながら訪問者数のグラフを読み解いていく中で、観光客数が減った年に気付き始めた。どうして二〇〇一年から〇二年にかけて観光客が減ったのかという疑問を共通の課題としてグループで考える授業の流れの中で、子どもたちが課題を解決しようと必死に考えている顔は、本当に輝いていた。

先に紹介した二年の国語と、この一年の社会の授業では、小学校時代の様子をよく知っている小学校の先生方が、子どもたちの成長を感動的なまなざしで見つめていた。様々な課題を持つ子どもたち一人ひとりが、授業の中で仲間とともに学びあう姿を通して、中学校区での学校づくりのテーマ「聴きあい学びあう子どもたちを育てよう」と「子どもたちの学びの連続性」の大切さを確認した。

次に小学校の先生方の感想をいくつか紹介する。

国語の授業の感想。

「子どもたちが穏やかな表情で落ち着いて学びあう姿を見て、さすが中学生だなと思いました。あしたわたしのクラスの子どもたちに、「中学生ってすごいよ」って報告しようと思います」「先生の話し方のトーンが落ち着いていると、子どもたちの顔が柔らかくなり、しっとりとした雰囲気を感じることができました。あの雰囲気の中だったらどんな学習でもできそうです。豊川中学校全体として取り組んだ成果があの雰囲気だと思います」「子どもたちの落ち着いている様子、表情の柔らかさに驚きました。子ども同士の関わりもよく見えました」という感想をいただいた。

社会科の授業の感想。

「子どもの意見（つぶやき）をもとにして、その意見やつぶやきを班やクラスの仲間につなげ、全体で共有する授業をされていたのはすばらしかった。前回の公開授業での課題（意見やつぶやきを仲間とつなぐ・全体で共有すること）に取り組んでいる先生方の姿には学ぶべきものがあります」「授業者の先生がしゃがみこんで子どもたちの声を聴く姿に感動しました。先生の話の聴き方一つで、子どもたちのグループでの話し合いが大きく変化しました。自分自身聴きあうことや、自分の身体を聴く身体にすることにこだわっているので、今日の授業者の先生の姿は大きな学びでした」。

これらはいずれも、校区の小学校の先生方とともに、子どもたちの課題を共有しながら、授業改革を中心とした学校づくりの重要性を確認できるものだった。このころには、授業が終わってから、ベテランの先生方が元気に、職員室で若手の先生方と授業のことや学年のことについて話をしている光景が見られるようになっていた。改革の手ごたえを少しずつみんなで共有し始めた頃であった。

四　教職員集団が学び育ちあう学校

教職員が人事異動によって入れ替わり、すべての教職員が主体的に学校づくりに参画してもらうためには、お互いが信頼関係をベースとした集団であることが求められてくる。とりわけ子どもたちを取り巻く状況や、置かれている状況が厳しくなり、その影響が生活のあらゆる場面に表れてくるときが、本当の意味で私たち教職員がつながっているか否かが試されるときである。

自分自身が教師としていろいろなことを教えてもらい育ててもらったのは誰か、と振り返ったときに思い浮かぶのは、出会ったたくさんの子どもたちであり、その保護者であり、またときには温かい言葉で励ましてくれながらも、厳しい指摘もしてくださった地域の方々であり、指導力も経験もない新任の自分を陰ながら支えてくれた先輩の先生方をはじめとした同僚の教職員である。若い教師が育つ環境として、お互いに信頼し合える教職員集団の中で学びあうことがあげられる。学校改革を進めている今から五年前に初任者として赴任した二人の先生は、現在豊川中学校の中心的な役割を担いながら、次の若い先生方のモデルとなって活躍している。彼らが初任者として赴任してきた当時、校長との間で、三年計画で彼らを育てていこう、三年間はとにかく期待をかけ続け、ミスもあると思うがそれを一緒に乗り越えていこう、そして四年目からは彼らを学校づくりの中心に据えていこうと、校長室で語り合ったことを思い出す。

その一人は北畑さんで、彼は授業改革で学校づくりの取り組みを進めていくときの若き実践者だった。初任者として赴任した一年目の彼は、様々な工夫を凝らした授業を行ってはいたが、もっと子どもたちが学びあい、つながりあう授業をしたいと望んでいた。もともと教材研究に熱心で、できるだけ具体物にふれ実験をすることで、子どもたちの理科に対する興味関心を持たせる授業をしていたが、私と一緒に訪れたある中学校の理科の授業を参観したことが彼の成長のきっかけだった。帰りの新幹線の中で参観した理科の授業について語りながら、自分の授業の改善点として、子どもたちがお互いに関わりあう場面で、一緒に何かをさせるだけでなく、何を学ばせ、何を獲得させるのかをもう一度考えてみようと思う、自分の授業の改善点が見えた気がすると、興奮気味に語っていたことを今でもはっきりと覚えている。自分自身の授業を振り返りながら、次なる課題を設定し、二年目には大きな公開授業の場で大変すばらしい授業を見せてくれた。それは彼にとっても大きな自信になっていった。

もちろん彼自身の努力だけで彼が成長していったわけではない。子どもたち一人ひとりを大切にし、保護者とも丁寧にかかわりながら集団づくりの実践を進めていった、同じ学年のベテランと中堅の先生のサポートなしには、彼の成長と変化はなかったと思う。とてもまじめできちんとした性格の彼には、豊川中学校の元気のいい、ちょっといい加減で適当な子どもたちとうまくやっていけるかなという心配もあったが、本当に悪戦苦闘しながらも授業を軸にして子どもたちとつながっていった。学級担任も経験し、彼が先輩の先生方から学んだことを実践して見せてくれた。現在、彼は豊川中学校の授業改革のチーフを務め、自分自身の経験をもとに、学校づくりに主体的にかかわり、初任者や新しく転勤してきた先生方をリードする担当者に成長している。

もう一人は萩原さんである。現在二年生の担任をしながら、校区の小学校との連携担当のチーフとして活躍している彼は、学校改革の中で先輩の先生方とともに学びあいながら成長してきた一人である。彼のことを少し詳細に紹介しよう。

豊川中学校に赴任が決まったときの第一印象は「大丈夫かな？」だったそうだ。彼は茨木市内の他の中学校で講師経験があり、実はターニングポイントとなった国語の授業も参観していたのだ。「大丈夫かな？」という不安の裏には、子どもたちの課題が大変厳しい学校であることと、自分自身が人見知りが強く、ただでさえ新しい環境の中で、本当に教職人生のいいスタートを切れるのかとても心配だったという。豊川中学校に来てみると、他の学年には同世代の教員もいたが、自分が配属された一年生の学年はベテランの先生ばかりだった。他の学年所属になった同期の北畑さんがうらやましかったそうだ。今思い返してみると、いろいろなことに遠慮していた自分がいたと言う。ベテランの先生ばかりに囲まれていたことと、子どもたちに対しても迫りきれない自分がいたことがその大きな理由だ。確かに周りから見ていても、何事にもチャレンジする北畑さんと、慎重に何か遠慮しながら取り組んでいる萩原さんの姿は対照的であった。

萩原さんの苦闘は授業だった。これまでの講師経験をもってしても納得いく授業ができない。いつも子どもたちを注意するばかりの授業で、なかなかうまくいかなかった。子どもたちに何か遠慮している姿が授業の中でもときどき見られた。それでも、何とか形として授業ができるようになったと自分で思っていたときに、講師の先生から大変厳しい指摘を受けた。「萩原さんは、教材や授業のスタイル、デザインについて分かったつもりで授業をしているが、今のやり方を一八〇度変える必要がある。そのためにはもっと教材研究が必要だ」と、教材研究の不十分さを指摘された。その通りだった。

しかしこれが彼の転機となった。その後彼は本当に熱心に学んだ。ほかの先生の授業を参観し、教材研究も丁寧に行うようになった。自分の授業の改善点についてアドバイスを求めることもあった。そして子どもたちとも真正面から向き合っていった。これまで人見知りな性格もあって、子どもたちに届けきれていなかった彼の思いを、感情豊かに子どもたちに語る場面が増えた。気になる子どもたちの家庭訪問を繰り返しながら、保護者ともつながりや信頼関係を深めた。そんな中で子どもたちのことを信じ切れる教師として育っていった。二年目の三学期末に行った公開授業では、一〇〇人ほどの参観者がいる中で、様々な課題のある子どもたちが班の中でお互いに学びあう感動的な授業をする教師に成長していた。その後の彼の成長は目覚ましかった。同期の北畑さんといい意味でライバルであり、お互いの成長を支えにしながら、がんばっている姿をよく目にした。

三年間の担任を終え、期待通り学校の中心的な存在となった彼が、学校全体のことを意識しながら仕事をするようになったのは四年目からだという。これまで学校の中で中心的な存在だった先輩の先生方が転勤していく中で、次は自分が頑張らなければならないと感じていた。四年目、五年目も厳しい状況の中、なかなか自分の思い通りにはいかないけれども、職場にたくさんの初任者や講師の先生が来るようになり、自分が授業や学級集団づくりを実践で見せていく立場になったと感じている。豊川中にあと一年しかいないと思うので（初任者は最長六年を年限に人事異動するシステムになっている）、自分の経験や実践を次の世代に伝えていくことと、新しい学校に転勤したときに、豊川中学校で学んだことを実践でほかの教職員に見せ、それを通じて仲間を作っていける教師になりたい、そのためにも、これまで以上に授業づくりに挑戦し、自信を深めていきたいと語る。このような彼の成長を見て、三年計画で育てた若手の教員が、ここまで自信をもって語れるようになったのかと思うとうれしい限りである。

五　みんななかまだ！

数年前にはあれほど厳しい状況だった学校が、授業を変えることで、教職員の意識も変わり、子どもたちの姿も変わり、保護者や地域の人たちの学校に対する評価も変わっていった。改革三年目には学校に関わる全ての人が力を発揮できるようになっていた。確かな集団づくりをもとにした授業改革を柱とした学校づくりが、人を育てる学校として機能し始めた。

豊川中学校の体育館の壁面には大きな貼り絵が貼ってある。舞台に上がると真正面にその壁画は現れる。中央にある貼り絵には様々な文化や立場の違う子どもたちが楽しそうに歩いている姿が描かれていて、「みんななかまだ！」というフレーズが下に書いてあり、豊川中の仲間づくりの合言葉となっている。豊川中学校に入学してきた子どもたちや新しく赴任した教職員は、まずこの貼り絵に書かれている「みんななかまだ」というフレーズに歓迎される。そのフレーズに込められた本当の意味を三年間の集団づくりの中で子どもたちは実感として抱いていく。子どもたちの姿を見ながら、私たち教職員もこのフレーズに込められた思いや願いを感じ取り、自分たちの実践のよりどころとしていくことになる。卒業していく子どもたち、転勤していく教職員を体育館から送り出す最後のメッセージもこのフレーズである。願わくはずっとこのフレーズを大切にしながら豊川中学校で過ごした月日を誇りに思ってほしいものである。

三章　ユニット制という実験

――学力向上をはかる集団づくりのアプローチ――

（寝屋川市立第四中学校教諭）

小林光彦

一　はじめに

現在私が勤務する第四中学校（以下四中とする）は、大阪府北部の衛星都市である寝屋川市に存在する。戦後の新制中学発足以来の歴史を有する学校である。かつて「同和教育推進校」として、人権（同和）教育を柱にすえた取り組みも長年なされてきている。現在の四中の規模は支援学級を除き九学級であり、都市部では小規模校といえる。三〇余年前に寝屋川市に新任として赴任してから三校目の学校であり、本年（二〇一〇）で一五年目の勤務になる。転勤してきた当時の四中の「荒れ」状態は凄まじく、その克服に骨を折る三年間ののち、教務主任として一〇年間「学習システム」の構築と「荒れ」を防ぐ学校改革を担ってきた。現在は三年生の担任であり、担任三年間の最後の総仕上げをしているところである。この章では、四中オリジナルの「ユニット制」という実験的取り組みの三年間の実践を題材に、「何を目指し」「何を行い」「どういう結果が得られたか」のもとで「何がわかったのか」を述べていきたい。

二 「ユニット制」という実験的な実践

「ユニット制」とは、現在の学級定数四〇人を、二つに分割し、それぞれに担任を置くという四中独自の学年経営方法である。二〇〇八年度一年生（三学級を六学級に）から始まり、二〇一〇年度で三年目である。二年生まではこの形を継続。三年では通常の三学級体制に戻しているが、一、二年生では六学級で実施中である。

年度初めに分割された学級は、一年間継続する。その分割された集団に「学級」という言葉を冠しているのである。学級である以上担任がおり、通常の学級活動が行われる。家庭訪問、懇談会、朝と終わりの会、清掃活動、委員会活動などはこの分割された学級（＝ユニット）で行われることになる。しかし、授業においては教員定数の関係から、四〇人を規準に行わなければならないため、二つのユニットが一緒に授業をうける（合同ユニットによる授業）。学期ごとにこの組み合わせを変える（ユニット交換）。これが基礎的な動きである。

では、なにゆえこのようなやり方を考え出さねばならなかったのか。

第一に、「学習サポート」体制の限界性にぶちあたったことである。四中では学習指導の柱に「低学力」対策をすえ、それが四中の「荒れ」克服のベースになると考えてきた。二〇〇一年に、全学年で一学級を三分割する習熟度別授業（数学・英語の週一時間）を開始した。持ち時間数に余裕のある教員は、専門外教科の数学と英語に「サポート教員」として入り込むという体制である。担当する学年にこだわらず、有機的に生徒への関わりを作り出すことで、学校全体の生徒指導の共通認識を生み出した。他方で、ほぼ全教員の協力が求められるこの体制は、毎年異動してくる転勤者も自動的に組み込まれることになる。この取り組みの意義についての理解も不十分なままに、組み込まれざるをえない。年度によっては、サポート教員が不足する分割教室もでてくる。こうした中で、六年前に、学力低位層の生徒対象の習熟度別クラス（二年生）の崩れを皮切りに、一部の授業が崩れ、学年指導体制が二年にわたって機能不全に陥った。最も学習に遅れがちな生徒をサポートする教室から崩れていったことは、様々な要因が絡むにせよ、「荒れ」対策は「低学力」サポートだけでは十分ではないことをつきつけたのである。

第二は、学校の安定化に取り組んできた教員が続々と転勤するなかで、異動者の多くが若手教員であったこと。ここ数年配置された職員の内二〇代の占める割合は五〇％を越え続けていることに見られるように、「いかに若い教員を育てるか」が喫緊の課題になってきたのである。六年前の「荒れ」からの回復と、若手教員の育成を同時に進める方針が必要だったのである。

第三は、生徒集団の育成である。先述したように四中は低学力生徒へのサポート体制だけでなく、いくつもの独自の取り組みを実施してきた（四中の「学習システム」の詳細については拙著『格差を越える中学校』二〇〇八、解放出版社刊を参照していただきたい）。確かに学年・学校としての「達成率」や「平均到達度」の上昇はめざましいものがあった。また、逸脱行為も急激に減少し、このやり方でいけそうだと思っているときに一部の学年が崩れだしたのである。特に深刻だったのは「生徒

表1　寝屋川市と四中の学力調査の結果比較（2008–2009年）

%	2008（1年生4月）			2009（2年生4月）			
教科	寝屋川市平均到達度（%）	四中平均到達度（%）	市平均との差	寝屋川市平均正答率（%）	四中平均正答率（%）	市平均との差	標準学力調査（国）
国語	60.7	67.0	*6.3*	66.4	74.7	*8.3*	71.0
数学	62.6	68.2	*5.6*	61.9	77.8	*15.9*	62.8
英語	未実施	未実施	未実施	70.6	79.8	*9.3*	70.0

＊ 2008の数値は「平均到達度」の％値、2009の数値は「平均正答率」の％値
＊ 標準学力調査（CRT）は2009年度から実施

とうまくいかない」教員が若手層に限らなかった点である。四中は、学習指導については経験差に依存しない、強力なシステムを構築してきたが、生徒指導や集団づくりの面では、ベテラン教員の経験に依存する実践であった。生徒指導体制だけでなく、「集団づくり」の面でも、経験差に依存しないシステム化が求められたといえるだろう。生徒たちの学校生活の感覚そのものの変革をめざす新しい器と、新しいアプローチが必要とされたのである。

三　ユニット制導入後に生み出された学力変化

まず、ユニット制実施後の学力変化について述べておきたい。この項では寝屋川市全体で取り組んでいる「標準学力（到達度）調査」のデータをもとに分析したい。分析に当たって寝屋川市の「平均」を「学力到達の程度をはかるものさし」として設定し、変化の割合がわかるようにした。

上の表1は今年度の三年生が入学した当初の二〇〇八年四月に実施した「寝屋川市到達度調査」結果による「平均到達度（%）」と、二〇〇九年四月に行われた「標準学力調査」結果による「平

表２　寝屋川市と四中の平均到達度の差（2003–2010 年 4 月調査）

1 年生結果		2003	2004	2005	2006	2007	2008	2009	2010
平均到達度	国語	1.4	1.9	▽1.0	7.0	1.9	6.3	1.4	5.4
	数学	4.4	1.0	▽1.2	9.1	2.9	5.6	3.7	6.8

＊ ▽はマイナス値をあらわす　　＊ 2003～2008 は平均到達度（%）の差
＊ 2009、2010 年は標準学力調査の正答率（%）の差

均正答率（%）」の結果である。

この結果において、二〇〇八年度の数値はほぼ、小学校で獲得した学力をあらわしている。表2は二〇〇三年から二〇一〇年までの国語と数学の平均到達度の市平均との差の数値だが、二〇〇八年は市の平均値より国語六・三ポイント、数学（算数）五・六ポイントであり、例年に比べて比較的高い数値を示している。それ以上に中学校入学一年後の数学の上昇幅（数学五・六→一五・九）は著しいことが表1からわかる。

しかし、データには示さないが、過去数年間の入学後の数学の伸びは、四ポイントから六ポイント程度であった。このことから考えると、二〇〇八年度生の一五・九ポイント（数学）の上昇は、何から生み出されたのかを分析する必要がある。

四中が長年進めてきた「学習システム」の狙いは、生徒指導ともリンクした低学力層への支援体制であった。では実際その効果はどうであったのかの検証が必要である。中学校での上昇は「上位層がより高くなった」「中位層が上位層にシフトした」「下位層が中位層にシフトした」など様々な要因が考えられる。低学力層への効果を検証するために、「学力の度合い」の目安として市の平均値の上下二〇%の生徒を「学力中位群」、平均値の八〇%～六〇%の生徒を「学力低位傾向群」、平均値の六〇%未満の生徒を「学力低

表３　学力標準調査における学力低位生徒の人数比較（2008–2009 年）

年度	教科	全市平均の 80–60% の生徒＝「学力低位傾向群」	全市平均の 60% 未満の生徒＝「学力低位群」	計
2008	国語	7（人）	5（人）	12（人）
	数学	26	14	40
2009	国語	5	2	7
	数学	5	2	7

表４　平均正答率の結果比較（3 年生 4 月、2010 年）

教科	全市平均	四中平均	市平均との差	国平均
国語 A	71.2（%）	77.6（%）	*8.3*	75.1（%）
国語 B	59.7	65.8	*6.1*	65.3
数学 A	61.9	75.3	*13.4*	64.6
数学 B	38.8	52.0	*13.2*	43.3
英語	60.0	71.5	*11.5*	60.5

＊ 国語 AB・数学 AB は全国学力テスト
＊ 英語は寝屋川市の標準学力調査（CRT）
＊ 数値は「平均正答率」の％値
＊ 受検者人数は 109 人

位群」と仮に設定して考えてみたい。

表3でしめした「伸び」の一因に「学力低位あるいはその傾向を持った生徒」の減少があることがわかる。特に数学においては市平均の八〇％未満の生徒合計が四〇人→七人になったことが端的に示しているだろう。二年から三年に至る二〇一〇年の一年間の数値は表4のような結果を生み出している。

現在の学力状況に見られる「二極化問題」は、学年進行に応じて大きくなる。つまり小学校低学年に見られた「小さな差」が高学年、中学校一年、三年へと学校生活の進みに応じて「較差」が大きくなると言われている。これは四中においてもかねてより抱えてきた問題であり、この「差」を埋めるために四中において「学習システム」と呼ぶしくみが生まれたのである。しかし、学力低位生徒の数が学年進行で増えていくことには一定の歯止めをかけることができたものの、学力低位層の底上げは満足がいくものではなかった。結果として彼らへの学習指導は「少しでも授業についていけるように」「精神的に」サポートすることが中心であったといえる。つまるところ、四中の学力上昇を支えてきたのは「落ち着いた授業」を土台にした中位層の上昇に支えられてきたのではないか。

以上の学力に関しての分析をまとめると次のようになるだろう。

①四中への入学生は、市内では比較的高い平均値を有する生徒集団である。

②四中独自の「学習システム」によって、中位層を中心に学力上昇に成功してきているが、二極化への効果は不十分である。

③「ユニット制」開始後に、はじめて学力低位層に大きな効果が見られる。

では、ユニット制開始によって、生徒の何が変化し、「学力の下支え効果」となって現れたのであろうか。この点を明らかにするためには、生徒集団の学校帰属感（居心地）、集団づくりの観点の変化、教員による生徒へのアプローチの変化から考えてみたい。

四　集団へのアプローチを検討する

「集団をつくる」とはどのようなものであろうか。生徒指導の観点に立てば、生徒間に無用なトラブルがなく、「しっくりいっている」関係を作ろうとすることを意味する。「荒れ」の状態を、学校が求める集団のあり方からの逸脱と見なすなら、「集団をつくる」とは教員側が求める集団の姿にすることと言えるだろう。四月の学級発足時点を「無作為」の状態であるとすれば、ここに何らかの意図的な行為を通して「意味のある集団」へと高めることが、「集団づくり」であると考えられる。

基本的な社会化機関の一つである学校は、この「集団づくり」を通して生徒の内部に、一定の道徳的意識を生みだし、集団生活での秩序や役割を理解させようとする。したがって、「集団づくり」という語句には、学校側が企図する「道徳的背景をもった秩序・統制」の実現が第一義的に含まれると言って良い。しかしまた、「集団づくり」には、学校の意図の如何にかかわらず、同輩どうしの相互交流から、依存や反発、協力や協働しあう経験を通して、「居心地」に関係する認知的・情緒的な意味合いの理解もすすむようになる。この社会化の過程を通じて、「人間とは何か」「自分とは何か」をメタ認知し、将来の社会生活の準備をしていくのである。

学校は様々な経緯や伝統、地域性や人事構成などによって、集団づくりの多種多様なスキルや観点を有している。その中で、一定程度「荒れ」状態を克服している学校に見られる二つのアプローチを検討したい。

①集団の「秩序・安定」を重視する「お世話型」アプローチ

どの学校においても、「荒れ」を経験すると、何よりも「問題が起きないようにどうするか」に細心の注意が払われる。教員は子どもの行動に目を光らせ「あれは、(ほおっておくと)まずい」「すぐ手を打つ」など安定した状況を維持するための行動をとる。「予期せぬ事態」を極力回避し、綿密な計画をたてて生徒にあたっていく。一方で、監視だけでなく、満足感を引き出すための生徒行事にも心を配る。「よく動き、生徒の面倒をよく見る」教員たちである。生徒との間に、一定の信頼感がかもしだされ、「おかあちゃん・おとうちゃん・おにいちゃん・おねえちゃん」先生群とも呼ばれる。「よくやってくれる先生たち」という評判を得ながら、「こんなにやっているのだから」という「投資」によって、保護者・生徒も学校の意向に合わせてほしいという「効果」も期待する。

このアプローチでは、教員の徹底した「お世話」が、信頼感を生み出し、その信頼感が生徒指導に有利に跳ね返るというコンセプトである。「困ったときは何でも担任に頼れる」「担任は私（たち）のために○○してくれる」から「担任を信頼」し「言うことを聞こう」ということである。生徒の目線で考える評価基準は、「気にいる教師」とは「私たちのために何をしてくれているか」になる。

ここでは、「生徒を育てる」とは、問題を起こさせないだけでなく、教員側の計画に素直で、従順に乗ってくる生徒たちを育てることを目指すことになる。こうしたアプローチで育った生徒の傾向は、受動的（指示待ち人間）にならざるをえないし、生徒リーダーは育ちにくい。

このアプローチは政策の弱さをカバーできる面があり、「とにかく生徒のために一生懸命動く」ことで場面を切りひらく力を持つがゆえに、見直しが難しい。「荒れ」に立ち向かう手法としてのこのアプローチは、教員の心性にマッチしているとも言える。もともと教員への志向性を有した人間は「お世話（教えること）」好きであり、「お世話」を通して自己実現をはかることに喜びを見出すタイプが多いからだともいえよう。「生徒にまかせる・やらせる」は、不安定材料になるため、教員のプランをなぞらせる「お膳立て（下請け化）された自主活動」になる。生徒の活動の背後にある「教師の影の濃さ」こそ「すぐれた教育活動」と位置づけられる。

学習の面では「補習」「居残り学習」など教員の涙ぐましい努力もあるが効果は出にくい。教員の面倒見に頼る生徒（保護者）と、焦燥感に歯ぎしりする教員という構図であるが、生徒指導対策であると考えるならやることに意義は見いだせる。「お世話」はそれ自身、無限定・無際限であり、何について、どこまでやれば「感謝」されるのかは不明確である。そこに落とし穴がある。「してもらって当然」の「あれも、これも」要求型の「お世話しがいのない」タイプの生徒・保護者が登場した場合、一挙に不安定になる。学校で生起する「問題」は、教員側の努力（＝「お世話」）不足と受け取られ、一層の莫大な「配慮」や「お世話」に追われる。ところが、教員の仕事量にも限度があるため、濃密に「お世話」を受ける生徒と、そうではない生徒との格差も生まれ、公平性が揺らぎだすのである。

②集団に「正義の柱」を打ち立てることを重視する「カリスマ型」アプローチ

これは、集団の育成すべき方向は「荒れ」対策第一ではなく、「担任の社会観・人間観を含む考え方」にもとづいた「正義」を打ち立てようというものである。担任の「ものの見方・考え方」をベースにぐいぐい生徒をひっぱっていく中で、生徒（生徒集団）が触発され、担任の目指す「あるべき学級集団」にちかづけていく。いわばすぐれた集団づくりは「社会的正義の実現をめざす、尊敬に値する強固な個人」にこそその土台があると考える型である。こうした実践が可能な教員は経験も豊富で、確信に満ちた強い個性を発揮するタイプが多く、学年集団にも大きな影響力を有する。生徒を「大切にする」とは、生徒の社会背景を理解しつつ「思い」を共有することとされる。ここで生まれる「信頼関係」をベースに、集団内で発生する対立や矛盾を取り上げ、集団に返していく。これらのことを通してこそ「集団づくり」が実現するというものである。

問題は、それだけの力量を有した教員がいるかどうかに規定される不安定さにある。「担任の社会観・人間観」は、それぞれ固有であり、いかに明確な考え方（哲学や思想）を、一般的に語ることができても、教育現場では現場の文脈（生徒の状況など）にそって具体化する力（説得力）が問われる。学級経営がうまくいかないのは、その教師の「社会観・人間観」の未熟さへと導かれやすくなる。「社会観・人間観」は多種多様であり、集団討議にはなじみにくいため、次世代育成は「一本釣り」になりやすい。

この型では、正しさの基準を担任が自覚的に持ち込めるか否かにかかっている。この持ち込む力は「思想性」とも言うべき、個々の人物の「生き方の強さ」に比例しているため、若い教員が生半可な理解で取り組めば大失敗をする危険性も高い。個々の教員が持つ高い理想や使命感が、そのまま教育の力（生徒への影響力）に転換できないところに教育現場の難しさがある。生徒が「正義」を理解する過程は、教師の口から何をどう語るかだけでなく、それを体感する経験をどれだけ学年の政策としてあたえられるかではないだろうか。集団づくりにおいて、「個人技」の要素が大きくなればなるほど、学級間の格差が生まれる。「子どもに信頼を得ている担任」と「軽く見られる担任」、「子どもを引っ張れる担任」と「子どもに引きずられる担任」の分離である。今必要なのは、どの学級においても学年として目指す土台が作れるような共同的な実践である。その土台の形成抜きに、個々の担任の個性が語られるのなら、それは「学級王国」でしかない。

いずれの「型」においても、教員個人の献身的な（無際限な）努力や能力が過剰に期待されている。「教員の質」はそのまま「学校の質」であろうか。優れた教員がいるにもかかわらず、その有利さを学校の前進に組み込めない学校は数多く存在する。「教員の仕事量の多寡」がそのまま「学校の成果」になるだろうか。日々献身的な深夜に及ぶ教育実践をおこないながらも効果の上がらない学校も多々ある。成果をあげる学校とは、年度によって変化する「教員の質」に過剰に依存することなく、与えられた資源（人材や物的条件など）を生かし、精緻なビジョンとプランを有している学校である。次に、ユニット制の実践から見えてきたあらたなアプローチを提起したい。

五　ユニット制実践から見えてきた自立育成型アプローチ

学級の生徒の人数が減れば、担任は生徒一人あたりの接触時間が増えるというのは事実だが、その時間的増大が成果を生み出すとは考えない。学級の人数が減ることで変わるのは、担任の子どもへの要求の中身である。仮に学級人数が一〇〇人の場合、担任はまず、集団の統率や秩序にこころをくだくことになる。一人一人への要求水準は高く持つことはできず、安全で無事一日すごしてくれることが大きな目標になる。これとは反対に、学級人数が二〇人ならば、一人一人の具体的な成長を柱に据えるようになる。つまり、人数の増減によって変化するのは担任の個々の生徒への要求水準なのである。この要求水準は、担任が生徒一人当たりにどれぐらい時間を当てることができるかに比例しているのである。少ない人数は、一目で全体をつかめるだけでなく、個人もよく見えるのである。個人が見えるということは、個人に対して何をなすべきか（励ます、声をかける、探る、叱る）も浮かびやすいのである。しかし、担任の行為をどう受け取らせるかは担任の力量に関係する。生徒との信頼関係（公平性・親和性など）は、学級人数の多寡によらず必要な資質である。

しかし、学級の人数を少なくするユニット制は、プラス面ばかりではない。マイナス面についても触れておきたい。

①人数が少ない分「お世話」しやすいため生徒の依存心（担任への過剰な甘え）を増大させやすい。
②人数が少ない分担任の影響力が大きくなり、担任の個性のありようがストレートに学級に出やすい。
③学級内の人間関係のもつれを小学校から引き継いだ場合、人数が少ない分、「ほどく」のに力量が問われる。

「集団づくり」というものを再度見直す必要がある。当初に述べた「生徒どうしの相互依存・相互交流・相互作用」や、「学び合い、教え合い、助け合う」は、担任の学級経営上の目標であるだけでなく、生徒一人一人の成長を保障するという目標でもあるだろう。つまりは、「集団づくり」は個としての生徒の成長を具体的に図るための手法であり、「どのような集団ができたか」だけでなく「個人として個々の生徒はどのように成長したか」も成果としてはかられるべきであろう。学習の文脈で述べれば、「励まし合い」「助け合い」できるという集団は、個々の生徒個人として「家庭学習はどう変化したのか」「その生徒の学力は具体的にどのように伸びたのか」で検証しなければならないということだ。「集団づくり」の達成感は教員側に属するものであり、「集団づくり」を強調する教員（私もだが）は、「良い集団から良い個人が育つだろう」という定説に従っているに過ぎない。しかし、個人が育つにおいては「すばらしい学級集団」は必要条件であっても十分条件とは言えない。十分条件とは個人の自立・成長を促す政策の存在である。

二〇〇七年度に作られた「四中ユニット制検討委員会」で、学級人数を少なくすることで何が生まれ、何が可能になるかを検討した結果、四〇人ではなかなか難しかった学級討議が活発化するのではないかという予想が提起された。この学級討議は、学級内のもめごとの解決や行事の役割分担、バスの座席などの調整的な話し合いだけでなく、生徒の自主的な提案（学年行事など）をめぐる創造的な話し合いも可能ではないかという提起である。さらに各学級での話し合いは学年全体の活性化とつながるように、各学級五名からなる「学年班長会（三〇名）」が設立された。

「四〇人」ではなく「二〇人」でよりやりやすくより効果の高い「集団づくり」とは、「自立的・自主的活動中心の集団づくり」である。学級で取り組む自主活動の基礎は、集団での話し合いと合意と実行、事後の成果の確認と反省である。こういうことは四〇人より二〇人の方が格段にやりやすい。各学級では五人のリーダー（学級内投票で選出された班長）が三人の班員と話し合いを持つ。その話し合いは形式的・調整的なこと（遠足のバスの座席など）から、学級・学年行事の提案（遠足の行き先から宿泊先など）まで、多岐にわたる。二〇〇八年一一月の秋の宿泊遠足では、夏休み前に教員から学年班長会に提起したのは、「一五、〇〇〇円の予算の範囲で宿泊計画をたてなさい」だけであった。長期休業を利用して、班単位で、目的・行き先・乗り物・スケジュールなど緻密なプランをたてさせ、それを学級会でプレゼンさせる取り組みを行った。どの班も自分の行きたい所を発表し、投票によって学級提案を決定する。学年班長会で、六つの学級から出された提案を三つにしぼり、二学級ずつがセットされて、三つの目的地に出かけた。

行事の内容と運営方法、学級での学習の取り組みのアイデアから集団生活のルール（教室座席から教室配置も）まで、生徒に主体的に決める権限と機会を持たせる。学校生活の多くの部分が生徒の話し合いによって決定し遂行されていく。学校生活のありよう（安心感、楽しみ、がんばり・満足感）を生み出すのは生徒自身であることを体感させるアプローチである。

「自主活動」は、現場では「生徒にさせる」という言葉に置き換えられることが多い。この「させる」は「なぞる」から「挑む」まで、大きな幅がある。「なぞる」は、前もって「ノウハウ」を伝授するように、教員がやってみせ、多くの場面で生徒を前に出す（代行させる）ことを主眼においた取り組みである。または、教員からの提案をもとに、生徒が動くことを意味する。行事や諸集会の運営など、あらかじめ念入りに「仕込み」をすることで達成される「自立」である。この取り組みでは反省材料は「ちゃんと教えたとおりにできていたか」や「教員の事前の指導が十分であったか」などがあがるだろう。

ここで私が述べる「自立」は「挑む」に中心をおいている。「挑む」は生徒だけでなく教員と手を携え、新しい世界への挑戦である。修学旅行を例に考えてみよう。「なぞる」は修学旅行の実施は前提であるが、「挑む」はそうではない。「実施するのか否か」「なぜ行くのか」「実施する意味はどこにあるのか」「行くだけの価値のある修学旅行にするためにはどうであるべきで、何をどうプランニングするのか」まで生徒に投げるのである。つまり、一つ一つの取り組みを意味付け、教員集団は安全性に責任を持ち、生徒集団は満足感の責任を持つ感覚を味わいながら、個人と集団の確立を目指すのである。こうした機会は、学年行事や、クラスの取り組みなどではいくつもある。

初期的な段階での「なぞる」は大いに結構だが、三年間を通して「なぞる」自立では、「なぞることができる」「教員の指示に従える」力を与えたにすぎない。小学校から中学校卒業までの九年間は「まねる」「なぞる」から出発し、「挑む」への成長過程として再構築する必要があるように思う。高校生活は、中学校よりも、生徒の自主性が重視される。個人の選択が重視される状況では、生徒自身が自らの「生活の羅針盤」を持てないと、判断する自信ももてずに「難破」しやすい。この「羅針盤」を自主活動の経験の中で獲得させるのである。生徒を高めるのは担任の「お世話」ではなく、生徒自身であるというコンセプトである。

実際、生徒が変容（成長や逸脱行為）するのは生徒の相互関係を通じてであることは日々目にする事実である。成長を促す相互関係は、教員の献身的な「お世話」から生まれた「居心地の良い集団」というアリーナから自然に生まれるのではない。「居心地の良い集団」を作るために、生徒自身が考えたプラン・アイデア・役割分担を実行する過程で生徒間に生まれるのである。プランをめぐって生まれる「葛藤と軋轢」は、事後の「振り返り」を通して、集団への帰属感・責任感、自己効力感へと深まる。また、この過程で生まれる様々な生徒リーダーの輩出によって、多くの生徒は身近に、「尊敬」でき、成長モデルとなる生徒を見出す。

教員は「お世話」したがる心性を押さえ込み、一歩引かなければならない。影響力の大きい、グイグイ引っ張るタイプの教員は、このような自主活動では後景に退き、若い教員と横一線に並んで、生徒の活動を側面からフォローするのである。そこでは教員の「力量」は「生徒が自立的に何をできるまでになったか」で測られるのであって、「担任の指示にどこまで従えさせえたか」ではない。

集団的な活動だけでなく、個々の生徒の自立に着目した集団アプローチは、学習にも大きな影響を与える。日常的な「自主運営」の気風は、子どもの内部に「結局、自分が動かなければ何事も始まらない」を刷り込み、他人任せではなく、課題に自分から挑むようになる。第一節で論じた「学力低位層」の大幅な減少は、このようなアプローチが学習面で効果を現したと考えられる。

六　おわりに

従来からの「学習システム」が四中の学力の向上に効果を発揮していることは、この一〇年間の累積されたデータが明らかにしているが、それをさらに飛躍的に高めるきっかけとなったのが、ユニット制の導入である。第一節で説明したように、ユニット制は「学力向上」をメインにすえた実践ではない。第二節で述べた「成果」は、副産物と言えるが、この点に検討を加えることで多大な教訓を引き出せたのである。

ユニット制は、従来なかなか実現しなかった手法であった「徹底した自主活動」に取り組むきっかけを与えた。自主活動を通して生み出された数十人（学年の三分の一以上）の生徒リーダー群が学年のムードを規定し、対立やもめごとをほぼゼロにし、結果として安心で暮らしやすい学級生活を生み出した。学習に関しての相互援助は自発的であり、自然な生徒相互のはげましは、気持ちを高め学習へ向かわせる力になった。

しかし、よく考えてみれば、「自主活動」と「ユニット制」は直接の関係はない。「荒れ」は生徒不信を生む。教員は生徒の歩む道を先回りし、レールをしきつめ、前方から手まねきをするという安全策を選択しやすい。教員の献身性に依存することで得られる学校の安定は、教員の心身過労だけでなく、本来の目的である「生徒の育成」からはずれ、その機会を奪っているともいえよう。「ユニット制」の実験を通して、ある種の「原点回帰」を果たし、「生徒の潜在的な力を信じること」、「できない生徒なのではなく、うまく力を引き出せていないだけだ」との意識の転換を行ったのである。多くの学校での追実践を切に望みたい。

四章　特別支援教育に同和教育の視点を
――子どもの課題をどう見るか――

原田琢也
（京都市立久世中学校指導教諭）

一　はじめに

最近学校現場で、「生徒指導上の課題」という言葉を耳にすることが増えてきた。もちろん今まで から生徒指導上の課題はたくさんあった。しかし、わざわざ「課題」という言葉の上に「生徒指導上の」という言葉を付けることはあまりなかった。このように新たな言葉が登場してきた背景には、特別支援教育の制度化に伴う、教師の子どもの課題に対する「まなざし」の変化を見て取ることができる。

二〇〇七年度より特別支援教育が本格実施に移され、「通常学校」の「通常学級」に通うLD（学習障害）、ADHD（注意欠陥多動性障害）、高機能自閉症など、いわゆる発達障害児・生徒が、特別支援の対象に組み込まれることになった。そうなれば、当然、誰が発達障害児・生徒であるのかを特定しなければならないということになる。今まで漠然と「子どもの課題」とひとくくりにされていたものの中から、発達障害に基づく課題とそれ以外の課題とを識別しなくてはならなくなったとき、子どもの課題全般から発達障害を抜き取った残りの課題を何と言えばよいのか、それを名指しする言葉として、「生徒指導上の課題」という言葉が自然に使われ出したのである。つまり「生徒指導上の課題」とは、多種多様な子どもの課題の中から発達障害に基づく課題を抜き取った、残りの課題のとりあえずの総称ということになる。

発達障害の原因は、中枢神経系の機能障害や機能不全によると考えられている。つまり彼ら／彼女らがうまく行動できなかったり、学習の成果をあげることができないでいるのは、さぼっていたり、わがままを言っているからなのではなく、「やろうとしてもできない」からなのであり、課題を解決するためには「支援」が必要だということになる。

一方、「生徒指導上の課題」の定義は曖昧である。とにかく子どもの課題の中から、発達障害に基づくと考えられるものを抜き取り、その残りを一括りにした言い方なのだから、とりあえずは発達障害の場合の逆、つまり「やればできるのにやらない」ことが問題だと見なされがちである。従って、課題を解決するためには、反省を促し、やる気を引き出すための「指導」が必要だということになる。

本書のテーマ「格差をこえる」という観点からみて、ここにはたいへん重要な問題が隠されている。それは、発達上の課題であれ、生徒指導上の課題であれ、いずれにしても子どもの課題が個人的な問題としてしか捉えられていないということである。格差をこえる学校は、当然のこととして、社会的に厳しい条件を負わされている子どもの学力を下支えする学校でなくてはならない。しかし、この枠組みを通して子どもを見る限り、子どもの課題は常に、個人的な病理の問題か、個人的な心理の問題のいずれかに落とし込まれ、課題を生み出す要因である、子どもが直面している厳しい社会的条件に対して、教師の目が向かわなくなってしまうのである。

「格差社会」や「貧困」という言葉がマスコミを賑わしている今日において、社会的背景が子どもの学校における学習や行動に何らかの影響を及ぼしているであろうことは、自明の理ではないかと思われるかもしれないが、それはあくまでも理念的なレベルの話である。自戒を込めて言うが、目の前のAくんやBさんといった具体的なレベルにおいて、その課題を子どもが背負っている社会的背景から解釈しようとしている教師がどれほどいることだろうか。格差をこえる学校づくりを追求していく上で、子どもの課題をどう見るかということは、その根幹をなす重要な論点の一つなのである。

二　「特別支援教育」と「同和教育」

今、「自戒を込めて」と書いた。実はこのことは決して他人ごとではない。というより、本稿の出発点には、自分自身の内にあるジレンマに対して、一つの答えを出したいという思いがあった。

筆者は最近、特別支援教育に興味を持ち、研修会に参加したり、関連の書物を読んだりする中で、自分自身がしだいに目の前の子どもの課題を、LDやADHDといった診断名と結びつけて読み解こうとする傾向が強くなっていることを感じている。ここ数年学校における実践の中で、その生徒が何らかの発達障害を負っているのではないかと考えながら、本人やその親と接することがたびたびあった。そして、今振り返ってみても、そのときの見立てやアプローチは間違っているわけではなかったと思っている。子どもの課題の中には、親のしつけや養育、あるいは育ってきた環境では説明しきれない、生物学的・器質的な要因に基づく課題があることは間違いない。そして特別支援教育の制度化に伴い、発達障害に関する知識や考え方が学校現場に浸透していくにつれ、そういう子どもたちにとって、学校が少しずつではあるが、居心地のよい場所に変容されつつあることは事実である。

しかし一方で、筆者は長年にわたり同和教育実践に携わってきた。そしてその実践を通して、社会的文脈が子どもの学校における学習や行動に密接に影響を及ぼしていることを目の当たりにしてきた。筆者がこれまで終始一貫して主張してきたことは、環境や子どもの置かれている社会的位置が、子どもの学習や行動にどれほど大きな影響を及ぼすかということであった。その観点からは、子どもの課題を安易に生物学的・器質的な要因から読み解くことは、最大限慎まなければならないこととなる。

同和教育と特別支援教育、両者は課題のある子どもを支援するという点では共通しているが、子どもの課題に対する見方・考え方では対極的であるといってもいい。そして現在というこの時代は、二〇〇二年三月末に法にもとづく同和対策事業が打ち切られ、同和教育が人権教育として読み替えられながらしだいに力を落としつつある時期であり、同時に、二〇〇七年四月より特別支援教育が本格実施に移され、右肩上がりに勢力を拡大している時期であるといえる。今まで同和教育のベースの上で、その要因が社会的・環境的視点から読み解かれていた課題が、特別支援教育のベースに乗ったとたんに個人的・生物学的視点から読み解かれることになってしまう、ということが起こったとしても不思議ではない。

三　同和地区生徒の課題は発達障害か

筆者は、このような問題意識から、二〇〇九年の夏に簡単な調査を試みた。同和地区出身生徒や、経済的に厳しい状況にある就学援助受給家庭生徒、ひとり親家庭生徒が、どのような割合で各校の特別支援教育対象生徒の中に含まれているのかについて、聞き取りを行ったのである。校区に被差別部落を含む五つの中学校に勤める知り合いの教員に、今述べてきたような問題関心を説明し、調査への協力を依頼した。

なお本稿においては、「同和地区」や「同和地区生徒」という表記を使わせていただくことにする。同和施策が終結し、厳密な意味における「同和地区」や「同和地区生徒」は存在しない。だから最近は「旧同和地区」という言葉を耳にすることが多くなったが、筆者はどうしてもこの言葉から、同和問題が過去の問題であるかのような印象を受けてしまう。本稿では、同和問題はまだ解決したわけではないという立場から、教育現場で従来から使われてきた「同和地区」と「同和地区生徒」という言葉を使うことにしたい。

調査の結果は、表1の通りである。

まず、「全体」の欄をご覧いただきたい。ここでは各校の全校生徒数と特別支援教育対象生徒数、そしてそれが全校生徒数に占める割合が表示されている。たとえばA校は全校生徒数七六人という小規模校であるが、その内の二八・九％にあたる二二人が特別支援教育の対象になっているということ

表1　各校の特別支援教育対象者リストの内訳

		全体		内　訳								
				同和地区生徒			就学援助受給家庭生徒			ひとり親家庭生徒		
		人数	割合	人数	割合	全校比	人数	割合	全校比	人数	割合	全校比
A校	全校	76(人)	100.0(%)	14(人)	18.4(%)	**2.7倍**	32(人)	42.0(%)	**1.8倍**	34(人)	44.7(%)	1.3倍
	対象生徒	22	28.9	11	50.0		17	77.0		13	59.1	
B校	全校	498	100.0	34	6.8	**2.3倍**	119	23.9	**1.8倍**	87	17.5	**2.3倍**
	対象生徒	57	11.4	9	15.8		25	43.9		23	40.4	
C校	全校	643	100.0	30	4.7	**2.8倍**	144	22.4	1.2倍	—	—	—
	対象生徒	31	4.8	4	12.9		8	25.8		—	—	
D校	全校	505	100.0	18	3.6	0倍	114	22.6	**1.4倍**	91	18.0	**1.5倍**
	対象生徒	22	4.8	0	0.0		7	31.8		6	27.3	
E校	全校	926	100.0	48	5.2	0倍	225	24.3	1.0倍	173	18.7	0.5倍
	対象生徒	20	2.2	0	0.0		5	25.0		2	10.0	

である。文部科学省は、通常学級に六・三%の割合で発達障害の子どもが出現するはずだとしているが、A校では二八・九%、B校では一一・四%と、文科省のガイドラインをはるかに上回る生徒が抽出されている。C校とD校では四・八%とやや下回り、E校では二・二%とかなり下回っている。

次に「内訳」の欄をご覧いただきたい。ここでは、全校生徒の中に「同和地区生徒」や「就学援助受給家庭生徒」「ひとり親家庭生徒」といった各カテゴリーの子どもが含まれる割合と、対象生徒の中にそれぞれのカテゴリーの子どもが含まれる割合を比較している。たとえば、A校の同和地区生徒の数は一四人で、その数は全校生徒の一八・四%に該当する。特別支援教育対象生徒の中の同和地区生徒の数は一一人で、その数は全特別支援教育対象生徒の五〇%に該当する。A校の同和地区生徒は、全校の中で占める割合の二・七倍という高い率で、特別支援教育対象生徒の中に出現するということになる。リストの網掛け部分は、この「全校比」が特に高い箇所を示している。この表は抽出率の高い学校から順番に配列されているので、網掛け部分が表の上部に集中しているということは、抽出率が高くなればなるほど、厳しい教育条件にさらされている子どもがリストに抽出される率が高くなることを意味している。

これらの結果より、次のようなことがいえる。一つは、同和地区生徒や、就学援助受給家庭生徒、ひとり親家庭生徒の中には、学習や行動の課題を持つ子どもが相対的に多く含まれるということである。二つめは、想像していたように、社会的な背景から生み出されていると思われる教育課題が、特別支援教育の対象になりつつあるということである。

四　課題はどうして生み出されるのか

「同和地区生徒」「就学援助受給家庭生徒」「ひとり親家庭生徒」といった三つのカテゴリーに属する子どもたちがリストに多く含まれているからといって、これらの子どもたちに生物学的な意味における何らかの違いがあるわけではないことは、今さら言うまでもあるまい。これらのカテゴリーは社会的に構成されたものであり、そこに属する子どもたちの間に何らかの特性を見いだすことができたとしても、それらは社会的に構築されたものであると言える。しかし、「社会的に構築される」と言ったところで、それで何かが説明されたわけではない。学校における学習や行動の課題が、どのような社会的プロセスを経て生み出されるのか、それをこそ説明する必要がある。しかし、この問いの答えを出すことはそう簡単なことではない。

筆者は、教員生活のはじまりから今日に至るまでのほとんどの間を、校区に同和地区を含む学校で過ごしてきた。そして、微力ではあるが同和教育実践に携わってきた。その経験をもとに、同和地区生徒の課題がどのような社会的・心理的プロセスを経て生み出されているのかについて、少し説明を試みたい。そしてそのことは、同和地区生徒の場合だけではなく、「就学援助受給家庭生徒」「ひとり親家庭生徒」といった他の二つのカテゴリーの子どもたちの示す課題について考える上でも、大いに参考になると思われる。

筆者が教員を始めたのは一九八〇年代の後半である。今から振り返れば、当時は同和教育全盛の時代であったといえる。特に、筆者の勤めていた市の同和教育方針では、同和地区生徒の学力保障が何ごとにもまして重要な課題として位置づけられていたこともあり、同和地区生徒のみを対象とした学力保障・進路保障の取り組みに、大きなウエイトが傾けられていた。当時は、昼間の学校における授業だけでなく、夜間も、そして長期休業中も、校区にある「学習センター」や家庭訪問で、学力保障の取り組みが行われていた。同和地区生徒の学力保障・進路保障に向けて、学校でできることはありとあらゆることが試された感がある。そしてその成果は、高校進学率の向上として結実した。高校へ進学することにより、大学入学への門戸も開かれた。

しかし、高校進学の内訳を比較すると、公立よりも私立が多かったり、全日制よりも定時制や通信制が多かったりというように、偏りが見られた。また、せっかく苦労して入学しても、高校を中退してしまう生徒が後を絶たなかった。いくつかの実証的研究により、進学率の向上ほどには学力が向上していないことが明らかにされた。さらに、学力格差が取り沙汰される今日、同和地区内外の学力格差は拡大傾向にあるということすら指摘されている。これほどまでに多大な取り組みがなされてきたにもかかわらず、なぜ学力格差は縮まらなかったのだろうか。

その要因として考えられることをいくつか列挙してみよう。一つめは、親の学歴の違いである。親の学歴の違いは、子どもの学習支援のあり方や、学習への動機づけに影響をもたらすことになる。二つめは、親の就業状況の違いである。私が担任した生徒の親の中には、いわゆるホワイトカラーと呼ばれる事務職・管理職に就く人は少なく、雇用促進事業の結果、公務員の現業職に就く人が圧倒的に多かった。子どもたちにとっては、学校での成功と将来の成功とを結びつけて考えさせるモデルが少ないことになる。三つめは、経済力の違いである。経済的に厳しいということは、塾や習い事といった学校外教育を受ける機会が制限されることを意味する。四つめは、家庭・地域の文化の違いである。親の学歴や仕事内容の違い、そして差別ゆえの閉鎖性は、同和地区の内外に文化的差異を形成することになる。文化の特徴を、「書きことば」か「話しことば」のいずれがより優勢であるかということで説明しようとしたとき、同和地区には「話しことば」優勢の文化が形成されており、そのことが「書きことば」優勢の学校文化の中で、同和地区の子どもたちが力を発揮することを難しくさせているという指摘もある。五つめは、学習環境や教育条件の違いである。たとえば子どもの携帯電話の保有率が高いことなど、同和地区は、遅れて「豊かな社会」に参入した結果、消費社会・情報社会のマイナス面に対して、無防備な状態にあることが指摘されている。

以上、同和地区生徒の学力達成を抑制する社会的要因の中から、主だったものをいくつか列挙してみた。これらのことによって、学校における様々な取り組みにもかかわらず、同和地区内外の学力格差がなかなか解消できなかったことについては、ある程度までは説明がつく。

しかし、これらの説明だけでは学力格差については説明できても、行動面での課題がなぜ多く見られるのか、それも発達障害と見間違えるほど深刻な課題がなぜ多く見られるのかについてまで説明したことにはならない。次に、そのことについて若干の補足説明を試みたい。

まず、一つめは、学力低位にあることが自己概念にもたらす影響である。低学力からもたらされる低い評価と、日々続けられる意味の分からない授業の連続は、低学力生徒の自尊感情を傷つけ、自己喪失感を植え付けることになるだろう。二つめは、被差別の立場にあるという意識がもたらす影響である。小学校段階では特に問題として表に現れることがなかった、自分自身の出自に関する問題が、思春期に入り「自我の目覚め」とともに、抜き差しならない重大な問題へと発展することになる。人は抑圧的な状況の中で自分を守り、自らの存在を証明するために、ときとして逸脱的な行動をとることがある。同和地区生徒の中に、一見発達障害と見間違えるほどの行動上の課題が多く見られることは、彼らのアイデンティティのありように着目することによって、理解可能となる。

同和地区生徒の課題がどのようなメカニズムで生じているのかについて、ごく簡単に骨子のみを整理した。この点については、拙著『アイデンティティと学力に関する研究』（批評社）で詳述しているので、参照していただけるとありがたい。

ところで、ここに展開した説明図式は、同和地区生徒に焦点を当てることによって見えてきた図式であるが、決して同和地区生徒のみに適合するわけではない。経済的に厳しい状況にさらされている子どもも、教育条件や教育環境において不利な状況におかれていたり、自己概念を抑圧されていたりする場合があることは容易に察しがつくところである。ひとり親家庭の子どもも、そのような状況に追い込まれるリスクが高いといえる。同和地区生徒、就学援助受給生徒、ひとり親家庭生徒において、学習や行動の課題を持つ子どもが多く含まれていたのだが、それは以上のような社会・心理的過程により生み出されてきた社会現象であり、短絡的に個人の病理に還元されるべきものではないことを確認しておきたい。

五　特別支援教育は「排除」か「包摂」か

特別支援教育の対象になると、生徒はどのように扱われることになるのだろうか。制度がうまく機能していた場合、医師などの専門家の見立てにより診断が下され、専門家の助言に基づき「個別の指導計画」が策定され、「個に応じた支援」が開始されることになる。ここで問題になるのは、「専門家」の存在と、「個に応じた」という考え方である。

まず、「専門家」と呼ばれる人々は、特別支援教育の専門家であり、人間に起こる様々な現象を医学的・生物学的観点から解釈することを生業にしている専門家である場合が多い。そこには現象を社会的視座から読み解こうとする視点が入る余地はほとんどなく、現象は最初から医学的・生物学的に読み解かれるように方向づけられているといえる。

もう一つは、「個に応じた」という考え方である。「個に応じた」と言えば、一人一人の存在を尊重しているように聞こえるかもしれないが、必ずしもそうとは限らない。課題が少しでも軽減できるように環境や集団を調整しようとするのではなく、課題のある子どもを集団から切り離し、個人指導や特別支援学級・特別支援学校への転籍を勧める方向に話が向かいがちである。そして現実に、特別支援学校の入学者は年々増加の一途をたどっている。先に指摘した、同和地区生徒をはじめ社会的に厳しい状況にある子どもが特別支援教育の対象に含まれることが多いことを考えれば、「個に応じた」という考え方を貫けば、社会的に厳しい状況に置かれているマイノリティの子どもたちは、支援の美名の下に、巧妙に教育のメインストリームから排除されていくことになってしまう。

今筆者が述べていることは、あまりにも唐突で、うがったものの見方だと思われるかも知れない。しかし高岡健著『やさしい発達障害論』（批評社）には、特別支援教育の先進国、アメリカの状況について次のような記述がある。

かつてアメリカでは、多動性障害ないし注意欠陥／多動性障害の発生率が、イギリスの四〇倍に及んだ。それは、アメリカでは、注意欠陥／多動性障害という診断名そのものや、メチルフェニデート（リタリン）という薬による、子どもたちへの管理が乱用されている現状があったからである。アメリカでは、スパニッシュやアフリカン・アメリカンなど、白人以外の人々が住むコミュニティの学校がたいへん荒れており、その荒れている学校の責任を、注意欠陥／多動性障害という個人病理に求めていたのである。そして、それを薬物的に管理していくアメリカのやり方、つまり、学校の病理を子ども個人の責任に還元し管理していくやり方のために、一〇〇人に二人もの注意欠陥／多動性障害児がいるといわれるようになったというのである。

さて、日本ではこんなことは起こりえないと言い切れるだろうか。今日本の教育界は、新自由主義的な考え方に基づく教育改革のまっただ中にある。新自由主義とは、簡単に言ってしまえば、個人の自由選択の幅をできるだけ広げる代わりに、その分個人に責任を負わせようとする考え方である。新自由主義的な考え方に立つ限り、子どもの課題の要因を、社会的なものとして考えるよりも、個人的なものとして考える方が時代に適合することになる。

さらにもう一つ。この時代は、学力ブームのまっただ中にあるともいえる。もちろん学力をつけることは学校の最も大切な使命であり、その重要性はいくら強調してもしすぎるものではないが、マスコミや教育行政による学力の論じ方が、平均点を指標とした成果主義に陥っていることには問題を感じている。誰の目から見ても明らかなように、平均点を上げるのに最も効率のいい方法は、課題のある子どもにテストを受けさせないことである。もちろんそんなことは、教育の倫理に照らし合わせて許されるものではないが、熱狂的な学力重視の風潮と無分別な成果主義の結果、課題のある子どもを特別支援学級や特別支援学校に向かわせる動きに、一層拍車がかかるのではないかと心配である。

六　医療的「まなざし」は浸透しているのか

同和地区生徒、就学援助受給家庭生徒、ひとり親家庭生徒が特別支援教育のリストに多く抽出されている現実は確認された。しかし、本当に社会的な課題が、学校教育を通して、個人の病理の問題へと転換されつつあるのだろうか。筆者は、先に紹介したA校からE校まで五つの学校の教員に、各校一人ずつではあるが、インタビューを行っている。ここではその結果を参照してみたい。

まず、A校からD校までの四つの学校では、LDやADHDといった具体的な「障害」と結びつけずに、単純に、支援が必要だからという理由で、特別支援教育の対象生徒を抽出しているということであった。A校では、「落ち着かない」「すぐかっとなる」「授業中でも暴力的な行動をとる」というような「しんどい子」、B校では「気になる子」、D校では「会議などで情報交換が必要な子」を、それぞれ対象として抽出しているということであった。C校では、「LD」の子を抽出しているということであったが、この場合の「LD」は「著しい低学力」という意味であり、決して「障害」を意味するものではないと説明された。つまりA校からD校までの各校は、「教育的ニーズ」に着目して対象を抽出しているということになる。

E校の場合は、他校と異なり、制度の定義を忠実に守り、発達障害を持つと思われる生徒のみを特別支援教育の対象として抽出していた。対象生徒が二・二％と群を抜いて少なくなっているのは、このためである。しかし、E校では、他にも課題を持つ生徒が多くいるので、それらの子どもを人権教育部がとりまとめる「重点生徒リスト」に掲載し、別枠で支援の対象にしているということであった。同和地区生徒や外国人生徒で課題のある生徒は、このリストに抽出されることになる。

方法や規準は違うが、どの学校でも、短絡的に教育的課題を障害名と結びつけて捉えようとするのではなく、子どもの「教育的ニーズ」に着目し、ニーズのある子どもをできるだけ広く支援の対象に組み込もうとしている点では共通しているといえる。

しかし、これで先に指摘した、支援の名の下に行われる、マイノリティのメインストリームからの排除の問題が、すべて解消されたというわけではない。まず第一に、現在は特別支援教育制度の草創期であり、まだ制度が十分に根づいていないということである。今後、制度がさらに拡充されれば、A校からD校のように、曖昧な規準で特別支援教育対象生徒を抽出することは許されなくなるかもしれない。逆にE校のように規準が厳格であっても、抽出率が低いことは問題として取り上げられることになるかもしれない。あるいは、現場の教師から「教育的ニーズ」があるとして抽出された生徒であっても、一旦特別支援教育の対象として位置づけられてしまうと、「専門家」から医療的な解釈が与えられるということもあり得る話である。

第二に、教師の経験の違いにより、同じ子どもの課題に対しても異なった解釈が与えられる余地が多分にあるということである。たとえば、困難な状況を数多く経験してきた教師の目からは、取るに足らない小さな課題であっても、そういう経験が少ない教師の目からは重大な課題であるように映ることもあるだろう。また、長年同和教育に携わってきた教師は、子どもの課題をその子どもが置かれている社会状況から読み解こうとするかもしれないが、そのような経験が少なく、特別支援教育に習熟している教師は、同じ課題を何らかの医療的な「障害」と結びつけて解釈する傾向が強くなるだろう。今後、医療的なまなざしが教育現場に入ってくる度合いは、ますます強くなっていくことが懸念される。

最後にもう一つ気がかりなのは、「ニーズ」に着目し医療的まなざしを回避することができたならば、それで目下の問題であるマイノリティの排除の問題が解消するのかということである。イギリスは、世界に先駆けてインクルージョンを目標に掲げ、教育的「ニーズ」に着目した「特別なニーズ教育」が行われていることで有名である。この制度では、例えば移民の子どもや貧困状況にある子どもなど、社会・環境的要因からもたらされる課題を持つ子どもに対しても、医療的診断名を付けずに、いわばそのままの理由で、ケアの対象に組み込むことができる。確かに制度的には、日本の特別支援教育よりはインクルーシブだと考えられる。

しかし、実際にイギリスでは、「ニーズ」は程度の違いによりいくつものカテゴリーに細分化され、それぞれのニーズに応じたコースが、メインストリームから切り離された特別な学校の中に設けられているという現実がある。イギリスのような制度のもとでは、社会・環境的要因からもたらされる課題が、医療的問題にすり替えられていくということは起こらないが、もっとストレートな形で、つまり「ニーズ」があるという理由だけで、公然とメインストリームから切り離されていく恐れが出てくることになる。診断名と結びつけずにニーズに着目するという方法がとられているということだけで、本稿で指摘した問題が解消されるわけではないのである。

七　結び

ではどうしたらいいのだろうか。筆者は、端的に言って、同和教育の精神を特別支援教育に生かすべきだと思う。同和教育の精神とは何か、それは一つは、子どもの課題を社会的背景に即して見ていこうとする見方。もう一つは、その解決を個人的にではなく、集団的に図っていこうとする方法である。

筆者が若い頃には「非行は宝」という言葉をよく耳にした。決して「非行」を賞賛する言葉ではない。課題のある子どもをクラスの中心に据え、背後にある「しんどさ」を互いに共有しあうことを通して、互いに励まし合い、ささえあう関係をクラスの中に生み出すとともに、支配的な価値観に依拠しがちな教師自身、学校自体のあり方を問うていくことを目指した言葉である。この言葉には、同和教育の精神が凝縮して表現されているように思う。筆者は、この考え方を特別支援教育の中に敷衍していく必要があると言いたいのである。

現在進められている特別支援教育は、「障害」を個人的病理の問題として捉える傾向が強いように感じられる。しかし、「障害」は個人的な病理の問題であるだけでなく、社会的構築物でもあるのだ。たとえば、足が不自由な人のことを考えてみよう。たしかに自由に動かない足を持っているのは個人なのだが、そのことからもたらされる不利益は社会的に生み出されているといえる。もっといえば、足が自由に動く人がこの社会では圧倒的に多数であり、その人々が自分たちにとって都合のいいように街づくりを進めてきたので、足の不自由な人にとって住みにくい街がつくられてしまっているのだ。

結局、問題の核心にあるのは、社会的マイノリティの問題と同様に、多数派と少数派の間の力関係だということになる。ＬＤ、ＡＤＨＤ、高機能自閉症などのいわゆる発達障害についても同じことがいえる。個に応じた支援が必要であることは否定しないが、今、教育界が、短絡的に、「教育的課題＝障害＝個別の支援」という図式に陥りつつあることに、一抹の不安を感じている。まず私たち実践者が目指すべきことは、課題のある子どもを学級あるいは学校の中心に据え、ともにその課題の克服を目指して取り組んでいくことではないだろうか。

格差をこえる学校づくりは、単にテストの点数の上で、経済的・文化的格差が是正されている学校づくりを目指しているわけではない。厳しい状況にある子どもが力を発揮することができる学校づくりをめざしている。テストの点数にこだわるのは、それが達成できているかどうかを見るための一つの指標としてにすぎない。本稿で扱っている「子どもが示す課題をどう読むか」という問題は、その指標が有効に機能しているかどうかを見極める上で重要な分岐点となる。

本章では、特別支援教育ブームの中で、子どもたちの課題が個人的な病理の問題へと転換され、階層的に厳しい状況にある子どもたちが教育のメインストリームから排除されつつあることに警鐘を鳴らした。厳しい状況にある子どもたちをメインストリームから排除することにより、テストの平均点を向上させたとしても、それが格差をこえる学校づくりにならないことは言うまでもないことだろう。格差をこえる学校づくりを実現するためには、課題のある子どもを学校や学級の中心に据え、悪戦苦闘しながらも、ともに課題解決の方途を考えていく姿勢が大切である。そしてそのためには、特別支援教育の中に同和教育の視点を持ち込むことが大切である、と主張したい。

第II部

高校の挑戦

五章　「先端でもあり、途上でもある」
――高校版「ＵＤ化《ユニバーサルデザイン》」宣言――

（大阪府立西成高等学校校長）
山田勝治

一　「先端でもあり、途上でもある」

二〇〇九年六月、解放出版社から『反貧困学習』を出版した。二〇〇七年から高校一年生の「総合的な学習の時間」で取り組んできた内容を担当者の肥下彰男教諭を中心にまとめたものである。後で述べることになるが、西成高校は当時「改革再生」に向けて悪戦苦闘している時期でもあった。それゆえ、この授業（反貧困学習）に取り組む教員の姿勢・思いこそが、西成高校の明日への糧となっていった。また、そうした思いに応えてくれる生徒の感想文（控えめな自己開示）は西成高校の原動力であり、教育の成果でもある。

「労働者の権利を学べたことが、一番よかった。もし、授業で学んでいなかったら、自分が解雇されたときに、おかしいと気付けなかったかもしれない。実際に自分で労働基準監督署に連絡して、解雇予告手当をとれたのはとても自信になった。卒業後は、介護福祉士の資格を取れる専門学校に行きたい。母の体調も悪いし、母の介護もできるようになりたい。兄弟が多くて家計も苦しいから、バイト代は月に二〜三万円は家にいれている」。

「反貧困学習」について、このように感想文を書いた彼女は、突然バイトを解雇された。そのとき、この授業の内容を思い出し、自らの力で目の前の困難を乗り越えたのである。彼女にとって、バイトは単なる小遣い稼ぎではなかった。のちに、新聞記者のインタビューに答えて、「お金じゃないんです」と彼女は言った。それは、生きていく希望や頑張っている誇りや、何よりも違法に自分を否定されたことに対して、自分を取り返す営みであった。その言葉はわたしたち西成高校の教員が一番聞きたかった言葉かもしれない。いや少なくとも、そう言い切った生徒を心から誇りに思う。こうした、子どもたちの感想が「格差の連鎖」を断つ、「反貧困学習」の連鎖として受け継がれていくのである。

西成高校は三七年前、地元地域の教育への熱い思いの中で誕生した。誕生から三〇有余年、同和教育・人権教育においては常に大阪の最先端を行く取り組みを続けてきた。本章のタイトルの「先端でもあり、途上でもある」とはこうした西成高校のありようを表した言葉である。全世界に知られる「西成暴動」(Nishinari riot)、その地名を冠した唯一の学校、自覚しようと無自覚であろうと、常に反差別と反貧困の最先端の学校現場として子どもたちやその生活環境に向き合うことが求められている。また、学校の取り組みとして、決してそのことが特別なことでないがゆえに常に「高等学校教育の意味が問われる」という現実に直面している。

二〇〇五年秋のある朝。教頭として朝早くから生徒の欠席連絡などの電話を受けるため、自分の席にいた私のところに、一人の担任から「ヘルプ」の連絡が入った。二〇〇一年から始まった「知的障がい生徒の高等学校受け入れにかかる調査研究」の枠で入学しているKくん（軽度知的障がい、当時二年生）の担任からである。当時、Kは欠席がちであった。登校を促す母親に反発し暴れることもあった。母親もだんだん協力的でなくなってきた。担任としては、欠席がかさんでいるので何とかしたいが、困っている。状況に応じて教頭が母親と話をしてくれないかとの報告は数日前にあった。すぐに、担任に同道して家に自転車で向かう。

「おはようございます、教頭の山田です。おかあさん、Kまだ寝てますか？」

「二階でねてるよ」

「あがります」

「先生、あがらんといて‼」

ほっといてくれという母親の声を無視して、玄関先の狭い階段を上へ。

二間あるアパートの奥の間に、大きなテレビがあり、その前の床に一〇〇kgを超える彼がふて寝していた。家財道具のない部屋に不釣り合いの大きなテレビ、がらんとしたキッチンが目に焼き付いた。二〇一〇年三月まで続く、Kとのつきあいの始まりであった。欠席がちの理由は、食事の問題であった。お金がなく、お昼ご飯が食べられないため、動くとお腹が空くだけなので、ふて寝を決め込んでいたのだ。そのため、夜に起き出し、昼夜逆転となり、更に学校に行けなくなるという悪循環に陥っていた。晩ご飯は、彼の姉の友人が勤め先の弁当屋の残り物をアパートに届けてくれる。それが一日の唯一の食事となる時期もあったようだ。母子家庭で生活保護による支援を受けて生活をしているが、保護費が入るやいなやそれを使い果たす母親。この後、学校で昼ご飯を食べさせる方策をとり、何とか進級・卒業・就職を果たすことができた。

私がこの事例をここで記述しているのは、実はこのケースへの取り組みのさなかに、この家族のキーパーソンであるKの姉（本校卒業生）への支援・指導の場面を私も立ち会って設定した。当時、西成障害者会館に勤めておられ、彼らの面倒を見て、寄り添い励ましてくれていた地域のNさんが言ったひと言を紹介したいためである。そう、同席していた私の前で、Nさんは温かい声で彼女にこう言ったのだ。

「あんたは、この境遇を抜け出したいとは思わんへんのか⁉」

当時二〇歳の彼女（Kの姉）は嗚咽しながら応えた。

「なんとかしたいけど、何にもできない」

それ以外は言葉にならなかった。西成高校は彼女の人生に、彼女の境遇に、何ができたのだろうか？　どうして「この境遇」を抜け出すチカラを西成高校は彼女につけることができなかったのか？　いまだ西成高校は大きな宿題を抱えたままである。

二〇〇五年に教頭に着任して以来、私が関わった西成高校の改革と再生に向けた取り組みはまだまだ途上である。しかし、本章を通して「できたこと」、「できなかったこと」を整理し、今後を展望するための中間まとめとしたい。

二　改革──「西成高校」像のくい違い

二〇〇三年、西成高校は従来の普通科から総合選択制を採る普通科へと改編した。当時の校内議論の資料を手にしてみたが、そこにあるはずの育てたい生徒像や学校のグランドデザインの議論が抜け落ちている。本来ならそこには、現状分析から到達したい学校目標や、それを実現するための手段などの「物語」が書き込まれなければならないはずであった。一方、「しっかり勉強しないと高校にいけないよ！」という教師に対して「西高（西成高校）があるもん！」と小学生が応えたとのエピソードが聞えてきた。

まさに、西成高校の特色や取り組みも十分認知されているとは言い難い状況にあった。毎日、目の前の生徒と奮闘してはいる。しかし、どのような学校に、どのような生徒の育成をという物語が欠如した状態であったのである。それ故、西成高校を取り巻く人たちはそれぞれ、「勝手な」西成高校像を描くのである。

二〇〇七年六月一四日付け「毎日新聞」（兵庫版地域ニュース）『くるまいすまいる　ゆりあ絵日記34』に次の様な記事が紹介された。

大阪に住むHくん。ゆりあと同じ脳性まひで、知的しょうがいを伴い、電動車いすに乗る彼が、今春から、一般の公立高校に通っています。入試の壁をどう突破したのか。現在の様子はどうか。

私はとても知りたくて、Hくんのお母さんにお話を伺いました。
地域の小中学校で仲間と共に学び、普通高校への進学を強く希望していたHくん。でも入試でほとんど得点が見込めなかったそうです。そこでまず志望校を、定員割れが多い学校に絞りました。（中略）結果、みごと合格。でも、周囲の人たちは心配したそうです。受かった高校は「荒れている」ともっぱら評判で、金髪は普通。ピアスは耳のみならず鼻にしている子もいるらしい。「あんな学校にHくんが入ったら、ひどい「いじめ」に遭うんじゃないか」と。

記事がいかに風評によって、西成高校とその生徒たちのことを偏見を持ってみているか。ピアスをして金髪の子は、障がい児をいじめるかのような、事実でないあやまった印象だけで書かれた部分も多い。二〇〇七年、新たな取り組みを始め、改革に向けて歩みを進めていた矢先の記事であった。記事自体に学校名があがっているわけではないが、この年二〇〇六年から新たに始まった「知的障がい生徒自立支援コース」（定員三名）は定員割れを起こし、逆に一般入試で多くの障害ある生徒の入学があった。

同時期に西成高校は学校への評価を含め、学校全体の点検を行う改革を始めた。そのために中学校へのニーズ調査として、中学校の教員や協力して頂ける学校では生徒へのアンケートも実施した。内容は「西成高校にどのような良いイメージを持っているか？」「同様に良くないイメージは？」などの調査である。

協力いただいた中学校（この中学校は本校に対して多数の生徒を進学させており、身体および知的障がいのある生徒も同中学校から入学してきている）の教員アンケートの中に次のようなものがあった。

Q「先生はどんな状況の時に西成高校を生徒に勧めるか」

A「行くところのない不良」

Q「西成高校のどこに特色を感じるか」

A「低辺《ママ》校が単位制にしただけ、□□高と同じ、でも□□高は熱心な指導で評判はよい」

Q「西成高校は何に力を入れるべきか」

A「先生の総入れかえ」

数ある回答の内の一つといえば、それまでである。しかし、この中学校からは前年、本人及び保護者が自宅近くの市立○○商業高校への進学を強く希望したにもかかわらず、「西成高校は手厚いから」との教員のねばり強い説得で、人工呼吸器を使用する生徒が入学していた。本校への評価のフレームワークに見られる混迷、矛盾、モラル・ハザードには唖然とするばかりである。

学校としても、将来展望やビジョンをはっきりさせることができていない時期であったので、いたしかたない部分もある。この時期からおよそ五年経過したが、こういった風評や解釈は現在も払拭できていない。一方この時期、学校内では改革再生に向けての胎動も始まっていた。

三　改革─再生への取り組み

二〇〇六年後半から二〇〇八年にかけての西成高校再生の取り組みにおいて、重要な役割を果たしたのは、新たに組織した改革のための校内組織である。名付けて「西成高校一歩前へ委員会」＝NAC（Nishinari Advanced Committee）である。

この委員会では様々な事を取り組んだ。まず、教員定数に対しての加配をいかに有効に活用するのか、仕事の仕方の改善を通して生徒と向き合う時間の確保（学校運営改善促進事業）であるとか、中高連携を中心に据えた地域連携・広報活動（広報活動を担う部署の新設）、興味関心による選択科目選びから進路実現重視へのシフト替え（カリキュラム改編）などである。「格差の連鎖を断つ」学校になるという西成高校のミッションのもとで、これらのことが進められたのである。二〇〇七年度の「学校教育計画」の中にそのことをはっきりと言葉として盛り込んだ。

現在の高校には、九六％の進学率のもと、多様な課題をもった生徒が入学してきている。「いじめ」、「虐待」、「不登校」、「中途退学」などである。その中で、将来の展望を持つことができず、刹那的な生き方をしている。そのような生徒の背景には、目的意識の希薄な高校選択、脆弱な家庭・地域基盤、基礎的基本的な学力の未獲得、基本的な生活習慣の未確立といった学校内外のさまざまなレベルの問題が垣間見える。そうした中で私たちは、西成高校のミッションを「格差の連鎖を断つ「チカラのある学校」」となることに置いた。それは「可能性の平等」を最大限に追求し、一人一人の持つ潜在能力をできる限りエンパワーする伸び率最大の学校を目指すことである。

それは生徒も教師もともに、「どうせ」「やっぱり」から始まる巷間の学校評価と訣別することであった。

Weakness＝「不登校型留年・中退の増加」、「自信のない生徒」、「集団作りの取り組みの弱さ」、「授業規律・学校秩序の不確立」、「学習習慣の不確立」、Threat＝「「荒れ」風評による固定化された学校評価」（二〇〇五年度末に行った「SWOT分析」より）。この「弱み」と「脅威」をどのように克服するのか、「格差の連鎖を断つ」というミッションのもと、今までの西成高校の作風とはひと味違ったものとなっていった。

第一には、生徒指導の強化（どこの学校でも同じであろうが）、一番面倒をみている教師（おそらく担任）が「あかんもんはあかん!!」とはっきり指導しよう。厳しいことが優しいことにつながる。他校より平均で一〇歳以上は若い教員集団が力を揃え始めた。二〇〇九年度、生徒懲戒件数が前年度の約二・五倍になった。年間一四〇件、これは生徒の状況が悪くなったのではなく、今まで指導困難であった事象についても指導ができるようになった証左である。校内はみるみる落ち着きを取り戻した。その年、中途退学も前年度比二〇％削減することができた。

第二には、カリキュラム改革である。経済的な環境があまり裕福でない生徒が多数を占める状況で、高校卒業後すぐに働いたときに役立つ職業的スキルを身につけるような方向を目指した。事実、四年制大学進学率全国平均が五〇％を超える時代に、本校は一〇％を下回る進学希望者数と予約奨学生数がほぼ等しい学校（進学希望者はほぼすべて、日本学生支援機構の奨学金を進学時に受けるという予約の申し込みを行っている）である。ということは、本校の四年制進学者は大学卒業と同時に数百万円もの借金（要返還奨学金）ができることを意味している。四年制大学卒業者の就職内定状況を見ても、決して向学心だけで手放しで進められる進路ではない。つきたい職業の最適学歴とは何か？など家庭の状況、本人の考え、社会の状況を考え合せて進路指導している。

キャリア教育とは「社会的・職業的自立に向け、必要な基盤となる能力や態度を育てることを通して、キャリア発達を促す教育」、職業教育とは「職業に従事するために必要な知識、技能、能力や態度を育てる教育」と規定されている。企業が新規採用後、企業内研修で職業スキルを鍛えることを、コスト削減の中で取りやめている。本校では就職する生徒に資格取得（本校で取得可能な資格、訪問介護員二級、福祉住環境コーディネータ三級、簿記など）を奨めている。一つでも労働現場で必要となるスキルを身につけて社会へ巣立って欲しいという願いである。

第三に広報である。新たに「広報企画部」という組織をおき、中学生向けの体験授業や出前授業、学校説明会や中学校訪問による情報交換などを担当させた。およそ一五〇校の中学校に教員全員が分担して訪問し、新たな西成高校像を紹介すると共に「頑張る卒業生」の紹介など、学校の状況を極力公開した。

第四には西成教育フェスタの創設である。「『地域まるごと』エンパワー！」とのテーマで地元西成区内の六中学校と西成高校が日常の教育活動を発表・交流するとの目的で始めた。二〇一〇年には第四回のフェスタを実施した。当初より大阪府教育委員会と大阪市教育委員会の後援を受け、西成の街を中高生のパワーで元気にするとの意気込みで始まった。第三回、第四回のフェスタは大阪フィルハーモニー会館を借りての開催となり、区の中心部での開催のため、多くの区民の参加も得られるようになった。

　実はこのフェスタの運営は、教員側は本校初任二・三年目の教員を中心にしており、生徒は毎年五〇名ほどの運営ボランティアによって行われている。こうした取り組みの経験によって、双方とも自信を身につけていくイベントにもなっている。また、このフェスタは毎回「フェスタ宣言」として生徒の意見発表をしている。一年生の総合的な学習の時間（校内名称「チャレンジ」）で行った「西成学習」（次の節で詳述するが、一年生後半のチャレンジの時間約三〇時間を「反貧困学習」として取り組み、その中の「野宿」「釜ヶ崎」「被差別部落」の一連の地元学習を「西成学習」と呼んでいる）の一つの成果として、西成への思いを綴った二〇〇八年のフェスタ宣言を紹介する。

■私は、西成で生まれて西成で育ちました。父は一九歳のときにひとりで岡山から西成にきて、それ以来ずっと西成に住んでいます。父は、よく「西成はええなあ。こうやっていろんな人と出会えたのも西成やからやなあ。ほんま人情味のある街や」といいます。私にとっては西成の街の人々は「家族」のような存在です。

■私は、弘治小学校を卒業しましたが、いまでも青年指導のジュニアリーダーとして、お祭りやキャンプなどのイベントの手伝いをしています。そこでは年齢の違ういろんな人たちと活動しています。本当の「姉」のような人ともこの活動を通して出会いました。また、母は社交的な人だったので、いろんな人が家に集まってきて、いつもにぎやかな家でした。引っ越しのときも引っ越し屋さんに頼まなくてもみなが協力してくれました。

■しかし、今年の一月に私の生活に大きな転機が訪れました。母が突然、私と弟を連れて家を出て九州に行くと言ったのです。高校入試を一か月後にひかえていた私は、これからの自分の人生はどうなってしまうのだろうとすごく不安になりました。それでも母の言われるまま荷物をまとめて、大阪駅まで行きました。そこで、友人に突然の別れを告げる電話をしました。そのとき、友人が電話で私に絶対に行ったらあかんと強くひきとめてくれました。そして、私だけが家に戻ることになりました。母にもきっといろんな事情があったのだと思います。父の説得もあり、弟もしばらくして家に戻ってきました。

■それからの私たちの生活を、本当にいろんな人たちが支えてくれました。友人のお母さんは、一か月以上も私たちの食事を用意してくれました。毎日、私のお弁当も作ってくれました。父が仕事でいない間は、私と弟がさみしくならないように、いろんな人が「かわるがわる」家に来てくれました。今宮中学校の担任の先生は、自分でパンを焼いてきてくれました。先生の「思い」がつまった味がしました。

■いまから思えば、私を支えてくれる多くの西成の街の人たちこそが、私の「家族」なのです。だから、私はその「家族」を残して母についていくことはできなかったのだと思います。

■私はいま西成高校で充実した生活を送っています。私を支えてくれた「家族」への思いを、将来、大好きなスポーツの指導を通して、形にできればと思っています。私は西成の街の家族とともにこれからも生きていきます。これが私のフェスタ宣言です。　（二〇〇八年フェスタ宣言）

四　包括的キャリア教育と反貧困学習

西成高校に入学してくる生徒のうち、少なくない人数が中学校時代に学校に行かなかった、あるいは行かなかった時期がある。高校に入学しても、遅刻や欠席が極端に目立つ生徒が多い。こうした生徒たちは、学力的にも問題を抱えており、中途退学や留年へのリスクが極めて高い。西成高校では地に足ついた社会性や進路意識を育むことが「格差の連鎖を断つ」というミッションを実現するために必要であると考えている。社会性を育むための様々な取り組みをまとめて「包括的キャリア教育」と呼んでいる。社会性とは「社会が支持する生活習慣、価値規範、行動規範などによって行動できるという社会的適応性」（門脇厚司『子どもの社会力』岩波新書）を養うことである。そこでは生徒指導、学習指導、進路指導が組み込まれた手段としての包括性と全校で取り組むという面での包括性が見られる。たとえば、西成高校で中退・留年防止のために行っている「怠け学」指導と呼ぶ指導がある。一週間を単位として、授業への大幅遅刻や中抜け、エスケープの回数を記録し、基準を超えると様々なレベルでの注意指導、毎週繰り返すと校長訓告指導や家庭謹慎処分に至る（エスケープが留年・中退に直結するとの分析のもと、段階を踏んで指導を強化する）。

その中で教員は、繰り返し「留年させたくない」「三年で卒業しよう」と呼び掛け続けるのである。夜遅くまでアルバイトをしたり、朝から親に代わって弟や妹を保育所に送ったりと大変な家庭の状況で自分の学業に専念できない環境にあるのはわかっている。そんな生徒だからこそ、私たちは生徒に頑張ることを求める。それは「格差の連鎖を断つ」というミッションのために彼らを今頑張らせなければ、負の連鎖のスパイラルが待ち受けているからだ。つまり、「格差に挑み、それを克服する高校でなければならない」というミッションや、「中途退学・留年の防止」（前年度比二〇％削減）という重点課題の設定によって、様々な指導や支援が「包括性」をもったキャリア教育となるのである。

さて、一方「反貧困学習」は門脇厚司（筑波大学名誉教授）さんがいう「社会力」の育成をもねらったものである。上に述べたように、「社会性」が現状への適応であるのに対して、「社会力」は「既存の社会への革新を志向する概念」（門脇厚司、同書）である。一年生の総合的な学習の時間のうち後半に約二〇時間から三〇時間かけて行われる一連の授業シリーズを、私たちは「反貧困学習」と呼んでいる。従来の人権学習を「反差別」から「反貧困」へと再構成したものである。教材はストリートチルドレン、虐待、釜ヶ崎、被差別部落、シングルマザー、ネットカフェ難民、生活保護などを取り上げ、それを生徒たちの現実を見つめつつ切り口を設定し、教材を通じて生徒と対話する。この学習を進めていくための重要なポイントを二つあげておこう。

①自らの生活を「意識化」する――生徒一人ひとりが自らの生活と社会状況を重ね合わせて捉えることによって、自らおかれている現状の意味を理解する。そして、その社会状況や自己の状況に対して批判的に立ち向かい、絶えず作り変えていく主体として自らを自覚することを「意識化」と考

えている（パウロ・フレイレ『希望の教育学』では「現実のベールを剥ぐ実践が、現実を変革する実践とダイナミックに、弁証法的に結合したときに意識化は真にその名に値するものとなるのである」と述べられている）。

②「新たな社会像」を描き、その社会を創造するための主体を形成する――「反貧困学習」がめざしているのは、誰もが貧困に陥らない社会を作ることである。そのためには、現実の社会にどのように働きかけていくのかなど、市民としての社会参加や政治参加についての学習も進める必要があると考える。シチズンシップ教育としての視点が重要である。

たとえば、在籍生徒の半数以上がひとり親家庭の本校では、シングルマザーの問題は切実な現実である。これを、母子家庭への福祉的な支援の具体的な知識を教え込むような教材と授業展開で実施した場合は、「反貧困学習」とは呼ぶことはできない。その教材をもとに、「どうして社会はこうなっているのか？」「それはおかしくないのか？」と考え、対話する中で生徒が抱える複合的な「生き辛さ」やそれを変革する将来像を見つめることで、貧困を決して自己責任の文脈だけでとらえることなく、作り変えるべき社会の問題としてとらえることが大切である。そうした取り組みが次のような感想文を生んだ。

派遣労働について知れたのが一番勉強になった。父の会社が倒産して、家計が急に苦しくなった。父は再就職しようとして何度も就職試験を受けにいっている。しかし、中年になってから仕事を見つけるのは本当に難しく、結局「派遣」の仕事しか見つからない。現在働いている製造業の派遣の仕事も一〇月いっぱいで雇い止めされる。中学校時代は、どうして父が再就職できないのか、家計がしんどいのかよくわからなかったが、高校に入って学習してから父が再就職できない理由がわかった。政治家にはもっとしっかりしてもらいたい。中学校のときに、保険証がないときにインフルエンザにかかって、びっくりするような医療費だった。卒業後は、進学したかったが就職することにした。自分が正社員になって家を支えていきたい。現在も家のローン代として自分のバイト代から五万円くらい出している。　（二〇〇七年、反貧困学習の感想より）

このように、社会性と社会力をともに育むことが本校のミッション上、きわめて大きな役割となっている。

五　学びの「ＵＤ化《ユニバーサルデザイン》」宣言

ユニバーサルデザインとは、製造物・施設などにおいて誰にとってもわかりやすく、使いやすいユーザーインターフェイスや機能を備えることを目的としている。一九九七年に定められたユニバーサルデザインの七原則（The Principles of Universal Design）によると、

1．どんな人でも公平に使えること
2．使う上で自由度が高いこと
3．使い方が簡単で、すぐに分かること

4．必要な情報がすぐに分かること
5．うっかりミスが危険につながらないこと
6．身体への負担がかかりづらいこと（弱い力でも使えること）
7．接近や利用するための十分な大きさと空間を確保すること

とある。学習においても同様の発想により、すべての人にとって学びやすい教材、教授法などを考えるべきとの主張がある（Center for Applied Special Technology（CAST）1997, David Rose, Anne Meyer）。主に特別支援教育の手法として研究され実践されている。そのなかで「特別支援教育を考慮した通常学級での授業づくりや展開の工夫」が蓄積され、「ユニバーサルデザイン化された授業」では、障がいはないものの学力的に低位に置かれている児童や他の児童にとっても学びやすく、分かりやすい授業であることは間違いない（井上善之・窪島務「小学校の通常学級担任に対する支援の在り方に関する研究」滋賀大学教育学部紀要、二〇〇九年）。そこで、改革再生の第二フェーズとして、二つの意味で西成高校は学びの「ＵＤ《ユニバーサルデザイン》化」宣言をしたいと考えている。

　一つは、「知的障がい生徒自立支援コース」設置校（二〇〇六年〜）として「共に学ぶ」教育の実践方法としてである。西成高校は開校以来障がいのある生徒の受け入れを行ってきた。その基本とするところは、通常学級に障がいのある生徒も在籍し、ほとんどの時間を同一の教室で授業を受けるところにある。生徒によっては、同一教材で学習を行う場合も少なくない。「共に学び、共に育つ」教育の中身として、ユニバーサルデザイン化された教材や教授法の開発が必要である。

　もう一つは、二〇一〇年から始まった高等学校授業料の無償化にかかわってである。現在、全国平

均九七％の高等学校進学率はこの政策により一〇〇％にむかうであろう。しかし、高等学校には、入学者選抜による課題の集中と偏在が起こっている。本校においても、小学校・中学校時代に学校であまり学ぶことのなかった生徒が入学している。彼らを一定の社会実践力をもったオトナとして世の中に輩出するためには、高等学校学習指導要領が求めるものとは異なる学びのメソッドが必要とされるのではないだろうか。そのため、意識的に「意欲」「態度」「関心」に重点を置いて、教育活動を点検する必要がある。また高校生としてのプライドを損なわない「学び直し」学習や意欲を伸ばす教材・評価の開発が不可欠の課題である。

西成高校での学力のキーワードは「自立のための学力」である。いままで、学び（学習）の習慣を身につける環境を持たなかった生徒も多い。また、いまもなお、学びの家庭環境にない生徒も多い。ユニバーサルデザイン（UD）化された学びのメソッドと校内における学習環境（ラーニングセンター）が次の改革の大きな要になる。その際、誰にとってもわかりやすいUD化された学習方法や教材は重要になるであろう。

おそらく、西成高校は「先端でもあり、途上でもある」教育活動をこれからもおし進めていく。西成高校に課せられた大きな宿題がすこしでもやり遂げられるように。

六章　新しい「物語」づくり
――高校の挑戦――

（大阪教育大学教授・
前大阪府立堺西高等学校校長）
島崎英夫

一　パッション――教育へのリスペクトの恢復

岩崎夏海氏の小説『もし高校野球の女子マネージャーがドラッカーの「マネジメント」を読んだら』がベストセラーになって、P・F・ドラッカーの経営学書をひもとく人が増えている。大阪府立学校の校長仲間にも、大いに触発されている人たちがいる。学校という非営利組織を経営するにあたっても、ドラッカーにならって、まず「我々のミッション（使命）とは何か」を定義する必要があるが、小説の主人公「みなみ」の言うとおり、これがなかなか「やさしい問いではない」。

私は、二〇〇九年に現任校に着任するまで三年間、大阪府教育委員会事務局高等学校課で「学校経営支援」を担当してきた。そのこともあって、学校のミッションの立て方についてしばしば仲間から相談を受けるが、その際、逆に次のような質問をする。あなたが学校で〝イライラ・もやもや・鬱々〟することは何ですか、また、あなたにとっての〝悪夢〟は何ですか、と。どこの学校にも「しんどい」

課題がある。これは、すべての府立学校を訪問した私の実感である。その「しんどい」課題から受けるパッションをこそミッションづくりの拠りどころとしなければ、使命として掲げる言葉は空疎な麗句に終わると考えるからである。

激情、熱情、情熱などと訳されるパッションはもと「受苦」や「受難」を意味した。人の世に熱あれと願うパトスは受苦から生まれる。「精神において受動（すなわち情念）であるものは、通常、身体においては能動である」とデカルトが『情念論』で説くごとく、この受け身の感情を吐露するときに、私たちの頭脳・身体は活発に働いてくれる。激情が沈静化したあと、主となる問題が定義され、関連諸問題が明確になっていることが多い。二〇〇三年四月八日の私がそうであった……。

岬高校で、校長として初めての入学式を終えたばかりの私のもとに、新入生の母親がひとり、幾分紅潮した面持ちで訪ねてこられた。「先生、私もう悔しくて、悔しくて。去年の暮れ、息子が進路を決めるにあたっての懇談会で、中学校の担任の先生にこう言われました。「息子さんはこの成績だから岬高校にしか行けない」って。「岬高校にしか」、この言葉を聞いてからあと懇談は上の空。何を話したか記憶していません。私も、この子の父親も岬高校の出身です。そう言い返したかったのですが、結局何も言えませんでした。校長先生、この高校をなんとか本当にいい学校にしてください」。

一気にそう話されてすぐ退室される後ろ姿を見ながら、熱い塊が胸の中に形を成してくるのを私は覚えていた。パッションである。

岬高校に通うこと、岬高校卒業生であることが「苦」となる現状。その「苦」は、学校を統括する者として私自身が一身に受けるべきものである。社会構造的にも地理的にも、中心から遠く排されて周縁に位置する岬高校の元気づけ、エンパワーメントの必要性については赴任前から私も感じていた。それがまさに痛みをともなう「苦」として痛感されたのはこのときである。痛苦として受けたパッションは、一晩のうちに校長としてのミッションを創らせてしまう。「夢をチカラに！」を合言葉に、岬高校をとりまく「地のチカラ」と「人のチカラ」を結集し、「効果のある学校（Effective School）」への脱皮を図る。これしかない。

七二〇人定員の学校でありながら、この年の在籍生徒は五五六人。この数字に「しんどさ」が収斂している。少子化にともなう大阪府立高校の再編整備計画が発表（一九九九年）されてからは、「学校がなくなる」という風評が流れ、大幅な定員割れも経験した。夢をもてずに、毎年百人前後の中退者がでる学校。「これから」を前向きに考える勇気を失い、半ば自棄気味な登下校の態度を見せる一部の生徒。業を煮やした地元の人からは廃校願望の声すら聞こえてきていた。

そんな状況下で「学校がなくなる」という悪夢を見ていた教職員たちも、私のパッションに共感し、ミッションを共有してくれた。学校改革の動きは速かった。教育活動を学校内に閉じ込めるのではなく、夢をチカラにがんばっている生徒の姿が地域の人たちに見えるようにする。そして、どんな時間・空間をも私的なものに矮小化してしまう生徒の心に新しい公共性の芽を育てたい。二〇〇四年には「海洋」と「ライフデザイン」の二つの専門コースがスタートし、学校外での活動が増えた。

親や先生以外のいろんなオトナの人たちと親密圏を構築する過程で、生徒たちは社会に通用する言葉を話すこと、傾聴することを学び直し、地元の方々も温顔を向けてくれるようになった。二〇〇五年には生徒数が六一六人に増えた。岬高校をとりまく「地のチカラ」と「人のチカラ」を結集し、生徒たちの「心のチカラ」を育てる。私のあとの二人の校長も、このミッションを継いで奮闘され、合言葉も「夢をカタチに！」に進化した。〝山海人プロジェクト〟など面白い動きが次々に生まれた。二〇一〇年の岬高校の生徒数は六九一人（定員七六〇人）に増えている。

それでも、まだまだ中退者は多い。小中学校での「学力」問題は、高校入学者選抜という「分化」機能を経て、高校では「中退」問題として顕著に出現する。ブルデューの言う教育の三つの資本（経済資本・文化資本・社会関係資本）の格差が深く「中退」問題に関わることを、私たち教職員は経験知・暗黙知として知っている。そして、その格差を乗り越えるために学校ができることは、社会関係資本を富ますようなカリキュラムを編んで実践していくことであることも。

漁港へ、里山へ、水族館のバックヤードへ、蒲鉾工場へ、保育所へ、高齢者施設へ、消防署へ、休耕田での菜の花づくりへ、どこへ行っても、どの職場も、若い人を必要としていることを岬高校の生徒たちは感じる。また、オトナと同じ体験をして初めて、「言葉」を使えるようにもなる。「言葉の意味は、その言葉に関連した事柄や行為を共にすること、すなわち体験を共有することによってしか共有されない」（門脇厚司氏『親と子の社会力』朝日選書）からである。こうして、自分の思い通りにはならない他者、自分と同じように考え、同じように行動するとは限らない他者との間で、どうやって人間関係をつくるのか、自分自身や他者をどうリスペクトするのか、その方法を会得していく。シティズンシップ教育と人権教育がともに成立する土壌が耕されるのである。

生徒が成長するだけではない。地域の人たちが生徒や教職員や学校を見る目も変わる。「岬高校の生徒の皆様は町の誇りです」。そんな手紙が届いたことを現校長は感激の面持ちで語ってくれた。「結構真面目な子が多いので、見直してしまった。私の意識改革のためにも（学校のプロジェクトへの）サポート参加は成功であった」とブログに載せてくれる人もいる。もともと岬高校のある地域は教育へのリスペクトが高い土地であった。地域の願いが集まって出来た高校でもあった。地に堕ちた高校教育へのリスペクトがようやく恢復しようとしている。

岬高校の例を長々と述べたが、一九九九年の「教育改革プログラム」以来、大阪府では教育へのリスペクトを恢復したいというパッションをもって、ほとんどの府立高校が学校改革に取り組んできたと思う。一方で「学校がなくなる」悪夢にうなされた校長は何人いることだろう。再編整備計画の方は二〇一一年三月で実施が終了し、二〇数校が門を閉じる。閉じた学校も生き残った学校も、「特色づくり」に懸命であった。「岬高校にしか行けない」。そんな進路指導ではなく、受験生や保護者のモチベーションを落とさず「あの学校へ行けばこんな学びができるよ」と中学校の先生方に志望の後押しをしてもらいたいために。「入れる学校」から「入りたい、入ってよかった学校」へ、この府教育委員会の掛け声は間違っていない。本書の編者、志水宏吉氏が近著『学校にできること』で述べる「誰にとっても、そこに通うことがメリットとなるような中等教育のあり方を構想したい」という志こそ、高校教育にかかわる者すべてがもつべき志であろう。しかし……。

同じ本で、志水氏が現今の学校の抱える最大の問題としてあげる「学校システムが、中立性・普遍性を装いつつ、特定の人々にメリットを与え、逆に別の人々を排除している」という問題について、高校教育にかかわる者たちは自己点検の回路を開いているだろうか？　昨今の教育をめぐる動きの中には「中立性・普遍性」を装うことすら捨てたかのように見えるものがないだろうか？　「三つの資本」に富む学校に、そこにのみ、さらに資本を積むような傾きはないだろうか？

二〇一一年度から大阪府には「公立と私立が切磋琢磨するための同一の土俵」となる「授業料無償化の大幅な拡充」制度が導入される。しかし、学校の土俵を形成する資本はブルデューのいうとおり、授業料だけではない。立地条件、施設・設備、伝統、制度、教職員の資質、さまざまな資本状況をにらんでこそできるのが学校経営である。切磋琢磨は望むところであるが、そもそも、公教育が相撲の取り組みの比喩で語られるようなものである限り、「優勝劣敗の物語」から抜け出せない。ボリューム・ゾーンの生徒たちにグローバルでローカルな諸関係の網の目を気づかせ、「つながり」形成力をつけ、自己のブレークスルーをうながすためには別の物語と物語づくりの能力とが必要である。そして、そんな生徒たちをオトナに育てるために、私たち教職員には「誰にとっても、そこに通うことがメリットになるような学校づくり」の物語が必要なのである。

二　ミッション――誰もが、身も心も力も伸ばせる学校づくり

岬高校の校長最後の年、二〇〇六年二月の府立校長協会主催シンポジウムでパネリストとして舞台にいた私は、次の言葉で自分の発言を締めくくった。

近代化を支えてきた「大きな物語」がこわれて、今「小さな物語」の時代に入ったといわれています。教育の分野でも、各学校での「小さな物語」＝「特色づくり」がさかんです。学校がそ

れぞれ特色をつくる。岬高校は岬高校なりの物語をつくっています。学校の中では生徒たちが一人ひとりの物語をつくっている。でも、こうした「小さな物語」づくりは早晩行き詰まりが見えるのではないか、という気持ちを私は持っています。もう一度、この辺で、「少し大きめの物語」をですね、大阪府の教育はこうするのだという、少し大きめの物語を打ち出していく必要がある。新しい公共性の樹立や、大阪の子どもたちをこう育てるというグランドデザインが欲しい。今、学校現場におりますと、教委から示される施策がバラバラで来ているような感じが否めません。

こんな発言をしたからかどうか、その四月から府教育委員会事務局に席を与えられ、教育行政の一端を担うことになった。自分が要求した「少し大きめの物語」を自分たちでつくらねばならない。それならば、大阪の教育が大切にしてきた「不易」のものを今の時代に活かせる物語にしたい。教育における不易流行論は、往々「不易」と「流行」の二元論としてとらえられがちである。しかし、この両者は、もともと別ものでも相対立するものでもない。一所懸命に真実・不易なるものに深まってゆく人はどうしても同じところに足をとめることができず、必然的に新しい境地へと進む、それが流行である。

これまでの大阪の教育、特に同和教育や人権教育が大切にしてきた精神を端的に表す「学力保障」「進路保障」という二つの言葉がある。そもそも、「特色づくり」という各高校の物語づくりは、すべての生徒の「学力保障」「進路保障」という「不易」の課題を今の時代に実現する「流行」として始まった。この流行をさらにEffectiveなものにするために、教委での私のチームが導入した新しい物語は「学校経営支援」であった。

すべての生徒の「学力保障」と「進路保障」、この課題を別の視点で見直すと、すべての生徒に学習する権利を与えているかという「公正」と、高い質の教育を提供できているかという「卓越性」と、この二つの要素の確保ということになる。個人プレーでは、これはできない。一時期できても長続きしない。元気だった学校が、校長や教職員の入れ替わりとともに元気をなくしていくといった事例は多い。「不易」を掲げ「流行」を追求しつづけられる学校には、「公正」と「卓越性」を確保しつづける学校には、相応の体力を備えてしかもコミュニケーションの流れのよい「組織」が必ず存在する。「公正」と「卓越性」を二つながら担保するためには、「組織としての学校」をいかに「経営」するかの視点が不可欠になるのである。

「学校組織運営の指針」、各校九五万円の「校長裁量予算」、最大五〇〇万円を一〇校の物語実現に資する「集中支援事業」等々、岬高校校長時代にこんな施策があればなあと思っていた経営支援策を、この年まとめて打ち上げることができた。翌二〇〇七年には、府庁にはじめて「学校経営」を標榜する部署が誕生し、私もその仕事をくくる席に着いた。

ただし、「経営」といっても、教育の場に市場原理を入れようとするものではない。少なくとも、立ち上げの時点ではそうではなかった。詩経に「靈臺を經始し、之を經し、之を營す」といい、書経に「それ既にトを得、則ち經營す」とあるように、建物の造営にあたって、まず測量して南北を正すことを「経」、宮室を造営することを「営」という。唐代の水墨画論、張彦遠の『歴代名畫記』には、構図のとり方（コンポジションあるいはコンフィギュレーション）を「経営位置」と記している。「学校経営」という言葉を使うと、かつては「学校は営利企業ではないから経営という語はふさわしくない」というような反対論もあったが、地域の中で、あるいは過去から未来に亘る時間軸の上で学校のあるべき構図を描き、さまざまな学びや育ちのデザインを考え、ヒト・モノ・カネや情報を按配していくことは、「経営」の本義に適《かな》っていると思う。

高等学校課のこうした動きと並行して、義務教育の側でも府教委のサポートのもと「力のある学校」の調査研究が進んでいた。二〇〇八年三月に出た『学校改善のためのガイドライン』に示された「スクールバス・モデル」は出色の学校組織経営モデルで、高等学校経営にもそのまま活用できるものである。

しかし、その直後には小中学校の学力調査結果をうけて「クソ教育委員会」となじられる事態が起きた。あれから今日までの府の教育政策の動向については、記す筆も鈍りがちになる。ただ、政策の急な展開のなかでも、教委事務局が大阪の教育の「不易」の部分を大切にし、「学力保障」「進路保障」の精神を失わず、現実の子どもの姿から出発して、反省すべき点を反省し、これまでの不足を補うという真摯な姿勢をたもちつづけようとしたことについては、二〇〇九年一月の『「大阪の教育力」向上プラン』で「すべての府立高校が魅力を高めあい〝入ってよかった〟と言われる学校をめざします」と揚言していることでも明らかである。詳しくは、本書七章、津田仁氏の稿について見られたい。

ともあれ、私個人としては、二〇〇九年四月、再び校長として現任校に赴けたことは幸いであった。教育の原点である現実の生徒たちの姿をまた目の前にできる。

赴任校はまさに大阪の「ボリューム・ゾーン」の子どもたちが通ってくる高校である。中退はほとんど出ない。おとなしく真面目な生活態度の生徒たちである。ところが、岬高校時代同様、登校する生徒を迎えに毎朝校門に立ってみて驚いた。元気な挨拶のできる生徒が少ない。岬高校の子どもたちより、ずっと声が小さい。さらに、一年生の授業風景を巡視して、この学校を象徴する光景を目に収めることになる。「跼蹐《きょくせき》」……このとき受けた印象を一語で表せば、こうなる。「跼蹐」とは、恐れつつしみ身体をちぢめることである。

百年の歴史をもつこの学校の七〇年ほどは女生徒の学びの場であった。府立に移管されて三一年。生徒たちが使う机と椅子は三六年前の女子高時代からの老朽品。さすがに前任の校長が問題視し、二・三年生の分までは他校同様のものとなったが。しかし、まだ、一年生は、一二センチ低い椅子と、九センチ低く天板も標準の八二％しかない机の中に身体を押し込んでいる。授業見学に訪れた近くの支援学校の先生たちは、口を揃えて「子どもたちの姿勢が悪い」と感想を話される。生徒の窮状を三〇年以上も座視してきたのですか、という非難の面持ちで。生徒のおとなしさに甘えて、〝フツーの普通科〟と居直り、「経営」する主体のなかった学校の姿が、跼蹐する子どもたちの姿と二重写しになる。

堺西高校での私の受苦、パッションはこの「跼蹐」である。加えて、こちらからの挨拶を受けたときに生徒たちの目をよぎる自信なげな「逡巡」である。ちぢこまった身体も心も伸ばしてやりたい、自信をつけてやりたい、この思いが私のここでのミッションとなった。「誰もが、身も心も力も伸ばせる学校づくり」である。

校長就任の挨拶文には、石川淳が戦時中に少年少女向けに書いた伝記『渡邊崋山』のはしがきを引用して、「背伸び」の楽しさを教えたいと記した。「さくらの花をとる時、みなさんはどうしますか。ちよつと、せいのびするでせう。木の上で鳴いてゐる蟬をとる時も、やはりせいのびするでせう。そして、さういふ時には、みなさんはたのしいでせう。」

三　ビジョン――生徒と教師のブレークスルー

脈絡なく頭に浮かんだことを二〇ほど書き留めておく、その項目の中から三つを取り出し、それを組み合わせて一つの話をつくる。村上春樹氏の短編小説作法である。「三題噺《ばなし》ってありますね、原理としてはあれに近いかもしれない」(『夢を見るために毎朝僕は目覚めるのです』)と氏はいう。大江健三郎氏も、つとに同様の手法を採用していた。称して「ブリコラージュ」(『懐かしい年への手紙』など)。これは、先年なくなった人類学者クロード・レヴィ=ストロースが『野生の思考』で紹介した知のあり方である。端切れや余り物を使って、その本来の用途とは関係なく、当面の必要性に役立つ道具を作ることをいうが、学校の「物語」づくりにも、「三題噺」や「ブリコラージュ」の手法が有効である。特別なものではない。優れた教師は、授業づくりにこの手法を、意識せずとも駆使している。「挨拶」「机・椅子」から始まった噺は、「踢踏」「逡巡」を経て、「背伸び」と「企て」の「ブレークスルー」の物語に変身する。

縮こまっている生徒たちに背伸びさせるには、企てを楽しむ教職員の工夫がいる。「私にはできない」と離陸をためらう子どもたちを、「君ならこうできる」と後押しし、成功体験をもたせ自信をつけさせられるのはオトナである。

「企」の字は人が「かがと」をあげて立つ形。「くわたつ」の「くわ」も「踝、かがと、くびす」のこと（白川静『文字逍遥』）。「企」という漢字と「くわたつ」という国語とは、同じ姿勢・動作、すなわち「背伸び」を示す語である。つま先立ちの背伸びをして大観をつかみ画くことが「企画」。ビジョンは背伸びから生まれる。背伸びして、自分をこれまでとは違う倍率で眺める「鳥瞰的視座」を持たないと、自分の限界を超えられない。

四月七日の職員会議で「学校経営方針」を「ブレークスルー　堺西」の合言葉とともに打ち出し、子どもたちが「鳥瞰的視座」をもてる教育活動を授業や教科外活動にどう組み入れるか、探索者としての教職員のアクションを起こしてほしいと呼びかけた。さっそく呼応してくれた体育・芸術の教師たちの「企て」を奇貨とし、二三日の職員会議では二つのアクションプランを提示した。

アクション1「表現と創造」

生徒たちのブレークスルーを促すために、「大阪の教育力」向上プランに盛り込まれた〝新たな専門コース設置事業〟に応募し、体育専門科目や芸術系専門科目等を開設することで「スポーツ・芸術表現創造専門コース」の設置をめざす。

アクション2「キャリアとカリキュラム」

新しい専門コース設置に向けて、本校のキャリア教育とカリキュラムの充実（Careerと Curriculumは同根の言葉）のための研究や専門コースの初期整備のために〝学校提案型の個性化推進事業〟と〝スクールカラーサポートプラン集中支援事業〟に応募する。

「動きがあまりに急」との批判・反対もあったが、提案どおり決めた。それぞれの教委の事業は「入ってよかった学校」づくりのためのもの。私自身が立ち上げた事業もあり、落選しては面目ないので、獲得に力を入れた。成功体験はやはり人を育てる。一連の事業獲得や事業実施に向けた動きのなかで、「学校経営」の面白さに目覚めた教職員がブレークスルーしてきたことが、実は最も大きな産物であった。

ビジョンをもってアクションすることの面白さ。動けば必然的にさまざまな人と出会う。その出会いにわくわくする。知の島が大きくなればなるほど、未知と触れる驚きの海岸線が長くなる。知的好奇心が刺激される体験をもった教職員たちは、今度は生徒たちが「面白さ」を追求し、さまざまな人と出会うカリキュラムづくりを始める。カリキュラム化のために教職員は、「体験」を振り返って自分を軸に整理し直し、自分の言葉で表現しなければならない。西郷信綱氏（『古典の影』）がいうように、言語化によって「体験」が「経験」に昇華するのである。

そこに「暗黙知（実践的意識）」が「形式知（言説的意識）」へ変成される契機がある。

府教委事務局で働いた最後の一年間、私もさまざまな「受苦」を体験したが、一言にまとめれば、教育の世界の知の多くが「暗黙知（実践的意識）」にとどまり、なかなか言表されないということである。一方には、ネット上に氾濫するものも含めて、教育をめぐって限りなく軽いコトバが作り出す世界もある。実践の現場が確かな言説化の努力をしないと、教育へのリスペクトなど雲散してしまう。教育学、とくに学校臨床社会学に期待するところ大で、本書もその取り組みのひとつとなろうが、学校の教職員がもっと自己の知を言表し、互いの形式知を結合し、学校教育のソーシャル・キャピタルを形成させねばならないと思う。近年増えてきた若い教職員を元気に育てるためにも、ＯＪＴ（オン・ザ・ジョブ・トレーニング、職務遂行を通しての研修）によって「学校知」を創造することも、この学校での私のミッションだと受けとめている。

ところで、新専門コースは二〇一一年四月から実働することになる。予想以上の希望者が集まり、新コースで学ぶ生徒たちをブレークスルーさせねばならないと教職員たちも意気込んでいるところである。しかし、「体育・芸術」だけで能事おわれりとはいかない。「みずからを凝固させることなしには安心して生き延びることのできない人間の生。そこにすべてのニヒリズムの根源がある」（『偶然性の精神病理』）と精神医学者の木村敏氏はいうが、自ら作ったカリキュラムに「凝固」「安心」することなく、不断の学びをつづけるところに教職員の「生きる力」が問われる。惰性を排して、新しい価値創造をめざすために、つぎのアクションが求められるのである。

四　アクション――四つの「Ｒ」で包括的キャリア教育

第一節の終わりに書いた、教育を相撲の取り組みのような「優勝劣敗の物語」でとらえる昨今の動向は、イギリスに発した新自由主義的な教育の潮流に棹さすものであろう。しかし、そのイギリスにはあって、大阪にはないものが三つある。

まず、経済資本。府教育委員会のウェブページに昨年から府立学校全校の運営経費が掲載されている。堺西高校は六億一七九五万円。多いとみるか、少ないとみるか、教委のコメントはない。一年前、私はイギリスのいくつかの学校や教委を訪問する機会を得たが、堺西高校と同規模の生徒約千人の中等学校で、年間予算は一三億円。倍以上である。組織をみると校長は一人だが、副校長が四人いる。何より画然たる違いはノン・ティーチング・スタッフの多さ。ほぼ教員と同数いて、生活面や進路指導、保護者との連係などにあたっている。逆に、大阪はいま、教員以外の職員数を減らそうと躍起である。

ちなみに、先日、小中学校の「学力調査」でトップをひた走る秋田県の高校を訪れるチャンスを得たが、その施設・設備たるや、垂涎の思いを禁じ得ぬものであった。この面では「同じ土俵」にぜひ乗りたいものである。

二〇一〇年度の始まる直前に、本校懸案の机・椅子はすべて標準のものに変更することができた。それも教委への直訴数度で、閉じる学校で使用していた机・椅子をやっと貰えた結果であった。「ショボい」話であるが、それが大阪の現状である。

二つめに、文化資本。社会が学校や教職員に要求するものが違う。「Teaching & Learning」。イギリスのどこの学校に行っても、この標語が張り出されていた。教師たるもの、教えるだけでなく、しっかり学べ。一五時半にはほとんどの教員が学校からいなくなる。元気な学校では大勢の教員が大学院に学びに行っているのだそうである。「全人教育」が求められる日本では、深更まで明々と電灯がともる「ちょうちん学校」も多い。

最後に、社会関係資本。イギリスでもっとも特徴的だと感じたのは、地域の学校をサポートする「教育税」の存在である。地域の学校は地域で支えるという心意気が税の形をとっている。なるほど「税」

には「チカラ」という読みもある。教育へのリスペクトの度合が違う。携帯電話やインターネットの負の部分から子どもたちを守ろうとする取り組みを見ても、子どもを〝消費財〟扱いするような雰囲気は感じられなかった。

大阪とイギリス、これだけの懸隔を無視して、否応なく新自由主義的な競争の土俵に上らされる限り、堺西高校もやはり、この社会関係資本で勝負するしかない。既に、地域の青少年を育成するためのNPOも本校関係者で立ち上げている。紙面が尽きかけているので、詳述できないが、地元の小中学校との関わりは岬高校以上である。ドラッカーのいうマネジメントの三つの役割で最も難しい「社会の問題の解決に貢献する役割」をも微力ながら果たせる学校になってきていると思う。今年は大学との連携も緒についた。

学校協議会の皆さんからいただく意見もありがたい。プール学院大学の中島智子教授からこんな提起をいただいた。「要約する力がない→レポートが書けない→卒業論文が作れない、こういう大学生が増えている。あらすじ、ポイントをおさえる力がほしい」、また「困難にぶつかったら、すぐダメになる若者が増えている。考えて、問題解決をする経験が少ない。高校で問題解決の場をもっと作れないだろうか」、さらに「堺西高校は、欠席も少なく、遅刻も減っており、学校が好きな生徒が多い。学校側が指導していくと、生徒が期待に応えている。この生徒の特長を活かせないだろうか」と。

地域の皆さんからいろいろヒントをいただいて、今年の学校経営方針には〝三題噺〟ならぬ〝四つの「R」で包括的キャリア教育〟という物語を組み込んだ。次に掲げる項目が、四つの「R」である。

①**Rigor**（厳しさ―知識・スキル・態度を身につけるための厳しい学習）

②Relationship（人間関係―ポジティブな人間関係づくり）
③Representation（表現―学んだことを定着させる表現力の向上）
④Result（結果―達成感や自己効力感をうむ取り組み）

中島氏が指摘するように、本校生徒の遅刻数が二〇〇九年度激減した。今年も、生徒数が増えたにもかかわらず、減少している。八時四〇分授業始まりだったのを、五分早めてホームルームの時間を入れたことが遅刻減少のきっかけとなった。遅刻は許されない、遅刻しないというハビトゥスをつくる厳しさに応えてくれる生徒たちである。「学ぶ」ことを大切にするという「つながり」を学校から社会にはりめぐらせば、きっとそれにも応えてくれる。「堺西高校は、生徒が挨拶をしてくれる」。これは、協議会で別の委員の感想である。同じ言葉を私にくれる来訪者も増えてきた。挨拶から始まるコミュニティの道徳的な重さを認めつつ、人間の自由をも実現できるような「物語」を綴るチカラを生徒たちにつけていきたい。

そして、私たち学校教育にたずさわる者は、これからの社会を築くオトナを育てるために、シティズンシップ教育と人権教育を相補的に組み合わせつつ、「誰にとっても、そこに通うことがメリットになるような学校づくり」の物語を編み続けていかなければならない。

七章　教育の総和としての進路の実現

――大阪府立高校における進路保障の取り組み――

（大阪府教育委員会教育振興室長）
津田　仁

一　はじめに

「平成二三年（二〇一一年）の新規採用の八割は海外から」、国内を代表するエレクトロニクスメーカーの発表は、実に象徴的であり、地元発祥の企業としてなじみの深い大阪では衝撃的ですらあった。日本企業が、新興国市場へのシフトを強め、生産拠点の海外移転が進むなか、人材供給もアジアから、という動きは必然であるのだろう。一方で、二〇〇八年のデータでは、海外留学した日本の大学生などの数は約六万七〇〇〇人と前年より一一％減少しており、ピーク時の八割ほど、ほぼ一〇年前の水準だそうだ。また、二〇〇九年のアメリカ合衆国への日本人留学者数は二万四八四二人となっており、中国、インド、韓国、カナダ、台湾に次いで六位、前年度比では一五％減少だそうだ。日本では「海外に目を向ける学生の減少に歯止めがかからない」との危機感を生んでいるが、韓国では小・中・高校生の海外留学者も大きく増加しており、留学が早期化しているらしい。

また、経済のグローバル化が進むなかにあって、国内では、一九八〇年代以降、労働者を非正規社員として雇用する企業が増加している。一九八九年（平成元年）には、正規雇用が三四五二万人（労働者の八〇・九％）、非正規雇用は八一七万人（一九・一％）であったものが、二〇〇九年には、正規雇用が三三八〇万人（六六・三％）、非正規雇用は一七二一万人（三三・七％）と大きく変化している。これらの要因として、経済のグローバル化が、コストの削減を要求し、多様で柔軟な形態での雇用の需要を高めたことが指摘されている。ニートの問題も大きくとりあげられるようになった。こういったことが、労働者にとってスキルを高める機会の格差、そして所得の格差の拡大を生んでいる、さらに家庭の経済状況に基づく教育格差の拡大は、世代を超えて階層を固定化することにもつながっていく。

私は常々、教育に携わるものとして、子どもたちに、憲法のいうところの「国民の三大義務」を果たせる人になってほしいと思っている。いうまでもなく、教育の義務（二六条二項）・勤労の義務（二七条一項）・納税の義務（三〇条）の三つである。「義務」なのだから当然といわれてしまえばそれまでだが、勤労し、納税すること、そして、とりわけ「教育」の大切さを思い、「教育を受けさせる義務」を全うできるおとなに育ってほしいと願っている。その循環過程があって「貧困」や「格差」の解消への道筋もつけられる。ずいぶん独りよがりな言い方になるかもしれないが、一人ひとりの生徒の自己実現と切り結びながら、そのようなチカラを育むことができるよう、しっかり取り組むことが私たちの務め、すなわち子どもたちの進路を実現し保障していく営みであるというふうに考えている。

現下の厳しい雇用情勢のなか、格差と貧困の連鎖を断ち切るために、進路を実現し保障していく取り組みの重要性は益々高まっている。そういったなかで、今改めて、現在に至る就職の機会均等の実現と、進路を保障する取り組みのあゆみを振り返ってみると、進路の課題は同和問題解決の中心的な課題として取り組まれてきたという経緯に行き当たる。その具体的で大きな成果の一つが、高校卒業予定者用の「統一応募用紙」の策定である。このことは同和地区だけでなく、社会的に厳しい立場に立たされている子どもたちに大きな力を与えた。また、進路を実現し保障する取り組みの内実を問うなかで、子どもたちにどのような学力を身につけさせればよいのか、どのように未来を切り開く力を育めばよいのかという観点からの実践が広がり、深められてきた。それは現在も、各学校、研究団体、行政で、キャリア教育の取り組みをはじめ、形を変えながらもさまざまに展開されている。

私は、本章において、こういった進路を実現し保障していくための原点とも言うべきこれらの取り組みの跡をたどりつつ、さまざまな課題に挑む大阪の高校教育の現在の姿を紹介させていただきたい。

二　就職差別撤廃、公正採用選考確立に向けた取り組み

社用紙から統一用紙へ

二〇一〇年七月一四日付け、各事業主あてに、大阪府の教育委員会教育長、府民文化部長、商工労働部長と大阪市、堺市の教育委員会教育長の連名で出された「新規高等学校等卒業者の就職用応募書類等について」の依頼文のなかに、「従来の事業所独自の採用選考用応募書類（いわゆる「社用紙」）

には、思想、宗教、住居環境等、就職差別につながる恐れのある事項が多く含まれていました。このため、近畿の各高等学校等においては、昭和四六年度から近畿各府県の関係機関が協議して作成した「近畿高等学校統一用紙」（以下「統一用紙」という。）を使用してまいりました。」という文章があり、「近畿高等学校統一用紙」策定の趣旨が述べられている。また、同依頼文のなかで「選考と採用」についいて次のように述べられている。

「選考と採用に当たっては、人種、国籍、信条、性別、社会的身分、門地、家族の職業などにより差別されないことは、「憲法」、「職業安定法」及び「男女雇用機会均等法」を引用するまでもなく自明の理であります。しかし、現実には、採用選考に当たって不合理な差別観念から、たとえば、応募者本人の能力・適性や意欲とは関係のない家庭条件や住宅環境その他の理由で、資質を備えているにもかかわらず不採用になっている例が少なくありません。」

かつて「社用紙」では、本籍地、父母や兄弟姉妹の職業・勤務先・収入、動産・不動産など資産の詳細、自宅の見取り図、尊敬する人物……等々の記入が求められていた。そして社用紙に書かれたことを身元調査で調べ、それを面接で確かめ……そのような就職差別の実態が明らかになっていった。

そのような中で、社会的に厳しい立場におかれながらも、日々学習にがんばってきた子どもたちが差別にあい、その結果、差別の不合理性や不当性に気づき立ち向かっていくのではなく、逆に、自らの立場や環境、ときに家族までを卑下し、諦め、うつむいてしまっている……このような事態を前にして、これまで子どもたちが育んできた「学力」とはいったい何だったのか、本当に必要な「生きる力」とは何なのかという厳しい問いが教師たちに投げかけられた。

「近畿高等学校統一用紙」策定の経緯

「近畿高等学校統一用紙」策定の経緯を、大阪府高等学校進路指導研究会等の資料から少し詳しく振り返っておきたい。

一九六九年「就職斡旋開始期日をめぐる諸問題について」、大阪、京都の教育委員会担当者、及び進路指導担当者の代表による懇談会が開催されている。これが近畿高等学校進路指導連絡協議会（近進協）に発展する。そこで、就職開始時期について協議され、翌年度の一九七〇年については、高校新卒者については、八月一日以降とすることが協議された。当時は、就職選考時期は「一一月一日以降とする」という一九六〇年の文部、労働両事務次官通知があったが、若年労働者の需要の増大により求人活動が早まる傾向があり、中には五月に選考を行う企業まであった。全国的にひどい就職差別もあり、京都や大阪などの府県あるいは市は、それぞれ応募書類を統一しようと動いていた。一九七〇年の動きは特にめまぐるしい。大阪市独自の統一応募用紙策定が大阪府を動かし近畿の統一につながっていく。この年は、「社用紙について」、大阪府、大阪市の両教育委員会と両進路指導研究会の代表で話し合いがもたれ、就職差別につながる項目を指定して、「申し合わせにより記入いたしません」という印を押すこととした。

あわせて、府労働部、校長会とともに、近畿統一用紙のたたき台を作成する。年度内に統一用紙が完成し、一九七一年度より社用紙は使用せず、近畿の統一用紙を使用することとなる。また、こういった動きの背景、あるいは連動した動きとして、一九六五年には同和対策審議会答申が出され、このころ全国的な研究大会においても、就職差別事象について多数の報告がなされている。一九六九年には、同和対策特別措置法が制定され、府の同和対策審議会答申が出された。一九六六年には、府に「同和地区出身者雇用促進会議」が発足し、一九七一年には、五つの部会が整備され、その中に「高等学校等進路保障専門委員会」が設置されている。

就職にかかわる問題事象

「近畿高等学校統一用紙」スタートの一九七一年の違反事業所数は、非協力事業所七一一件、社用紙四六四件、戸籍謄本六一件、身元調査一八四件等となっており、現在とは比べものにならない多さであり、激動の時代の荒海への漕ぎ出しであった様子がうかがえる。

その後、全国統一応募用紙の策定がなされるが、近畿の「統一用紙」は残り、改訂を重ねて現在に至っている。一方でその間も就職の機会均等を阻害する重大な問題事例はやむことがない。先の依頼文にも書かれているが、一九七五年には、「部落地名総鑑」という全国の同和地区の所在地、世帯数、職業などを記載した図書が、企業に密かに販売されていたという事実が明らかになり、その後、同種の図書八種類が確認され、二二〇以上の企業、団体が購入していたことがわかった。また二〇〇五年、二〇〇六年にも、大阪市内の興信所において新たな同様の差別図書が保有されていることが判明している。

一九九三年には、受験した在日韓国人生徒が「国籍に対するこだわりが強い」ことを理由に不採用になり、その後、公共職業安定所の指導により採用となる事例が、一九九六年には、求人開拓のために事業所を訪問した教員が、外国籍生徒の採用について質問した際、「日本名で働いてもらう」という発言があった。また、内定後も身元調査を行う事例が起きている。一九九八年には、府内の調査業者が採用調査の依頼を受け、部落差別につながる調査を行った事件が明らかになっている。

また、二〇〇六年二月には、行政書士等による戸籍謄本等不正請求事件を端緒として、新たな「部落地名総鑑」の存在が判明し、一時的にインターネット上に流出するという事件があり、さらに、二〇〇七年四月には、大阪府内のハローワークの紹介で応募した未成年の男性が、応募先企業での面接時に、住所地を特定する部落差別につながる質問や、職業安定法で禁止されている「親の職業」に関する質問を受けるという事例が発生している。

こういった深刻な事象以外にも、家族や兄弟姉妹についての質問は後を絶っておらず、採用担当者からすれば「面接担当者が応募者をリラックスさせるつもり」で行ったもので意図的なものとは言えないが、応募者にとっては、適性・能力に関係ない質問であり、応募者に動揺を与え、深く傷つける、といった事例となって繰り返されている。

今に生きる「統一用紙」策定の精神

「統一用紙」の策定と改訂の取り組みの歴史は、就職差別の撤廃のたたかいであり、進路を保障する取り組みの歴史であるといえるだろう。近畿で「小異を捨てて大同団結しよう」と始まった取り組みであり、その基本認識は次のようである。

①基本的人権尊重の精神に立脚し、生徒の進路を保障するため、学校が責任をもって就職を斡旋していくという立場で作成する。

②生徒の人物や学習の成果を正しく把握・理解し、全人的総合的な見地から評価する。
③生徒本人の能力・適性・意欲等の資質によらない、主観的な予断と偏見による差別的な選考を排除する。
具体的な依頼として事業主に次のように示されている。
・学校が提出する応募書類以外の書類（「社用紙」、「家族調書」等）の記入や、「戸籍謄（抄）本」、「住民票」などの提出を一切求めないこと。
・面接試験において、就職差別につながる事柄（思想、生活信条、宗教、支持政党、尊敬する人物、本籍・国籍、住居とその環境、家族の収入、家族の学歴・職業、家族の関係、保護者について、家庭の環境、生いたち、男女雇用機会均等の趣旨に反する内容等）について質問しないこと。
・本人の生活環境などに係わる「私の生いたち」、「私の家庭」、「父を語る」などを題名とする作文を課さないこと。
・就職に際しての身元調査は、採用選考前はもちろん、内定後においても絶対に行わないこと。
その精神は高校卒業予定者の就職試験だけではなく、大学や専門学校の入学試験などにも影響し、機会均等の実現に大いに貢献した。また、一連の取り組みのなかで、差別を許さない、差別に負けない、なかまとともに未来を切り開く力という点にこそ「学力」の本質や学力獲得の意味があるという認識の深まりが生まれた。このことは、このグローバル化する社会を生き抜いていく力として求められる「学力」の方向にもつながるものであり、極めて大きな現代的意義を持つものであると考えている。

三　大阪の高校の挑戦

大阪の高校生をとりまく状況

大阪のきびしい状況には枚挙にいとまがない。大阪は生活保護率が全国一位、保護者世代の無業者率が全国二位、非正規雇用率は全国三位である。高校の状況では、二〇〇九年度末の府立高校生の就職内定率は、全国平均よりも約七ポイント低いという状況にある。その分、アルバイトなどの一時就労者が多いが、就職希望の生徒であっても、そもそも就職試験にチャレンジしなかったり、一度失敗したら二度目を受けていない生徒も少なくない。おとなの厳しい状況と照らし合わせると、身近な、そして希望を持てるようなモデルが少なく、正規就労をめざす目的意識や意欲を持ちにくい状況にあることが推測される。

また、企業が求める資質や能力を高校時代にしっかり身につけることができているのかという課題もある。二〇一〇年一二月にだされた「大阪における雇用実態把握調査　中間とりまとめ」によると、企業側が採用で重視するのは、根気・社交性などの「性格」、主体性・実行力、コミュニケーション能力などの「社会人基礎力」であり、求める採用基準に達成していないのは、新卒では「社会人基礎力」であるという結果が出ている。「警備」「建築土木」「金融保険」「福祉・介護」「不動産」「医療・看護」などといった現場系の仕事を敬遠する傾向もあり、雇用とのミスマッチが生じている。進路指導教員の三割が、未就職者の特徴として、「基礎的な能力や基礎学力が足りない」、「社会人基礎力が不足している」と回答している。

「社会人基礎力」は、「職場や地域社会で多様な人々と仕事をしていくために必要な基礎的な力」として経済産業省が二〇〇六年から提唱している。当初は、「前に踏み出す力（アクション）」「考え抜く力（シンキング）」「チームで働く力（チームワーク）」の三つの能力と、下位項目として一二の能力要素を挙げて説明されていた。若者や企業を取り巻く状況が変化するなか、「基礎学力」「専門知識」に加え、それらをうまく活用するチカラ、すなわち主体性・実行力、課題発見力、意見の違いや立場の違いを理解する力、他人に働きかけ巻き込む力などを含めた力が「社会人基礎力」として求められている。

大阪の高校中途退学率（中退率）も全国最悪、ワースト一の状況にある。中退事由は、「学校生活・学業不適応」が四割を超え、「進路変更」が三割弱、「学業不振」が一割程度の順となっている。また「学校生活・学業不適応」の内訳では、「もともと高校生活に熱意がない」が四割を超えて最も高く、次いで「授業に興味がわかない」が二割超である。また、学年別にみると、中退者の学年別構成比は、一年生が全体の六割程度を占めている。中退後の動向については、「働く（就職＋アルバイト）」が、全体の三分の二近くとなっている。

中退を減らし、正規就労者を増やす

こうして大阪の高校の課題は、やはり、勤労の義務を果たす、しっかりとした納税者を育てることとなる。その力をどう育てるか。一年での中退が多いことから、中退を防止するためには高校入学段階で生徒をまずしっかりつかまえる必要がある。これには中学校の力を借りなければならない。中学校からは「せっかく高校に送った子どもなのに」「やめる前に連絡がほしい」という声もある。入試の合格発表がおわるとすぐ、中学校訪問が始まる。もちろん個人情報保護のための手順をしっかり踏んでのことである。そしてなにより、中学校と高校が生徒一人ひとりの成長を大切にするという視点を共有するとともに、互いの信頼関係のなかで情報交換がなされなければならない。

こうなると中高連携の取り組みは、高校入学時の一点だけでなく、中学校での進路指導や学習、高校に入学してからどう成長していったかなど、平素からの、線のつながり、それも双方向でのつながり、さらに面への連携になる必要がある。高校から中学校への出前授業、合同の授業研究など教員の相互交流、行事や部活での交流、オープンスクールや進路説明会の開催、地域単位の中高連絡会など様々に工夫が広がっている。母校を訪ねる高校生や保護者同士の交流も行われている。

次に高校として必要なのは、入学した生徒を受け止める場所（居場所）づくり、人間関係づくりの取り組みであろう。しっかり受け止めるという、受容・傾聴・共感の姿勢とメッセージを学校として届けること、オリエンテーション、クラスという集団との出会いを演出するクラス開きは、生徒が心を開き、高校生活への期待や決意を引き出す大切な機会となる。そして、生徒面談、保護者面談、宿泊研修などの行事や家庭訪問に計画的、組織的に取り組んでいく。

加えて重要となるのは、並行して、授業規律の確立に向けた取り組み、生徒のつまずきや学習到達度を把握し、基礎学力の定着と向上を図る取り組み、そして三年間を見通したキャリア教育のスタートが切られることである。生徒が安心できる環境、つまり人権が尊重されて学ぶ環境にあること、そして学力と進路を保障する取り組みが進められることが生徒の自己実現への道であると考えている。

中途退学者の急減

二〇〇九年度の府立高校全日制の課程における中途退学者数(中退者数)は、一九七八年度以来三一年ぶりに二〇〇〇人を切り、前年度より九二〇人減の一七九二人となった。中退率は、前年度より〇・九ポイント減の一・六%と大きく減少した。

大阪府では、二〇〇七年度から、「府立高等学校中退問題検討会議」(以下中退問題検討会議)を立ち上げ、中途退学者および長期欠席者の減少に向けての方策を検討してきた。そのなかで、各学校が校長のリーダーシップのもと、中退率減少の数値目標を設定して、生徒一人ひとりにこだわり、「中高連携」、「人間関係づくり」、「基礎学力充実」といった方針を明確にして取り組むなど、各学校においてそれぞれ知恵を絞った、特色のある取り組みが展開されていった。大阪府教育委員会は、二〇〇九年度、国制度を活用し、中退防止を課題とする学校にコーディネーター役の教員を配置することにより、中退防止の取り組みを全校挙げて進める校内組織体制づくりが促進されるよう、後方支援を行っている。このように二〇〇七年度から検討を重ね、積み上げられてきた取り組みが、各学校において組織的に行われるようになってきたことでようやく成果となって出てきているともいえる。

中退防止の取り組みは、大阪の低迷、いわゆる「大阪問題」解消へ向けた、教育面からの重要なアプローチであり、突破口の一つとも言えよう。一方で、大幅に中退率が改善され、他県との差が縮まったといっても、大阪府は依然全国ワースト一である。二〇一〇年三月には、中退防止のガイドラインとなる取り組みのモデル事例を集約した冊子「中退の未然防止のために」を作成し、成功例の全体化にも取り組んでいるが、経済状況を含め社会の閉塞感は深まり、子どもをめぐる状況はさらに厳しさを増している。今後さらなる厳しい努力が求められることは間違いない。学校と教育委員会が一丸となった果敢な挑戦が求められている。

子どもを社会とつなぐ、未来とつなぐ

「キャリア教育とは生徒と社会をつなぐこと、生徒自身の現在と将来をつなぐこと」とは、関西大学の川崎友嗣教授からお聞きした言葉であるが、豊かな勤労観を育成し、全ての子どもに対して、自ら進路選択する力を育成すること、雇用とのミスマッチを解消するとともに、具体的に「社会人基礎力」を身につけること、このことが、就職内定率が低く、進路未定者や一時的就労の多い大阪では喫緊の課題であると考えている。

高校における進路指導は、かつては就職先あるいは進学先とのマッチングが主な内容であった。しかし、そういった「出口」での指導に円滑につないでいくには、生徒が自己の適性や将来についての考えを深め、しっかりと勤労観や職業観、職業選択能力を身につけておくことが必要である。そのため、インターンシップや体験学習、社会見学やボランティア活動、ものづくり教育などが積極的に取り組まれるようになる。さらに、様々な困難性をかかえる生徒にとっては、基礎学力の確実な定着と向上を図ることと合わせ、自己肯定感や自己有用感をはぐくむことが求められる。各学校では、生徒の実態を踏まえ、つまずきを克服する「学びなおし」のための科目を学校独自に設定するなど、学力

の保障とキャリア教育の取り組みを一体的、総合的に推進する工夫を行っている。

大阪府教育委員会は、二〇〇五年四月、キャリア教育指針「キャリア教育を推進するために」を策定した。そして、系統的・継続的なキャリア教育の推進、ガイダンスと進路指導の充実、家庭・地域・企業等の幅広い参画を得る取り組みの促進に努めてきた。特徴として、キャリア教育の支援拠点づくりや、企業での採用や人材育成などの経験のある外部専門人材（キャリアカウンセラー等の資格を有する人材）を府立高校に派遣し、各校におけるキャリア教育の充実、とりわけ進路目標を持たせることで、中退防止をはじめカウンセリング、求人開拓、内定取り消しへの対応などの支援を行ってきた。

また、二〇一〇年には、生徒に根っこから社会とつながる実践的なチカラを身につけさせるため、外部専門人材の取り組み事例やそのノウハウを集大成した『一六歳からのシューカツ教本』を作成し活用を進めている。これは、自己理解より始まる種々の「社会人基礎力育成講座」から、具体的な就職面接対応スキル育成にいたるワークをまとめたものである。

府立高校における「日本版デュアルシステム」の取組み

普通科高校として全国ではじめて「デュアルシステム」に取り組んでいる学校がある。二〇〇三年六月の「若者自立・挑戦プラン」の中で若者向けの実践的な教育・実務連結型人材育成システム（日本版デュアルシステム）の導入が要請された。これを受けて、文部科学省は二〇〇四年度より、若年者就職問題への対応として「日本版デュアルシステム」の効果的な導入に向けて、調査研究を行うこととなった。この調査研究は地域の実情に応じた教育界と産業界との連携がテーマであり、企業実習と学校教育との連結により、職業観や勤労観の育成を行い、職業選択の能力や職業意識を高めるとともに、地域の求める人材の育成を図ることである。大阪府においては東大阪地域の府立布施工科高校と布施北高校において、二〇〇四年度から二〇〇六年度まで取り組まれた。

布施北高校においては、通年で毎週一日は企業で実習を行い、二年間で一六単位のデュアルシステムのための選択科目を設定した。受け入れる体制としては、東大阪地域で製造・販売・保育所など一〇三の事業所が協力した。

「人見知りする性格で社会に出てやっていけるのかと不安があり、実習を選んだ。実習を踏まえて何となくで仕事を選んではいけないと思った」「たとえ小さな仕事でも任せてくれたことが嬉しかった。「仕事をしていて楽しい」と感じた」。メーカーの社長さんは「今まで縁のなかった学校と企業がデュアルを通してつながり、地元の高校を応援したいという機運が企業の中に生まれている」などなど。

生徒は社会とよい出会いをすることで変わる。地域の教育資源を学校に活かすことで、学校はエコロジカルに変容する。生徒を社会につなぐことが進路の保障であるならば、学校が社会とつながらずにおれるはずがないというのが道理である。布施北高校は、二〇〇六年度からはデュアル専門コースを設置し、文部科学省の事業終了後もデュアルシステムに継続して取り組んでいる。他にもコースとしてデュアルコースを設置する府立高校があり、取り組みは確実に広がりつつある。

四　まとめ

「統一用紙」の策定という形で実を結んだ、進路を実現し保障しようとする取り組みも、元をただせば、生徒に寄り添うことから始まった一つひとつの「物語」の総和である。キャリア教育も、生徒一人ひとりが自らの「いま」に向き合い、様々な出会いを通じてつながり、紡ぐ「物語」の総和である。大切なのは、一人ひとりの生徒に寄り添い、向き合うこと、そしてさまざまな出会いの場をどう用意するかという工夫であると思う。一方で、学校教育は、社会に出てもっともっと「役に立つ」ものであることが必要ではないかとも思っている。社会が求める「学力」を獲得すること――それは、大きくはＯＥＣＤが提起したキー・コンピテンシー（主要能力）であり、「生きる力」としての「学力」である――が大切であると思っている。

いま大阪では、「教育」という未来への投資こそが、階層の固定化や負の連鎖を断ち切り、明るい展望を切り拓く手段であるとの認識のもと、新たな施策展開が進められようとしている。その内実をつくるには、今改めて、これまでの大阪が蓄積してきた、生徒一人ひとりの進路を実現し保障していく取り組みが深められ、さらに広がることが必要である。そのことによりはじめて、大阪の高校教育全体の質の向上を展望できるものと確信している。

第Ⅲ部　教育行政の挑戦

八章　小中連携による学力格差をこえる取り組み

佐古　清
（城陽市立東城陽中学校教頭）

一　進路を切り拓く学力

温かいつながりで子どもを育てる町

小学校と中学校の連携を中心軸として子どもたちに関わる人々のつながりを強め、学力向上に取り組んでいる町がある。

京都府にあるA町は、数々の史跡と美しい自然が残る町である。中学校一校、小学校二校、三つの保育園を有するA町の教育は、家庭や地域との連携を大事に進めてきた歴史がある。そのなかで、一人ひとりの子どもを大切にするまなざしが共有され、子どもたちを支えるネットワークが活きている。

A町の小中学校では、これまで学力の充実・向上をめざした取り組みを重ね、一定の成果をあげてきた。それでも、学力実態には一部に課題が残されており、小中学校それぞれ単独の取り組みでは課題の解決が十分ではなかったのだ。そこで取り組んだのが小中連携である（一六二頁の図参照）。

私はA町教育委員会の指導主事として二〇〇六年四月から二〇〇九年三月まで三年間勤務し、小中連携の推進に関わらせていただいた。その間の、三校を中心とした取り組みを紹介したい。

中学校三年間では間に合わない

いうまでもなく中学校で十分な学力を身につけられなかった生徒の進路選択は厳しい。学力的に公立高校への進学が難しいとき私立高校や専修学校を考えるが、家庭の経済状況が苦しい場合、その選択肢は遠のく。しかも経済状況は厳しくなる一方である。定時制へ進む道もあるが、働きながら学び続けることは容易ではない。また、やっとのことで進学しても勉強についていけずに途中で辞めてしまう中途退学は、深刻な問題になっている。低学力の問題は、生徒の進路選択の幅を限定し、場合によっては将来の収入の格差となって、さらに次の世代にまで引き継がれていくことになる。

「学力低位の生徒の、中学校の出口（卒業後の進路選択の厳しい状況）を見たとき、学力の面でも生徒指導の面でも、中学校三年間だけではその解決が難しい。なんとしても義務教育の間に進路を切り拓くことができる学力を身につけさせ、自立した姿で卒業させたい」。この切実な思いから、B中学校とC小学校、D小学校の連携が始まった（三校は、それぞれ学年二〜一学級の小規模校である）。

B中学校では、学力低位の生徒の学力をどうにかして引き上げようと、少人数授業やティームティーチング、習熟の程度に応じた授業、低学力傾向の生徒を対象にした補充学習など、さまざまな手立てを講じている。それでも、学年が上がるにつれて学習内容がいっそう難しくなることから、基礎的な学力が定着していない生徒は、その差がさらに拡大しやすい。授業についていけず自尊感情を保てなくなって、残念だが問題行動へと走るケースもあった。思春期の真っ只中にいる中学生の時期は、さまざまなことが絡み合って事態を加速させることも少なくないのだ。中学校にとって低学力の克服は、まさに切迫した課題である。

学習内容の定着に欠かせないのが家庭学習の習慣である。しかし、中学生になってから身につけさせることは簡単ではない。小学校の低・中学年の時期に家庭で復習する習慣を身につけさせ、学年が上がるにつれて時間を増やしていくような長期的な取り組みがどうしても必要となる。

責任を小学校に押しつけているわけではない。町内の両小学校でも、低学年から基本的な生活習慣づくりや基礎学力の定着に力を注いでおり、成果をあげているのだ。それでも一部に基礎学力が定着しないまま中学校に入ってくる生徒がおり、小学校と中学校のそれぞれで学力差を縮めきれていない状況があった。

小学校から中学校へと進むとき環境が急激に変化するために、中学校一年生でつまずく生徒が増える「中一ギャップ」の問題がある。その解消をめざして小中の円滑な接続を図ることはもちろんだが、円滑な接続だけでは解決しきれないもう一つの課題に切り込む必要があったのだ。

二　小・中の教職員が裸になって力を合わせる

まず中学校の教師が汗をかくことから

最初に取り組んだのは、中学校の教員が小学校で授業を行う「出前授業」である。先述の理由から、連携の必要性をより強く感じているのは中学校である。「まず中学校が汗をかこう」を合い言葉に、専門性を活かしやすい実技教科の出前授業を始めた。小学生の前で、身長一九〇㎝のバスケットボール選手でもある体育教師がシュートを決めると、たちまち小学生の目が輝き始める。続いてドリブルの練習に入ると、子どもたちは真剣そのものだ。美術教師が絵画の指導をした後には、児童が微妙な色づかいで表現するようになり、描く絵に明らかな変化が現れた。出前授業は小学校の先生たちからも好評を得ることとなり、続いて理科や数学（算数）、国語へと広がっていった。

出前授業にあたっては、事前に小学校の担任の先生と連絡を取り合い、日程や教材などについて相談しながら準備する。中学校教員は、めったに手にすることがない小学校の教科書に目を通し、教科の指導内容や児童の様子を聞くことになる。当日は他の先生たちも参観するので、研究授業の意味合いもあわせ持つ。小学校では、その時間の児童の感想や様子を学級通信で保護者にも伝え、出前授業の内容をさらに翌日からの授業に生かす積極的な先生も現れた。授業をした中学校教員も、児童の状態を肌で感じることができる。

出前授業は小・中の教員の共同作業である。多忙を極める小中学校で出前授業をするのは労力が要るが、その価値は十分にあるといえる。

リーダーの手腕

学力向上をめざして小中連携を一気に進めるためには、町の教育委員会の中にそれを牽引する者が必要だと考えたのが、B中のK校長である。二〇〇五年に着任し、中学校だけでは課題の解決が難しいことを痛感した校長は、多方面に働きかける。その熱意が通じ、半年後の二〇〇六年四月には特命の指導主事が配置されることになった。そのときB中に勤務していた私がその役目を任せられ、町教委の指導主事として、その後はK校長とともに目的を一つにして動いていく。小中学校の連携強化はもとより、地域や保育園、児童館や図書館などとのつながりをさらに強め、町全体の「学びネットワーク」つくりをめざしたのだ。現在の緊密な小中連携の実現は、K校長の手腕に負うところが大きいといえる。その傍らには、当時の教頭のサポートがあり、町教委も教育長を先頭に支援を惜しまなかった。

同時期に、C小、D小、B中の三人の校長が手を携えて府教委の研究指定校に名乗りを上げ、「京の子ども、夢・未来校（ジョイントアップ研究開発）」として二〇〇六年から二カ年にわたって研究実践を進めていく。子どもたちの学力向上をめざして小・中の接続の強化を図る「ジョイントアップ（小中連携）」がスタートした。

ジョイントアップ始動

直ちに、研究推進の核となる「ジョイントアップ推進委員会」を組織。委員会のメンバーは各校代表の校長・教頭、教務主任・研究主任、町教委指導主事からなる計一〇名で、目的を確認し合い、研究組織と推進計画を作って出発した。

ただし、初めから気持ちが一つになれたわけではない。今でこそ小中連携はどこの地域でも当たり前になっているが、当時はまだ理解が十分ではなかった。多忙を極める日々の教育活動の中で、忙しさにいっそう拍車をかけるものと受けとめられても仕方がない。連携の意義が小中学校の先生たちに浸透するには、小中合同の授業研究会や研修会を何回か経なければならなかった。当初は、半ば強引なかたちで進めざるを得なかった側面がある。

しかし、小・中の先生が共に動くことで関係が深まり、連携の意識が少しずつ高まっていった。二年目には、小中合同の授業研や研修会が各校の年間行事計画にしっかりと組み込まれ、取り組みが着実に前進する。三校の先生たちからも積極的な提言がなされるようになり、連携の推進に勢いが生まれた。

近年、思春期が早まり、問題行動の低年齢化が進んでいる。小学校高学年でも中学校的な荒れの兆候が見られるようになり、小学校の先生が中学校の生徒指導の手法に学ぶ必要を感じるようになったことも、連携を進める追い風になった。

ミッションとビジョンを共有する

毎年八月に開くようになった夏季合同研修会には、町内小中学校の教職員がほぼ全員参加する。教育委員会の指導主事も加わり、町内の保育園の先生や公立高校の有志の先生が参加して、まさに「A町学びネットワーク研修会」の様相である。

冒頭の挨拶でK校長は、「義務教育九年間を見通した指導のあり方を小・中の教職員が裸になって研究する必要がある」と熱く訴えた。初回となる二〇〇六年の合同研修会では、子どもたちの課題として「語彙力や計算力の弱さ」「学ぶ意欲やじっくり考える力についての課題」「家庭での学習習慣の未定着」「学年が進むにつれて学力差が広がる実態」などが報告された。翌年からは中学校の進路状況をありのまま報告し、小学校の先生にも中学校の実情を理解してもらうなかで、小中連携の目的を再確認している。

課題の共有に続いて、各校の学力向上の取り組みを交流する。三校はそれぞれ独自の「学力向上プログラム」を作って、指導方法の改善や学習習慣づくり、各種の補充学習など、総合的に取り組みを進めてきた。それぞれの学校が学力向上の物語をもっているのだ。その物語を、中学校の出口を見据えながら「義務教育九年間のより大きな物語」へと紡ぎ直すのが小中連携と言えるだろう。研修会は、日々奮闘している先生たちが自らの教育実践を九年間の義務教育の中に位置づけ直し、その役割を確認し合う場となっている。夜には場所を変えて懇親会を開き、親睦を深めることも大事にしている。

夏季合同研修会には、大阪大学大学院の志水宏吉教授や寝屋川市立第四中学校の小林光彦先生をはじめとした方々を招いて講演をお願いした。学校づくりを通して公立学校の使命をどのように果たしていくのか、小中の学校文化の違いを理解したうえでどのように連携していくのかなど、深い示唆を得る研修が続いている。

三　小中連携の柱

一点突破・全面展開

学力向上をめざした三校のジョイントアップ（小中連携）は、①カリキュラム連携を取り入れた「授業改善」、②学習内容の確実な定着を図るための「学習習慣づくり」、③学習意欲を高める「将来展望」の三つを連携の柱としている。子どもたちが学習する基盤となる生活習慣や学習習慣に働きかけながら、課題が顕著な国語と算数・数学に焦点化して対策を打ち出していく、一点突破・全面展開をめざした取り組みである。

授業力を高めるために

学力の充実・向上を図るためには、教員の授業力を高めることが基本となる。

「授業改善」のとりかかりとして、まず互いの授業を参観することにした。中学校では中間・期末テスト日の午後に会議や研修等を行っているが、その時間を活用し、二つのグループに分かれて両小学校に出かけていく。B中は一学期と二学期にそれぞれ三日間のオープンスクール（学校公開）を実施しており、C小とD小の教員はこの間に中学校の授業を参観するようにした。この方法をとれば、

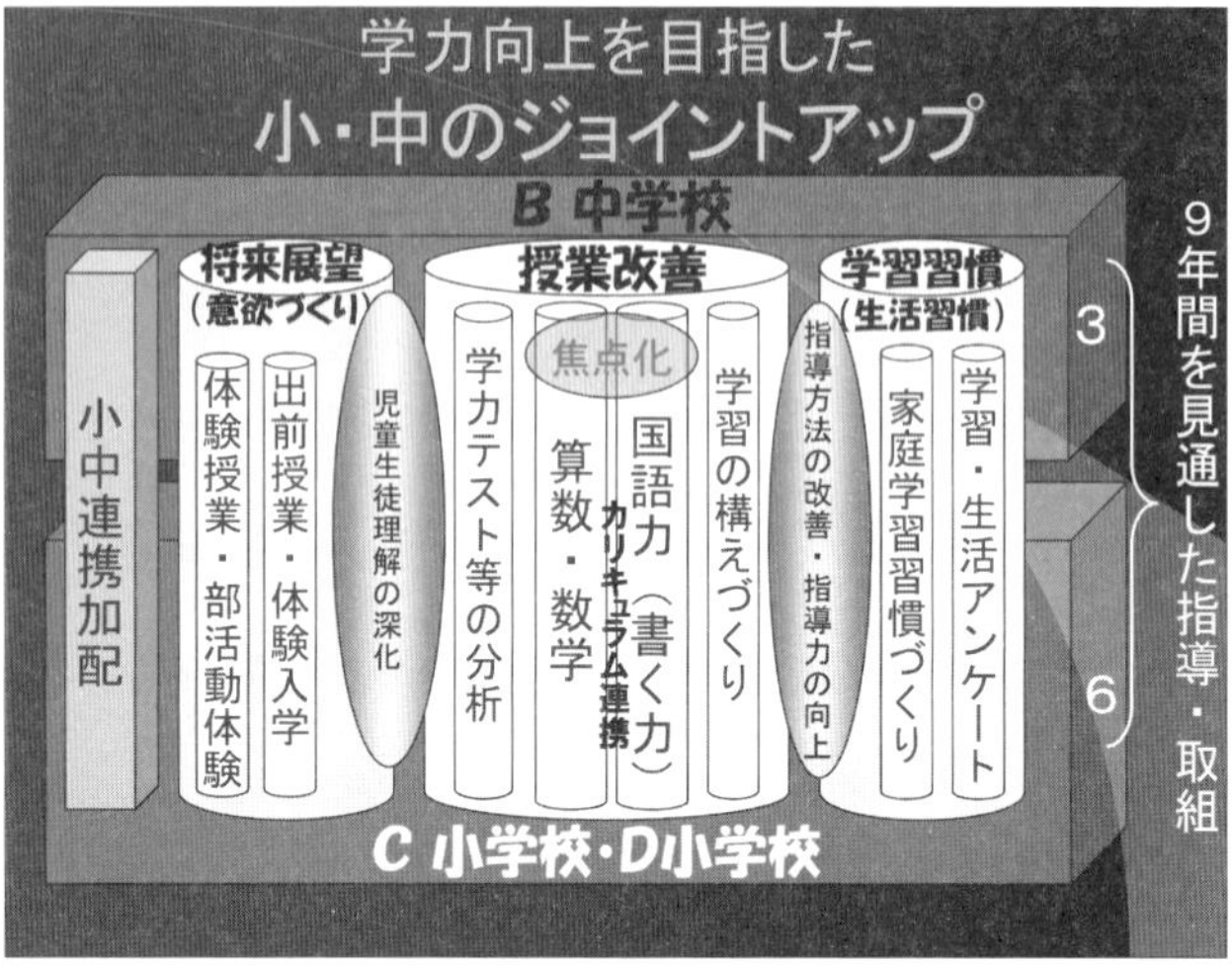

年間数回ずつ相互参観をすることができる。小・中の子どもたちの授業の様子や内容を、双方の教師が自分の目で見ることができるようになった。町内の教職員が顔を合わせる機会が増え、その際に交換される情報量も格段に増えている。

　さらに、カリキュラム連携を視野に入れた授業改善を進めるために、合同授業研究会を開催している。一学期はB中、二学期はC小、三学期はD小を会場として研究授業を実施。三校の全教職員はもとより、町内の保育園の先生も参加する。国語と算数・数学を中心に、研究授業を参観し、その後で意見を出し合い改善の方策を共有している。改善の視点として、「理解が不十分な児童生徒への支援のあり方」や「「書く力」を高めることで理解力・思考力を育成すること」などにねらいを置き、共同で研究を進めた。

　小学校で国語科の少人数授業を参観した、中学校教員の感想である。

「先生の口調も穏やかで、板書も丁寧でした。児童の様子も整然としていて、すべての児童が課題に自主的に取り組んでいるのに感心しました。だから、子どもたちがどの時期に課題を負い、学習意欲が低下していくかを見極めることが大切だと思いました。小・中が連携して九年間のスパンで手立てを講じれば、少しでも課題が克服できるのではないかと感じました」。

合同授業研究会は回を重ねるごとに充実したものになっている。小中学校の先生はもとより、保育園の先生からも質問や意見が積極的に出されるなかで、子ども観や指導観が共有されている。

小学校には「学級王国」という言い方があるように、学級の壁があるとしばしば言われる。一方、教科担任制をとっている中学校には教科の壁があり、校内で授業改善を進める際の障壁になることがあるのだ。注目したいのは、小・中の交流授業参観や合同授業研究会を重ねることで、二つの壁が少しずつ消えていくことである。校種間連携が進むことで、校内の風通しがよくなったと感じている教員は少なくない。

家庭学習の習慣をつくるために

子どもたちが学習したことを自分のものにするためには学習習慣が欠かせない。そこで、子どもたちの実態を把握するために「生活・学習アンケート」を実施した。それまでは養護教諭を中心に各校独自で生活アンケートを行っていたが、家庭での生活と学習の実態を小・中九年間を通して把握するために、三校で質問項目の共通化を図り、同一時期に実施するようにした。特に学力との関連が深い家庭学習、睡眠、テレビ・ゲーム、読書、通塾などの状況については、アンケートの結果を学習指導に役立てたり、保護者への啓発に活用したりしている。

また、各学年で実施している標準学力テストを用いて九年間の学力形成の様子を把握したうえで、「生活・学習アンケート」とリンクさせた分析を行っている。

二〇〇七年度のデータについて検証した内容を簡単に紹介したい。分析にあたって、標準学力テストの結果をもとに、三分の一ずつ上位層、中位層、下位層に分ける。そのうえで、各層の家庭学習時間（塾を含む）の様子を小一から中三まで見ていくことにした。

すると、小学三年生頃から下位層の中に家庭学習をしていない児童の実態が現れ始める。この時期に、児童の家庭状況に配慮しながら家庭学習の習慣を身につけさせる必要があるのだ。

注目したいのは二〇〇七年度の四年生である。この学年では、両小学校で家庭学習を「しない」児童の数が下位層においても0人に押さえられていた。つまり、家庭学習が全員できているのだ。四年生はその後に行われた府の基礎学力診断テストでも好成績を残した。まさに「効果を上げている学年」と言える。小学校の低・中学年で家庭学習の習慣を身につけることができれば、その後の学力の伸びが良好であることを示している。

五年生は、家庭学習を「しない」児童が下位層で増えていた。家庭学習の習慣が身についていないと、学習内容の定着が難しいことが見て取れる。

六年生ではその傾向がさらに顕著になり、家庭学習をしっかり「する」成績上位層とほとんど「しない」下位層とに二極化する。そして、毎年、上位層を中心に一部の児童が私立中学校へと進学していく状況があった。

B中では、家庭学習の習慣づくりと補充学習とを組み合わせた学習システムを取り入れている。それでも、下位層については家庭学習の時間が十分とは言えない。勉強が苦手な生徒は、学習意欲が薄れていくのと相まって、学力下位層にとどまってしまうことが多いのだ。中学二年生頃になると学力の回復がいっそう困難になることから、できるだけ早い段階で有効な対策を講ずることが求められる。小中連携の意義がここにもあるのだ。

こうした分析を小・中学校が協力しながら継続し、実態把握と取り組みの検証を行ってきた。学力格差の背景には、家庭における生活や学習環境の影響があるといわれている。その影響を最小限に押さえるために、二〇〇九年からは手立ての方向を、九年間を通じた一人ひとりの学習支援へとシフトしていくことになる。

希望を持って中学校へ

小学生の多くは、中学校の生活や勉強に不安を持っている。そこで、小学生に中学校の生活を知らせ、少しでも安心して意欲をもって入学できるようにする取り組みを行っている。先述の出前授業や、中学校体験入学、部活動体験などがそれである。体験後に感想を聞くと、ほとんどの児童は、「先輩はこわいと思っていたけど、やさしく教えてもらってうれしかった」と答えている。こうした取り組みは、どこの小中学校でも行っていて特別なものではないが、六年生には欠かせないものである。

子どもたちの代表が主役となってつながる行事も設けている。三校の児童会と生徒会の本部役員が一校に集まり、自校の取り組みを紹介し合って課題を話し合う「子どもサミット」だ。これも、小学校の先生の発案で生まれたものである。本部役員の子どもたちは、少し緊張しながらも積極的に発言する。堂々と意見を述べる中学生の姿に、五・六年生は数年後の自分の姿を重ね、中学生も心なしか胸を張っているように見える。こうした活動は、町の広報や地方紙で紹介してもらい、町民の方々にも広く知ってもらえように努めている。

子どもたちの成長にはモデルが必要である。好ましい成長モデルと出会う場をどのようにつくるかということも大切な課題であろう。

また、中学校への入学は、子どもたちがそれまでの自分自身を一旦リセットする、いうなれば「生き直し」の機会でもある。小学校の高学年で「やんちゃ」をしていた子どもたちが、中学校に入ると見違えるようにしゃんとする姿を、中学校の教師は毎年見ている。実は中学校の部活動の力も大きいのだが、子どもたち自身が中学校に入ったらがんばろうと決意を新たにする力が大きいのではないだろうか。小中連携を進めるうえで、新たにスタートラインをひく「節目」も大事にしたいものだ。

カリキュラム連携をめざして

実際のところ、カリキュラム連携は簡単ではない。九年間を見通したカリキュラム連携を進めるために、まず三つの専門部会を設けた。小中学校の担当教員で構成する「国語部会」「算数・数学部会」「情報教育部会」である。それぞれの教科の専門的な視点から授業改善の柱となるものを提案し、共同で研究実践を進めるようにした。この専門部会の活動が、カリキュラム連携の鍵を握る。各部会では、各学校の力のある先生たちが研究を引っ張っている。

国語部会では、「『書く力』を高める指導を系統的に行うことで、語彙力などの基礎・基本となる力だけでなく、じっくり考える力が身につき、学力の向上につながる」という仮説を立てた。そこで「書く力」をつけるための具体的な方法を示し、年間指導計画を作成して小中学校で重点的に取り組んでいる。

算数・数学部会では、子どもたちのつまずきを早期に発見してすぐに手立てができるようにするために、九年間を系統立てた「算数・数学診断テスト集」を作成した。これを三校で朝学習や補充学習などの時間に活用している。診断テストの結果が八〇点未満は不合格として、グループ毎や個別に補習を行って再びチャレンジ。習得できるまで繰り返す。その結果を「個人診断票」に記録し、到達を確認しながら積み上げるというものである。学級としての定着の状況もわかることから、定着率がよくない分野は指導方法を工夫するなど、授業改善にも役立てている。

情報教育部会では、コンピュータの基本操作や情報リテラシーについてこれまでの指導計画を見直し、情報モラル教育も取り入れて新たな九年間のカリキュラムを作った。

また、府から小中連携加配が配置され、中学校の音楽科教員がその役割を担っている。「両小学校の五・六年と中学校の音楽を受け持つことで五年間の系統的な指導ができるようになり、中学三年時の到達点が高くなりました」と音楽科の先生は話す。さらに続けて「小学生が大きな声で楽しく歌唱表現している姿に自分自身が刺激を受けながら、中学生にもしっかり声を出すように促しています。小学生のときから見ているので新入生の様子がよくわかり、中学校に入ってからの生徒指導にも役立っています。小学校での課題がそのまま中学校での課題につながっていることもわかりました」と。

さらに、二〇〇八年には小学校英語の導入に備えた小・中合同研修会をもつなど、必要に応じて研修する機会を設けている。

カリキュラム連携は、まだ緒に就いたところである。

四　子どもを支えるネットワーク

ネットワークの力

少し前になるが、三人の兄弟が町内の学校に突然転校してきた。保育園、小学校、中学校にそれぞれ通うその兄弟は、学校に来たり来なかったりで、家庭の情報はほとんどない。家庭訪問を繰り返すのだが、門前払いが続いた。そのとき生きたのが、保・小・中のネットワークである。園児を送り届けるためにやってきた母親を呼びとめて、保育園の先生からアプローチ。その情報を小・中の教員に知らせてもらった。情報交換を繰り返しながら保育園の先生と中学校の教師で一緒に家庭訪問をすることもあった。関係をつくりにくい保護者であったが、粘り強く声をかけ続ける保育園の先生の姿に、私は胸が熱くなった思い出がある。児童虐待が問題になっている今、校種を越えたこのような連携がますます大事になっている。

A町には人権教育を中心とした保・小・中のネットワークが生きている。その母体となるのがA町の教育研究会だ。小中連携（ジョイントアップ）の基盤でもあるこの研究会は、町内の保育園と小中学校の教職員で構成され、近隣の公立高校からも有志の教員が参加する、A町の教育の生命線である。

これまで数十年にわたって町の子どもたちを見守り育ててきた。ここでは、これまでの人権教育の成果と手法が引き継がれている。さらに、町内の保育園・小中学校、近隣の公立高校と関係機関の代表で組織する連絡会議があり、町の学力向上の取り組みを牽引してきたのだ。

また、町の児童館を中心に子どもたちを支え育てるもう一つのネットワークがある。放課後や夏休みなど学校外での子どもたちの生活や学習を充実させるために、児童館ではさまざまな工夫や取り組みが行われている。定期的に児童館活動についての話し合いがもたれ、保育園や小中学校との連携が図られているのだ。

これらのネットワークは、教育への熱い思いをもった人たちが結び目となって、そのつながりを支えているのである。

現れはじめた成果

現在、二つの小学校はもちろん、B中学校でも子どもたちが落ち着いて学習に向かう雰囲気がつくられている。小中連携によって、児童生徒一人ひとりの学力形成をフォローアップする、義務教育九年間を通じた取り組みが実を結びつつあるといえるだろう。各校の総合的な教育活動の成果であることはもちろん、小中学校の先生で子ども観や指導観が共有されるようになったことも大きいと考えている。教師の子ども理解が深まったことで、児童生徒への指導や関わり方に好ましい変化が生まれているようだ。なかでも低学力傾向にある子どもたちへの粘り強い働きかけが、子ども・保護者と教師の間の信頼関係をより強いものにしていることは確かである。

また、保・小・中の先生たちが顔見知りになり、気軽に連絡を取り合って連携できるようになった。近隣の公立高校の先生や関係機関の職員とも、すぐに連携できる体制がつくられている。学力面だけでなく生徒指導の面でも連携が機能している。その基盤に、子どもたちを中心に据えた町のネットワークがあることはいうまでもない。

三校の小中連携は、子どもたちの学力課題に直接切り込む取り組みであるとともに、町のネットワークをさらに元気にし、町全体で子どもたちへの関心と働きかけを強めていく試みでもあるのだ。それは、小中連携をとおした格差をこえる取り組みといえるだろう。

二年前に私はA町を離れたが、その後、小中連携をとおした学力向上の取り組みはいっそう充実したものになっている。二〇〇九年からは、授業における効果的な指導方法の研究や、学習面で課題のある子どもを対象とした「個別支援プログラム」、すべての子どもたちが自らの課題に応じた目標を学期ごとに設定して取り組む学習サイクルづくりなど、さらに学習の自立をめざした取り組みが展開されている。これからの成果に期待が膨らむところである。

九章　「茨木っ子プラン22」

——学力向上のＰＤＣＡサイクル——

（茨木市教育委員会学校教育推進課参事）

加藤　拓

一　はじめに

茨木っ子プラン22とは

「茨木っ子プラン22」（以下、プラン）とは、茨木市教育委員会が平成一九年五月に策定し、二〇〜二二年度の三年間をかけて市内全小・中学校で取り組んでいる「茨木市学力向上三カ年計画」のことである。

プランの一番のねらいは、市教委と各学校が学力向上の計画をたて、計画をもとに取り組み、取り組みの検証を行い、計画の改善を行うという、組織的で継続的な学力向上のＰＤＣＡサイクル（Plan-Do-Check-Action）を確立するということであった。

現在（平成二二年度末）は三カ年計画の最終年度末で、ちょうどＰＤＣＡサイクルのＡ（改善）からＰ（新計画を立てる）の時期にあたる。

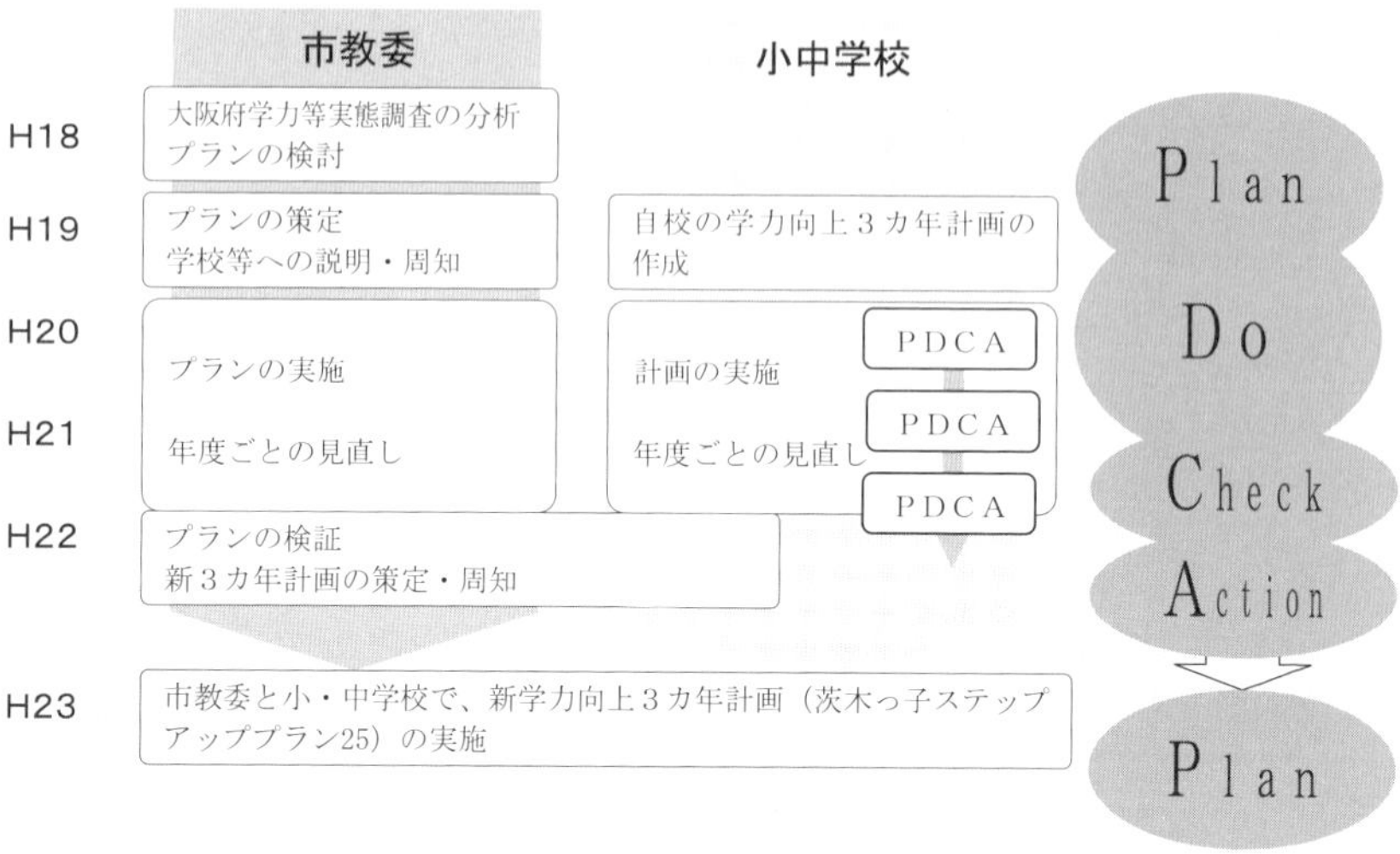

図１　茨木っ子プラン22

担当者として

ここで少しだけ、自分自身のことを述べさせていただきたい。私は、茨木市立小学校で一六年間教員を勤めた後、平成一五年度から市教育委員会に勤務しており、市教委指導主事となって八年が過ぎた。プランの作成を始めたのは、私が市教委四年目のときであり、それ以来ずっとプランに関わらせてもらっている。

学校現場にいたとき、同僚とともに子どもたちの指導に全力投球してきたつもりである。クラスや学年で分からない子を残して勉強を教えたり、学校全体の取り組みとして毎週のように校外施設で学習会を行ったりもしてきた。その中で、「子どもが学力的にしんどい状況になっている要因は、本人に起因するもの、家庭状況に起因するものなど多様である」「その中には、教員の取り組みで何とかなるものと、教員（学校）ではどうしようもないものもある」と感じていた。さらに、「教員が個人的にがんばっても限界があるが、学校全体で組織的に取り組むことで効果は大きなものとなる」「組織的に取り組むためには、方向性の共有が大切である」「学校には教員の異動があるが、そのたびに変わらない持続可能な取り組み、数年間を見通した戦略が必要である」「方向性は、上から押し付けられたものではなく、子どもたちの実態を一番知っている学校（教員）が自ら考えたものでないとならない」「教育行政には、学校が立てた戦略を支援してほしい」という思いを持っていた。

プランの立ち上げから関わる中で、そのような視点を施策として具体化していきたいという思いがあった。そして、実際のプランの中に、しんどい状況の子どもや家庭を支援したり、学校の取り組みを支援したりする施策や、各学校が自ら学力向上三カ年計画を立てることなどを盛り込むことができた。そのような意味で大変やりがいのある仕事をさせてもらっていると感じているし、責任の重さに身の引き締まる思いでいる。

もちろん、プランは、市教委全体で作成し、それを市の施策や学校の取り組みとして具体化しているものであるが、立ち上げから関わってきている担当者として、これまでのプランを計画（Ｐｌａｎ）、行動（Ｄｏ）、検証（Ｃｈｅｃｋ）、改善（Ａｃｔｉｏｎ）の段階ごとに振り返り、担当者としての思いも述べていきたい。

二　Plan

平均正答率よりも学力分布に課題が見られた

全国学力・学習状況調査が始まる前の、平成一八年度の段階では、大阪府内でも複数の市町村で独自の学力調査を行っていたが、茨木市では、児童・生徒の学力の実態を把握する手段がなかった。

そこで、茨木市では、平成一八年四月に大阪府教育委員会が実施した「大阪府学力等実態調査」を活用することとした。大阪大学志水研究室と連携し、本市の児童・生徒の結果について分析・検討を進めた。

「大阪府学力等実態調査」は、全国学力・学習状況調査と同様に、小学校六年生と中学校三年生が対象で、国語・算数（数学）・英語の「学力調査」と、子どもの生活や意識を調べる「生活調査」からなっていた。

本市児童・生徒の結果は、学力調査の平均正答率については、各教科でいずれも概ね良好な結果であった。また、生活意識についても、たとえば「毎日、朝食を食べ

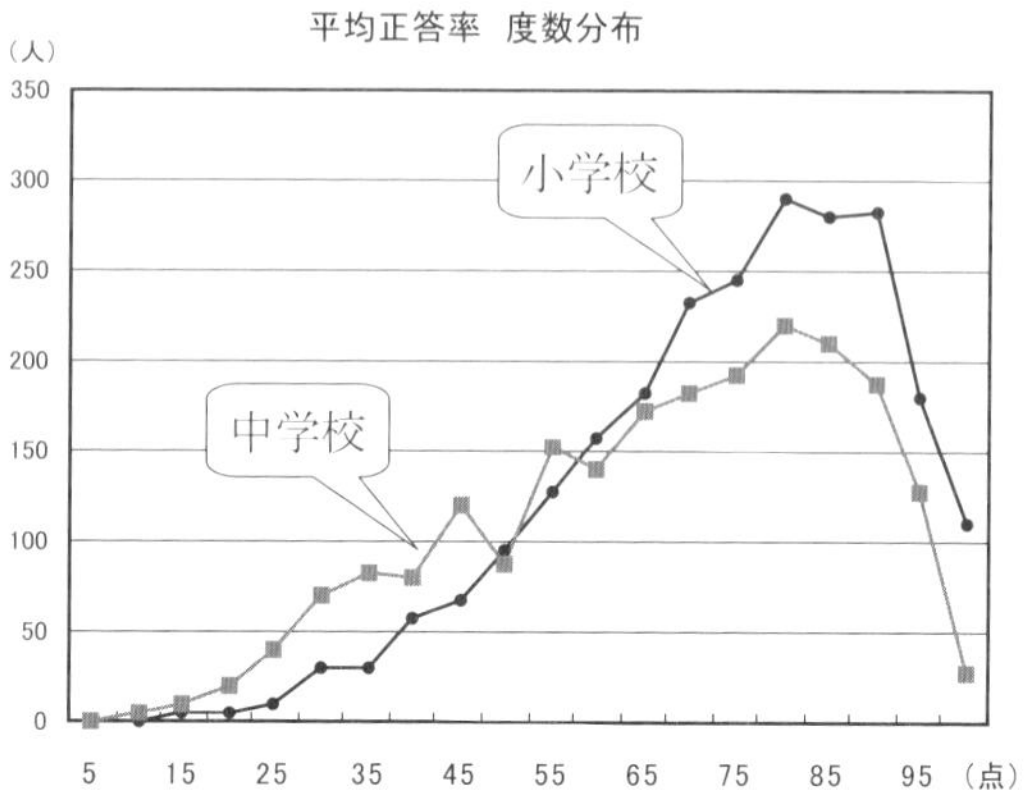

図２　正答率40％前後の山型

る」と回答する児童・生徒の割合が高いなど、概ね良好な結果であった。しかしながら、学力調査の正答率の度数分布を見ると、図2からわかるように、中学校において正答率四〇％前後でひとつの山型を形成する分極化傾向が見られた。

これは、中学校のみならず、小学校からの学習の積み重ねがそのような結果にあらわれているととらえ、小・中学校あげてその解消を図ることを本市の課題と位置づけた。

学力観（学力向上の考え方）を整理した学力の樹

児童・生徒の学力は、いわゆる「お勉強」以外の、生活実態や子どもの意識と大きく関係している。本市でも、学力調査と生活アンケートをクロス分析した結果、生活習慣、学習態度、子どもたちの意識等、様々な要因と学力調査の結果は大きく関係していた。

ゆめ力	将来展望を持ち、努力できる力
自分力	規範意識を持ち、自分をコントロールできる力
つながり力	他者を尊重し、積極的に人間関係を築こうとする力
学び力	学校の授業で、意欲的に学ぶ力

そこで、生活調査のうち学力調査の正答率と特に関係の大きかった項目を抽出し、各項目を整理して右表のように「ゆめ力」「自分力」「つながり力」「学び力」に分類した。

また、本市の学力向上については、狭い意味の「学力」だけではなく、合わせて「ゆめ力」「自分力」「つながり力」「学び力」を育成することと定め、目指すべき学力および学力向上の考え方を「学力の樹」として整理した。

　プランでは、児童・生徒に豊かな学力の樹を育成することを目指すこととした（図3）。

図3　学力の樹

プランの目標を明確にした

　プランの検証改善をより明確に実施するため、これまで述べてきた課題と「学力の樹」の考え方をもとに四つの数値目標を設定した。

（学習事項の定着）

　一人ひとりの児童・生徒に学習事項を定着させ、特に正答率が低い児童・生徒に基礎的な学習事項を定着させることを目指して、二つの目標を設定した。

①全体の平均正答率について、平成一八年度調査を上回る

②正答率四〇％以下の児童・生徒の割合について平成一八年度調査から三割減少させる

（子どもに育みたい四つの力）

「ゆめ力」「自分力」「つながり力」「学び力」を育成することを目指して、二つの目標を設定した。

生活調査（全国では、学習状況調査）の中から、それぞれの力に関連している質問項目を四項目ずつ

選択し、それらを指標としている。
③指標12以上（ゆめ力等の質問項目に肯定的に回答する）の児童・生徒の割合を増加させる
④指標8以下（ゆめ力等の質問項目に否定的に回答する）の児童・生徒の割合について、平成一八年度調査から三割減少させる
当初は、平成二一年度に大阪府学力等実態調査と同様の問題を実施し、効果検証することを考えていたが、平成一九年度より全国学力・学習状況調査が始まったため、検証軸を全国学力・学習状況調査に変更し、プラン開始前の平成一九年度とプラン最終年の平成二一年度を比較することで、三カ年計画の検証を行うこととした。

担当者として

全国学力・学習状況調査が始まり、その結果について新聞紙上を賑わわせるようになったのは、平成一九年度からである（特に大阪府が注目を浴びた）。本市では、その前年の平成一八年度から、独自に大阪府学力等実態調査の結果の分析を始め、平成一九年度にプランを策定した。そして、学校や市民への周知期間を一年間設定し、プランは平成二〇年度からの開始とした。本市では、学力がマスコミで騒がれる前から、児童・生徒の学力向上に課題意識を持って計画的に取り組んでいると自負している。あわせて、「上から唐突に方針がおろされ現場は振り回される」という学校現場の思いは、教委の施策について学校が理解し、自校の方針の中に消化していく時間がないことも一因だと考えている。市教委と学校が方向性を共有していくために、時間をかけた計画的な取り組みが重要であると思っている。

三 Do

施策の概要

プランでは、本市の児童・生徒の学力向上を目指して二二の関連する事業を実施してきた。学力向上に特効薬はなく、さまざまな視点から総合的に取り組んでいくことが大切であると考えているからである。

市が実施する事業について、本市の現状・課題に基づき、「学力の全体的な向上を進める事業」と「学力の下支えを進める事業」の二つに整理し、各事業のねらいを明確にして実施することとした。以下、二つのねらいごとに主な事業について説明していく。

学力の全体的な向上をねらった主な事業

①授業研究の充実のために

事業名	内容
授業づくり推進交付金	学校の授業研究の活性化を支援するため、講師謝礼や教材研究費として一回あたり三〇、〇〇〇円を交付
授業力向上研修	大学研究者や他市の実践者を講師とする研修や、経験豊かな教員が公開授業を行う

②経験の浅い教員の授業力向上のために

事業名	内容
学びのシンポジウム	経験二年目の教員が公開授業研を行い、市内の教員や大学研究者等とともに研究協議する
授業力向上指導員（フレッシュサポーター）	市内学校を三ブロックに分け、三名の退職校長が初任者教員等を支援する

③ＩＣＴ教育の充実のために

事業名	内容
e-learning	児童・生徒一人ひとりが、学校や家庭でパソコンを利用し個に応じた課題を学習する
電子黒板・書画カメラなど	小学校の普通教室や中学校の特別教室に、パソコン、プロジェクター、電子黒板等を配置

④学校の組織的な取り組みの充実のために

事業名	内容
学力向上担当者連絡会	各校の学力向上担当者が定期的に集まり、研修や情報交換を行う

児童・生徒が学校で過ごす大半の時間は、授業時間である。そのことからも、子どもの学力向上の大きなポイントは授業の充実であることは間違いない。

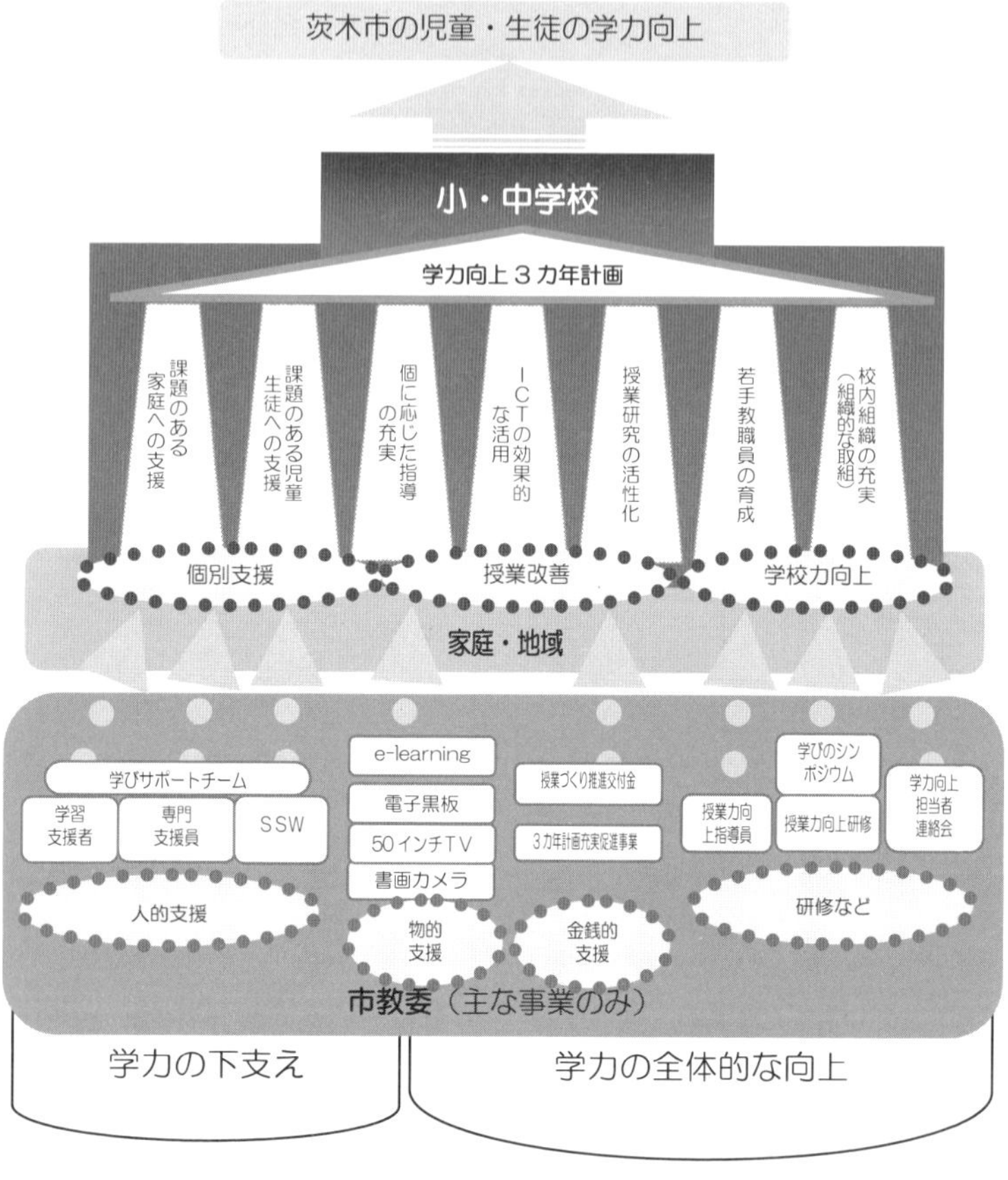

図４　茨木っ子プランのイメージ

授業の充実を図るためには、いくつかの観点があると考えている。

一つ目は、授業研究の充実である。研究授業を実施し、教員が外部の助言者とともに研究討議することは、教員の授業力向上や校内の取り組みの推進に大変有効である。

二つ目は、経験の浅い教員の授業力向上である。本市の状況として（おそらく全国的な傾向であると思うが）、経験の豊かな教員が退職し、若い教員が大きく増加している。そのため、教員一人ひとりの授業力アップが喫緊の課題となっている。

三つ目は、ＩＣＴ教育の充実である。近年ＩＣＴ機器が大きく発達し、学習効果の高い機器が数多くあり、教員が有効に活用することで児童・生徒に学習効果の高い授業を行うことが可能となっている。

四つ目は、学校の組織的な取り組みである。様々な学力向上の取り組みを学校が組織的に行うことが重要であり、そのために学力向上担当者の果たす役割は大きいと考えている。

このような観点のもと、プランの中で事業を実施してきた。

学力の下支えをねらった主な事業

①学力の下支えのために

事業名	内　容
ＳＳＷ （スクールソーシャルワーカー）	社会福祉士の資格を持つＳＳＷを一〇中学校に配置 （週一回　一回五時間）

専門支援員	教員免許を持つ専門支援員を三〇小学校に配置（週三回　一回五時間）
学習支援者（大学生）	教員志望の大学生を全小・中学校に派遣（週三回程度）

生徒の低学力の原因は様々であるが、家庭生活や保護者の養育に起因する学習意欲の低下や学習習慣、生活の乱れが要因となっている場合も多い。そのような児童・生徒には、授業の改善だけでは効果が薄く、学習の基盤となる家庭生活や保護者の養育を支援することが必要である。家庭への支援については、学校の力だけでは限界がある。経済的なことや精神的な面について支援するには、福祉の専門的な知識や関係機関との連携が不可欠であり、教員が行うことは難しい。そのため、社会福祉士の資格をもったＳＳＷ（スクールソーシャルワーカー）を学校に配置し、福祉的な視点での家庭への支援や関係機関とのコーディネートを行っている（一八八頁の「コラム」参照）。

課題でも述べたとおり児童・生徒の学力格差が広がり、一斉指導では理解できない児童・生徒が増えている。さらに、様々な要因から精神的に不安定になり、授業中落ち着かない児童・生徒も増えている。そのような児童・生徒には、授業の中での担任以外の支援者が寄り添い、個に応じた支援をすることが必要となってくる。

そのため、教員免許をもった専門支援員や教員志望の大学生（学習支援者）を学校に配置し、児童・生徒への個別支援を行っている。

担当者として

子どもの学力不振の要因は多様であり、学校が外部人材や機関と連携する必要性は高い。その典型例がＳＳＷや専門支援員の配置である。教員では今まで対応しきれなかった福祉的な支援をＳＳＷが行うことで、子どもが学習に向かうようになったケースや、専門支援員が落ち着かない子どもに寄り添うことで、教室で落ち着いて学習するようになったケースがこの三年間で多く報告されている。

学校現場にいる時に、そのような学力の下支えが必要であると痛感していたので、それを具体化することができたことをありがたく思っている。

四　Ｃｈｅｃｋ

プランでは、全国学力・学習状況調査を検証軸としており、平成一九年度（プラン実施前）～二二年度（プラン最終年度）のデータをもとに検証した（詳細はＨＰ等で公表している）。

全国学力・学習状況調査の結果

全国学力・学習状況調査は、年度ごとに難易度が異なり、各年度の平均正答率や正答率四〇％以下児童・生徒の割合が大きく変動している。そのため、各年度の正答率や割合を単純に比較することはできないので、各年度の全国の数値を１（基準）としてそれに対する本市の値をもとめ、その数値の四年間の推移をグラフとして表した（図５・図６）。

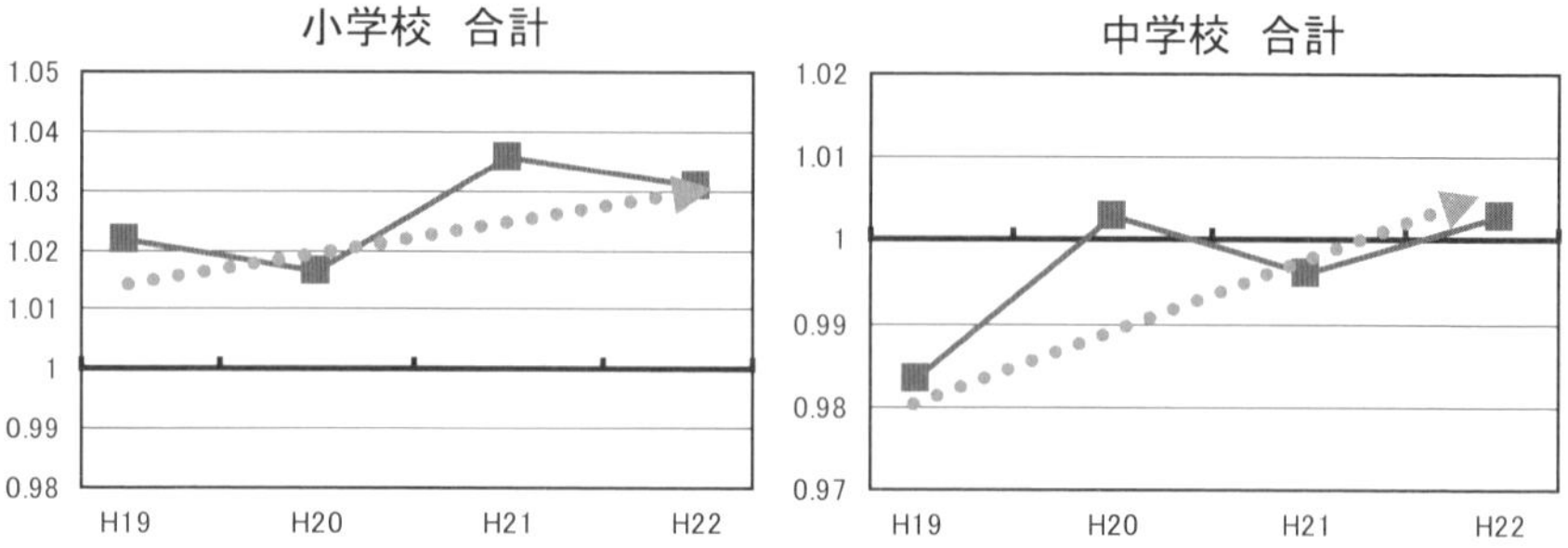

図５　平均正答率の向上（国語 AB・算数（数学）AB 調査の合算）

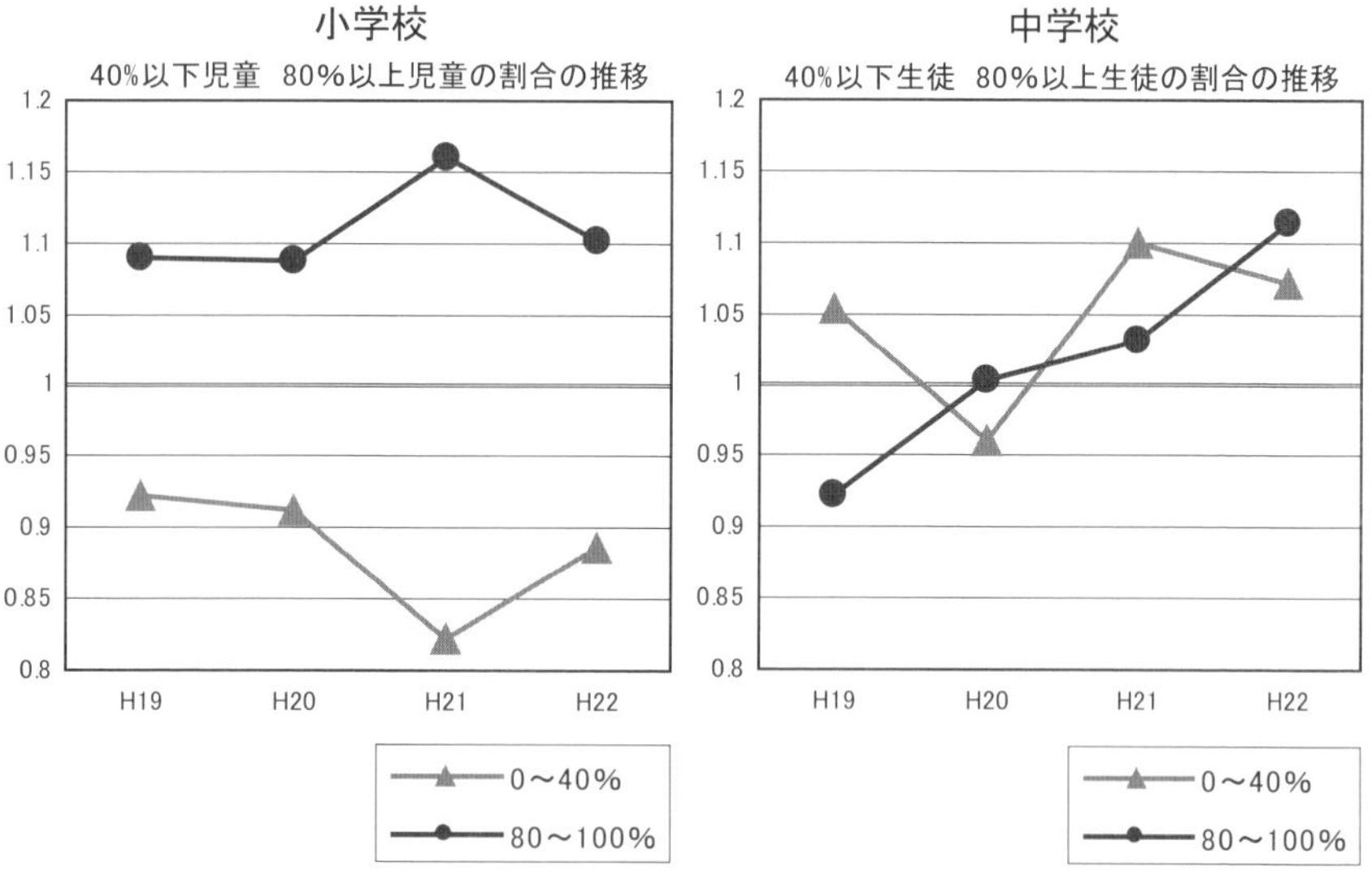

図６　学力分布（正答率 40% 以下と 80% 以上の児童・生徒の割合）

結果の考察

①平均正答率

小学校・中学校とも、プラン開始前の一九年度より平均正答率が向上し、年度ごとの上下はあるものの三年間で正答率の向上傾向を作ることができた。「学力の全体的な向上」の面では、プランの成果が表れていると考えている。

②学力分布

小学校では、正答率八〇％以上の児童の割合が増加傾向を、四〇％以下の割合が減少傾向を示しており、学力の上位層が増え、低位層が減るという成果が見られた。

中学校では、正答率八〇％以上の生徒の割合が増加傾向を示しているが、四〇％以下の割合は減少していない。学力上位層が増えているが、低位層は減っていないという結果であった。すなわち、中学生の学力の格差が広がってしまっているということである（図7）。

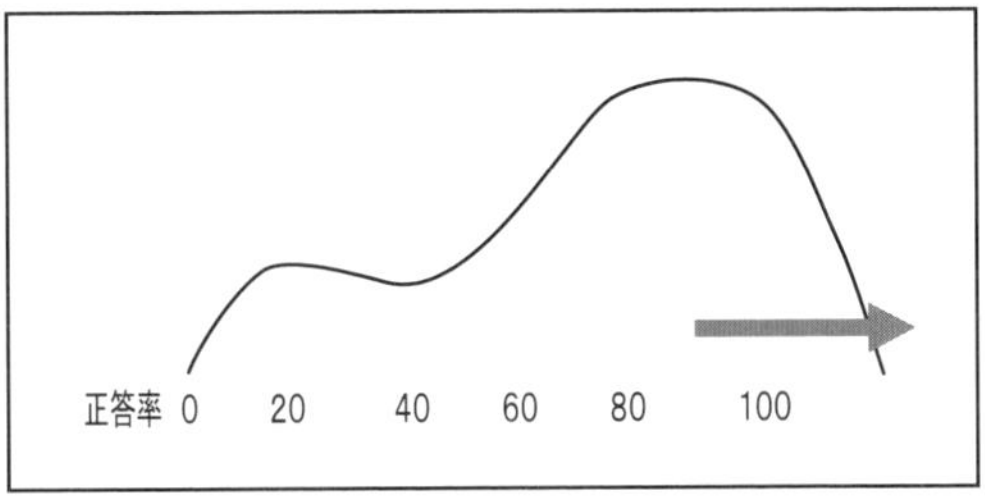

図7　学力格差の拡大イメージ図

このように、プランの三年間で、児童・生徒の学力向上については、概ね良好な成果が見られたといえるが、一方、「中学校で生徒の学力格差が広がっている」という課題がより鮮明になった。

現在、三カ年の成果と課題を検証し、平成二三年度からの新学力三カ年計画の策定を進めていることころである。新計画は「茨木っ子ステップアッププラン25」(以下、「プラン25」)と名付け、平成二三～二五年度の三カ年計画としている。

担当者として

プランでは、全国学力・学習状況調査の結果を検証軸と位置づけ、データを活用してきた。数値的な結果は、学力の一側面であり全体を表すものではない。しかしながら、一側面ではあるが、数値的に学校の取り組みや市教委の施策を検証することは非常に効果的であった。

市全体では「中学校で学力格差が広がっている」という課題が鮮明になったし、各学校でも成果や課題を明確に把握できるようになった。さらに、この三年間で、市教委も学校も自らの取り組みを検証し改善するPDCAサイクルが定着してきているし、それによって取り組みも充実してきていると感じている。

今後も、数値は一側面であることを理解した上で、データを活用した定量的な評価と、現場の実感による定性的な評価を有効に組み合わせていくことが必要であると思っている。

五　Action

茨木っ子ステップアッププラン25

プラン25においても、茨木っ子プラン22で実施してきたように、学校と市教委が同じ方向性を確認しながら、総合的にさまざまな取り組みを進めていくことが大切であるという考え方は変わらない。そのため、授業改善、家庭学習、個別支援とさまざまな観点で取り組みを進めていくことを予定している。ここでは「中学校で生徒の学力格差が広がっている」という課題に対する市教委の施策を紹介したい。

中学校の学力格差へいどむ

①学習意欲と言語力の育成のために

事業名	内容
演劇を活用したコミュニケーション教育（新規事業）	劇作家の平田オリザ氏が中心となって進めてきた演劇を活用したコミュニケーション教育を、市教委が劇団「衛星」に依頼し「演劇で学ぼう」という形で実施する。演劇を通じて、自己表現や対話を通じてのコミュニケーション能力を育成するとともに、生徒の学習意欲向上を目指す。これまでのプログラムは小学校が大半であったが、中学校向けのプログラムを劇団「衛星」と当該中学校教員で共同開発し、中学校の授業に演劇を取り入れる。

②学力の下支えのために

事業名	内容
ＳＳＷの全中学校配置（拡充事業）	これまで一〇中学校に配置していたＳＳＷを全中学校に配置し、福祉的な視点を持って家庭支援や関係機関とのコーディネートを行う。合わせて、校区小学校のケースに対しても対応していく。

中学校専門支援員の配置（新規事業）	小学校で学力低位層の児童の支援に効果的であった専門支援員を各中学校に二名ずつ配置する。各学校が主体的に学力向上の取り組みを進められるよう、教科や学年の配置は各校のプランに基づき決定する。

このように、中学校の低学力層への学力向上に焦点をあてた事業を実施していく予定である。

担当者として

全国各地の取り組みでも、小学校は比較的成果が上がりやすく、中学校は成果が見えにくいという話をよく聞く。本市でも中学校の学力格差は広がってしまったが、知事のもとで学力向上を進めている大阪府でも中学校の成果は見えにくいと報道されている。

中学校で目に見える成果をあげるのは容易ではないが、課題をしっかりと見定め、学校と市教委がベクトルを共有しながら、三年間の取り組みを進めていく所存である。

プラン25が、「格差にいどむ学力向上施策」として成果をあげることができるよう取り組んでいきたいと思っている。

SSW（スクールソーシャルワーカー）配置校の教員の声

・SSWに関わってもらうことで登校できるようになり、家庭も安定した生徒に対して、学習をどうするかという話ができるようになった。

・生徒の実態把握が深くできるようになり、一人ひとりのつまずきが明確になり、支援体制を考えることができた。

・学校に来ることができない生徒の原因の一部を取り除くことができ、進路に希望や目標を持たせることにつながっている。

・学力向上で具体的な数値は出ていないが、生活に不安を持つ親への支援ができれば、子どもに勉強に向かう気持ちを持たせ続けることができる。欠席や遅刻も減り、授業を受けていない状態がなくなっている。

・学力低位層の生徒が厳しい環境でも学校へ来て勉強しようとする姿が見られるようになった。学校で勉強しようという気持ちを持ち出した子が増えてきた。

・生徒が安心して登校できる状態をつくれたことは、まさに学力の下支えになっていると思う。

・生徒の毎日の生活が落ち着けば、授業に取り組む意欲が全く異なる。その点からしても、基本的な毎日の生活を変えることができれば、必ず学力は向上する。

・不登校への関わり、ネグレクト状態の子どもへの支援、学校に対して攻撃的な保護者への対応の整理などに関わってもらっている。いずれも、子どもの安定的な学校生活を保障するために不可欠な支援であり、困難で地道ではあるが学力の下支えをする効果的な取り組みになっている。

・SSWと担任が連携を取りながら、家庭訪問を行い不登校を乗り越えることができた。学校に来て学習することが学力向上の第一歩だと思う。

・SSWにかかわってもらっている子どもが、以前より手を挙げるようになり、とても意欲的になってきた。学習の成績も伸びつつある。

一〇章　学力・学習状況調査をどう活かすか

——学校改善の具体的方略——

（A市教育委員会指導主事）

三田耕一郎

一　はじめに

全国学力・学習状況調査悉皆三年間（以下全国学力調査）の結果、A市において明らかになったことは、①就学援助率（以下就援率）と各校平均点とは相関があり、各学校の学力は社会経済資本や文化資本の影響を受けていると考えられること、②就援率が同程度でも各校平均点にばらつきがあり、それぞれの学校の取り組みによって結果に差があること、③各校平均点は就援率が三〇%を超えると全国平均点を超えることがまれになるが（三田 二〇〇八）、その中で全国平均点を超えている学校群のデータには共通する傾向が見られること、④三年連続して下位層に属している学校群にも共通点が見られること、である。このように、全体的には社会経済資本や文化資本に恵まれた地域の学校はよい結果を出しやすく、そうでない[1]地域の学校は結果を出しにくいという傾向（志水 二〇〇九）が見られる。また、全国学力調査結果分析からはどのような取り組み項目（志水他 二〇一〇）の改善が必要であるかも明らかになってきている。

ここではA市における全国学力調査分析から明らかになったことと、全国的に優れた結果を示している秋田県・福井県の卓越性の要因を明らかにすることにより、A市の中学校を例に、学校背景が厳しくても効果のある学校となるための学校改善・授業改善の具体的取り組みについて考えてみたい。

二　A市における全国学力調査からの知見

効果を上げている学校の取り組み

A市は、広い面積を持つX県の南部にあり、明治期以降流通業・工業を中心として急速に発展した都市である。近年は旧市街地の他、周辺にニュータウンを形成し、一九七〇年代から大きく学校数を増やした。

A市において、いわゆる「しんどい学校」[2]の中で、全国学力調査の学校平均点が一九年度は全国平均とほぼ同程度、二〇年度は全国平均を上回り、二一年度は大きく上回る結果を残したB中学校[3]を取り上げ、その効果のある取り組み（川口・前馬 二〇〇七）を全国学力調査の生徒質問紙結果や訪問調査から明らかにしたい。

B中学校は、A市西部の集合住宅や分譲住宅が中心の住宅地にあり、学級数は九学級程度である。就援率は平均で約四〇%、単親家庭率が約二〇%で、学校背景はA市の中でも厳しい学校である。以前は対教師暴力、授業放棄等校内での問題や、地域での進路未定者・高校中退者を中心とした問題行動などの課題を抱えていた。このような学校内外の状況を改善するため、平成一五年度から種々の学校改善策を行ってきた。

B中学校二一年度調査の生徒質問紙結果は図1のようになっている。当該学年は就援率が四〇%台と家庭的背景が厳しい生徒が多いにもかかわらず、多くの項目で全国の値を超えている。特に数学Aや「家での宿題」等の学習習慣と「授業で自分の考えを発表する機会」が多いなど、数学授業の質に関わる項目では全国の数値を大きく超えている。自尊感情と総合的な学習については全国と同程度、規範意識と生活習慣については若干下回っている。この要因は、①すべての教育活動でキャリア教育四能力観点を実践する教育計画を立ててきたこと、②学校教育計画で各教師も授業実践の計画を示すなど、丁寧な取り組みをしていること、③生徒・保護者・学校関係者による授業評価や学校評価によりカリキュラムの点検・評価を継続的に行ってきたこと、④毎年、自主的な教育研究会を行い、教師の授業力向上を図ることにより、授業で生徒を変えることを目指してきたこと、が挙げられる。

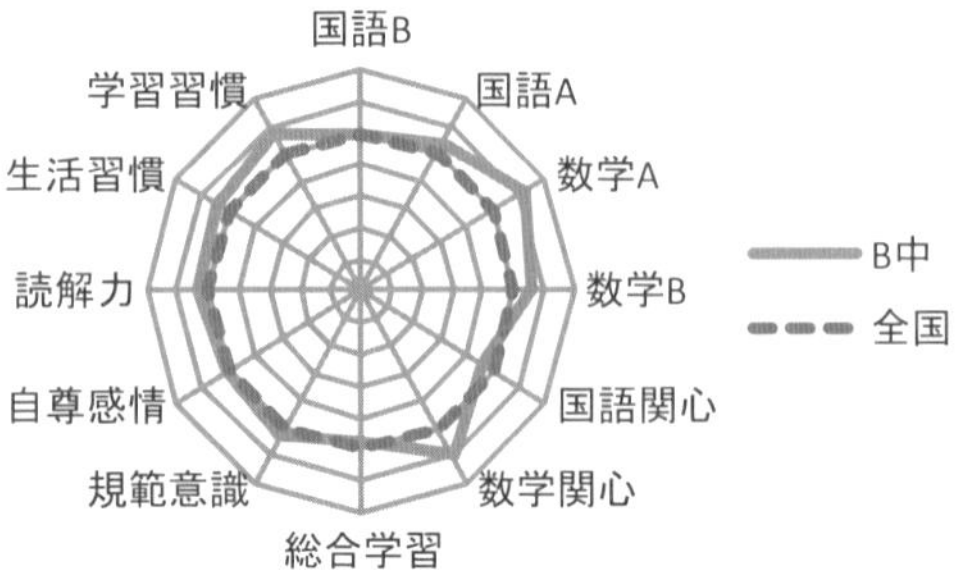

図1　21年度B中学テ生徒質問紙調査

　学力下支えの取り組みでは、家庭学習習慣をつける指導、少人数編成授業、習熟度別の放課後学習を行っている。また、小中連携を積極的に行い、地域の子どもたちの課題を共通理解して「学びに向かう力」や「学びの基礎力[4]」を育てる取り組みと、小中教員が相互

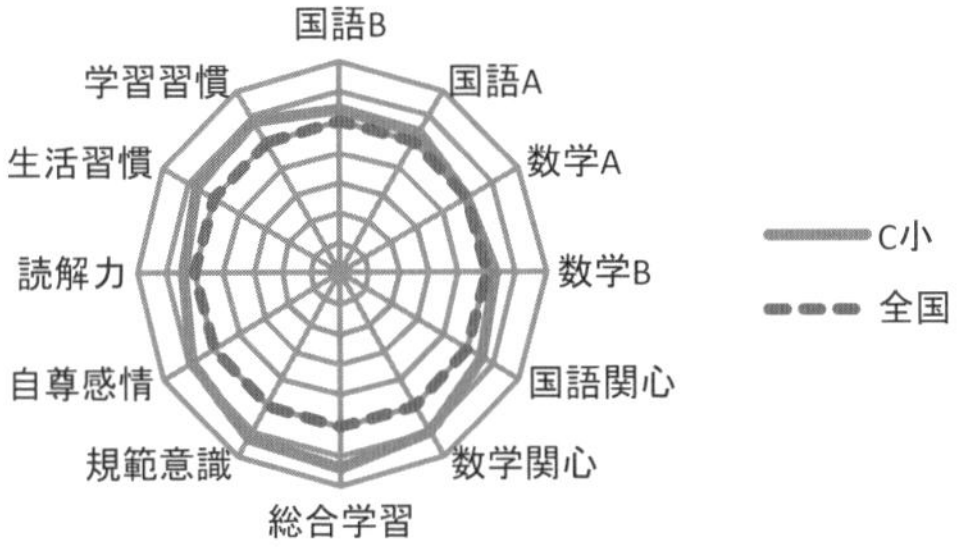

図２　21年度Ｃ小学テ生徒質問紙調査

授業参観を行い、授業過程で小中の連続性を意識する取り組みが、効果を上げる要因となっている。

図２はＢ中学校と連携しているＣ小学校の二一年度生徒質問紙の結果である。この学年は就援率が四〇％台であるが、連携で意識している自尊感情・家庭学習習慣・規範意識・総合的な学習の時間・「資料を読み、自分の考えを話し、書いたりする」など授業の質の項目では、全国の値を大きく上回っており、小中の連携[5]の効果を示している。

課題を抱えている学校の取り組み

三回の全国学力調査のうち、二回以上下位層に属する中学校の概要として、次の共通点があげられる。まず、就援率が四〇％を超える等社会経済的背景が非常に厳しい学校である。教師の献身的な取り組みにもかかわらず、家庭地域の社会経済的背景に由来する学力格差を補いうるだけの効果を上げにくい状況がある。もう一つのグループは、学年二学級以下の小規模校である。ここでは教員の少なさが影響している。学校を運営するための仕事量は大規模校・小規模校で大差はない。このような適正規模以下の小規模校では教員の仕事量が過重なものとなり、学校運営や授業実践の上での余裕がなくなる。

図3はこれらのグループのうちD中学校の生徒質問紙結果である。自尊感情や言語・読解力、規範意識・生活習慣・学習習慣などいずれの項目も全国の値を大きく下回っている。特に、「普段の授業で自分の考えを発表する機会」や「授業で生徒の間で話し合う」という授業の質に関わる質問では、肯定的な割合が一〇%台の項目もあるなど、授業の質に大きな課題がある。このように、学校背景が厳しい中学校では、生徒指導を優先して学習指導にまで手が回らないという傾向が見られる。

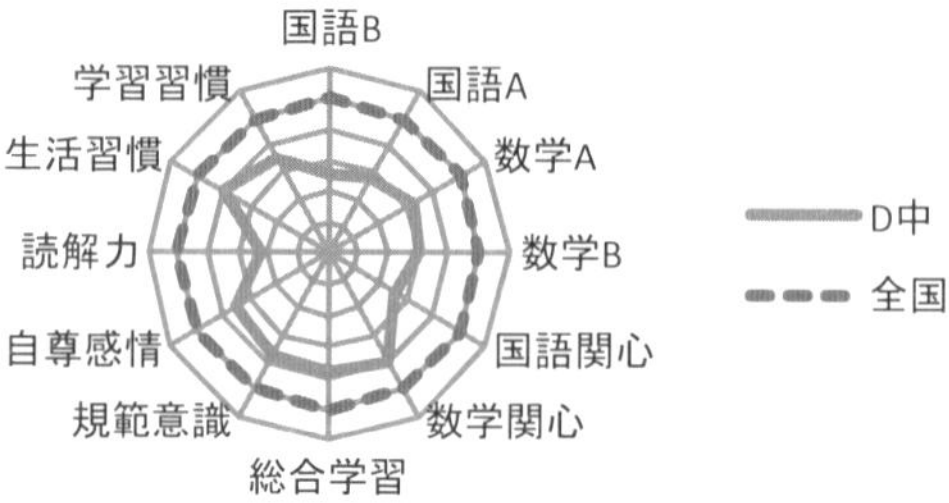

図3　21年度D中学テ生徒質問紙調査

訪問調査からも、授業の質が学力に影響していることが見て取れる。これらの学校の多くの教室では、基礎的知識やスキルが学習の中心であり、概念的知識や意味理解を問う授業を見ることはまれである。この「できる」ことの積み重ねによって学ぶ意欲の向上を図ろうとする「できる授業」は、学力の形成において次のような問題がある。一つは、基礎基本の考え方に由来するものである。できない子どもたちにとって「生活上必須の読み書き計算の知識やスキルが基礎基本」と考え、「まずこの基礎基本を育てるべきであり、意味理解は後からついてくる」とする考え方である。

この考え方によった数学の授業では、公式を覚え、練習問題を繰り返すこととなる。子どもたちにとっては退屈で、「分かる」喜びが少なく学習意欲は喚起されない。公式を忘れれば、なぜそうなるかという意味理解ができていないため、考える手がかりさえなく無答になる。たとえば、二〇二二年度全国学力調査数学Ａ「円柱の体積を求める問題」で、中三の公立学校正答率は三九・九％、その生徒が小六の時、円の面積を求める正答率は七三・〇％であった。これは、円周率がπになったり、立体になって難しくなったのではなく、円の面積を求める概念的知識が身についていないため、公式という基礎的知識の剥落を起こしたのが原因と考えるべきである。概念的知識や意味理解を伴わない質の低い授業では、特に中位層以下の子どもたちの基礎的知識・スキルが学年進行と共に剥落し、学習意欲は減退することを示している。

子どもたちが必要としている学力は、基礎的知識やスキルと、概念的知識や意味理解（藤村 二〇一〇）の両方である。基礎とは人々の生活に関わる知識や技能であり、基本とはそれに関わる概念的知識や意味理解だ（安彦 二〇〇七）と考えるべきである。質問紙調査の結果からも、子どもたちは基礎に偏った「できる授業」では満足しておらず、概念的知識や意味理解を中心とした「分かる授業」を求めていることが明らかである。「分かる学力」を育てる質の高い授業でなければ、中・低位層の学力は育たない。

二つ目は、学習過程論が教師の目線でのあるべき論（秋田 二〇〇九）となり、子どもたちの目線での学習過程論になっていないということである。「できる授業」では、体系的知識伝達・練習型一斉授業が主流である。ここでは子どもたちは聞くことが学習の中心となり、考えることや他者との対話のない受動的な取り組みとなる。したがって、この学習過程では子どもたちにとって魅力ある授業にはなりにくい。中・低位層の学習意欲形成に課題があるにもかかわらず、このタイプの授業が支持される理由は、子どもたちが黙って静かに聞いている状態を保つことが授業規律と考えられていることによる。教師は対話で騒がしくなる状態を嫌う傾向がある。自分の授業から学習規律が壊れ、学校規律も壊れてしまうことを避けたいという意識が働くからである。しかし、授業規律とは教師の指示に従って学習活動が展開されることであり、静かに聞いている状態を保つことではない。概念的知識や意味理解を問う学習過程を展開するためには、子ども同士・子どもと教材の対話を組み込んだ授業にする必要がある。中・低位層の学力保障には、対話的活動型の学習過程を展開する質の高い指導力が求められる。

もう一点は、特別活動や総合的な学習の時間の学習内容が子どもたち（特に中・低位層）の必要としている学習内容とずれているため、自尊感情や総合的な学習の時間への生徒の評価が低いことである。総合的な学習の時間が自校の子どもたちの課題を解決する内容になっていない学校はいまだに多い。「学校行事には熱く取り組むが、その後の学校生活に活きない」と語られるのは、そのカリキュラムのねらいが子どもたちに理解されていないからである。(6)

学校背景が厳しい学校では、子どもたちをエンパワーするための多くの取り組みが行われている。しかしその取り組みが効果を上げているかの検証は行われていない。本当に効果を上げるためには、教育実践を検証し、効果を測定することが大切である。前例の踏襲ではなく、各教師の考え方を変えることが求められている。子どもたちが必要としているのは、授業中に分かったという概念的理解であり、他者との対話で自分を認めてもらうことによる自己肯定感である。このような方向に教師の気持ちを変えることが、子どもたちを変えることにつながる。三年間下位校であった学校の中にも、このことの大切さに気づいている教師や、授業の改善に取り組み始めた学校が出てきていることに注目したい。

三　秋田県・福井県調査

調査方法と目的

両県とも指導主事二名で、県教育委員会と市教育委員会及びそれらの市町村の小学校・中学校に訪問・聞き取り調査した。その目的は、全国学力調査で四年連続好結果を残した両県の取り組みから卓越性の要因を見つけ出し、A市として学ぶべき点は何かを明らかにすることである。

秋田県調査

(a)県の概要

落ち着いた地域の中で、家庭・地域が学校を強く支援して豊かな教育力を生んでいる。学校は、「ふるさと教育、歴史や伝統を大切にした各地域の活動を取り入れるなど地域との連携を重視している」。「保護者・地域は、授業に参加するなど協力的」である。三世代同居率が高く、子どもたちは家庭・地域と豊かなつながりを持っている。一九六〇年代の全国学力調査では全国で下位層であったが、今回の調査では四年間上位である。特に小学校では、二一年度の国語Aが二位だった他は、国語・算数すべて一位、中学校でも国語は一九年度のA、二〇年度のB以外はすべて一位であるなど好成績である。

(b)卓越性の要因

①授業の質

一点目は、授業の学習過程が確立しており、県内のすべての教室で高い質の授業が保障されていることである。それは、教育委員会の指導主事、現場の校長が「どの教室でも同じレベルの授業ができます」と言い、都市部の成績と郡部の成績に格差がないことで論証されている。秋田型授業は、導入で課題意識をしっかり持たせ、解決活動では個の学びで自分の考えを持ち、集団の学びで自己の考えを深化・変容させ、まとめ活動を全体でした上で、評価練習問題で定着を図り、振り返りをするという学習過程である。「全国学力調査の質問紙調査の結果、普段の授業で自分の考えを発表したり話し合ったり書いたりしている割合が高いが、これらは秋田県に古くから根付いている授業パターンである」。また「子どもたちの思考を促し深める授業づくり」、「子どもたちが自ら考えることを大切にする授業づくり」、「グループで話し合ったり、学級全体で意見交換させたりする授業づくり」が盛んである。このように秋田の教室では、概念的知識や概念的意味理解が大切にされており、手続き的知識やスキルを単調な繰り返し学習で習得を図るだけの授業は行われていない。

「話して書いて伝え合う国語」授業であり、「難問・難題にも挑戦する算数・数学」授業である。このような丁寧な授業づくりは子どもたちが積極的に授業に参加できる学習空間を作り出しており、質の高い授業を保障している。「一九八〇年代に学校が荒れたとき、生徒が学校で一番長い時間を過ごす授業を変えることで子どもたちを変えていこうとしてきたことが、今日につながっていると思う」という校長の言葉が強く印象に残った。一九六〇年代の全国学力調査で秋田県は低位層であった。学力に影響する経済的要因は変化したと考えられるが、豊かなつながりに代表される社会関係資本は変化していないと考えれば、今回の全国学力調査での学力向上は、秋田の教師が授業改革に取り組み質の高い授業を実践してきた賜物といえる。

②検証・改善サイクルの確立

二点目は、全国学力調査を利用して、管理職だけでなく各教師がその教育活動について検証改善を行う意識を持ち、授業の質的向上を目指すサイクルができていることである。二二年度の全国学力調査は抽出校以外も全校希望参加であり、国の結果を待たず各校で自己採点、分析を行い、対策を検討するという検証改善サイクルを行っている。これは平成一四年度から秋田県独自で行っている「学習状況調査」[7]により、「四月に行われる全国学力調査の結果をもとに一二月の県調査に備えて指導の改善を図る」という検証改善サイクルが現場に定着していることを示している。「校長が指示するまでもなく、各教師は自己の指導の傾向を分析し授業改善を行うことができている」。ある中学校では、「各教師が結果を分析し、自己の課題として授業改善に活用し」、「課題がある部分は補充学習をする」。「結果には教師の個性（専攻）が出ている、その傾向をそれぞれが自覚している」。「結果の数値ではない、その内容を分析し授業改善につなげることが必要」というように活用されている。また、県独自の「学習状況調査」では、「設定通過率と自校の結果を比較すると課題と成果が見えてくる」、「教師自身が教え方の課題に気づく」、「授業アンケートと併用することで効果が上がる」といった検証改善策が語られ、次の実践につなげられている。

③教師力の向上

三点目は、研修の充実により、指導法の工夫・授業構成力の向上が図られていることである。子どもたちの思考を促し相互に考えを深めさせていく児童生徒を主役にした秋田型の授業では、教師の高い指導力が求められ、この指導力の質を担保しているものは、研修システムと教師の高い研修意識である。秋田では指導主事による訪問指導が盛んであり、県教育庁の指導主事は「年間四〇日は学校に入っている」。他に教育事務所指導主事や地教委指導主事が訪問指導を行うため「多い学校は年間七、八回の研修会になる」。これには学校が自主的な研修として要請する場合が多いなど、授業研究に積極的である。「授業検討会のあり方もグループ討議やKJ法などで工夫され」、「特に研究授業までの事前検討会が充実している」など、有効なものになっている。このように教師相互の質の高い共同研究が行われるシステムができている。

④学校と保護者・地域の連携

四点目は、授業と放課後学習・家庭学習のつながりある学びの実現によって学びのサイクルが確立されていることである。放課後学習会や自由勉強による指導と家庭学習リーフレットなどにより学習の習慣化を図る取り組みを各学校が行い、家庭の協力を得ている。ある学校では「自発的な学習を生み出すきめ細かな指導、家庭学習充実のための指導や課題を継続的に出すなどの取り組み、朝・昼・放課後等で補充学習の取り組みを実施」して成果を上げている。このような学びのサイクルを構築することにより、家庭・地域の信頼・協力を獲得でき、学校と保護者・地域の連携が実現している。

福井県調査

(a)県の概要

福井県は一九六〇年代の全国学力調査でも上位であり、戦後ずっと教育に力を入れてきた経緯がある。今回の全国学力調査でも四年連続一位二位を占めている。特に注目すべきことは、一九年度国語三位・算数二位であった小学校六年生が二一年度中学校三年生になって国語二位・数学一位となっている点であり、小中学校の段差がなく学力の育成ができていることを示している。もう一点は中学校数学の好成績であり、四年連続ＡＢともに一位と高い学力を示していることである。

社会経済的背景では、経済的基盤と家庭状況が安定しており、家庭・地域の力は大きい。「貯蓄率や家庭収入は全国でもトップレベル」といわれており、「一人ひとりの収入は少ないが共働き率が高く、家計としての総収入は多くなる」。「三世代同居率も高く、新しい世帯を作っても父母の近くのことが多い」、「実質的に祖父母が子どもたちの世話をしている状況」がある。文化的資本にも恵まれており、「家庭は学習を促す文化を持っており、親は大学進学を見越して教育する風土がある」。

(b)**卓越性の要因**

①教師の卓越性

全国学力調査の学校質問紙では、「目標に向けて全職員で取り組む割合が高く、指導計画の作成に教員が協力する割合は全国の二倍」である。効果を上げる条件である、気持ちのそろった教職員集団であることが分かる。教師には熱意があり、県教委が「全国学力調査で小学生の小数かけ算の意味理解に課題がある」という課題を提示すれば、「翌年には改善されている」というように、課題に対してストレートに取り組む姿勢が見られる。また、生徒指導・部活動・進路指導を中心とした指導が行き届いており、「授業中落ち着いているという項目も割合が高く、学習規律の維持が徹底されている」。「学習塾に通う子どもは少ないため、学校が宿題をしっかり出し、年間五〇日以上放課後学習会を行う」など、家庭との信頼関係をつくっている点は秋田県と共通する。

②教師の資質を支える要因

教師の資質を支えるのは授業研究・研修体制である。福井市内の中学校では、スクールプランにもとづいて年間研究主題が設定され、具体的な研究方法が示されている。ある中学校では、年間一〇回の授業研究会、春秋の指導主事訪問日は一日研修で全員授業公開・代表授業と研究会が行われる。代表授業以外の教員は九月から一二月の間に二回の公開授業を行う。他に、連携大学教員の講演会研修、中学校区合同研修会があり、年間二五回以上、多い学校では五〇回の研究・研修会が行われている。「特に効果的なのは代表授業の事前研究会と工夫された研究討議」である。二点目は、教員の専門性が保持されていることである。福井県の教員採用は小中高一括採用であり、小中間での異動があるため、小学校教員もそれぞれの専門を保つ必要がある。また中学校の学力については、「県内全学校が参加する共通テストがあり、教員はそれを到達目標として子どもたちを指導している。特に数学はレベルの高い問題に対応するため高いレベルの授業が行われ、これにより教員の質の高い授業力を生み出している」との管理職の指摘がある。

③効果を上げている施策

特に効果を上げていると考えられる施策の一点目は、独自の学級編成基準を導入していることである。中一は三〇人学級であり、中二、三も三二人学級を導入予定である。T・Tや少人数指導教員加配を廃して、学級編成基準の変更により正規教員を配置している。非常勤教員ではなく正規教員であるという点は、授業・教育の質に関わることであり、効果に大きく影響する。二点目は、コアティーチャーや授業名人制度により、指導主事による授業研究の普及や、独自の授業研究グループを支援する体制ができていることである。

両県の卓越性

調査の結果から見る両県の卓越性は、以下の点である。一点目は、授業の質の高さである。特に秋田県は概念的知識や意味理解を大切にした授業内容と子どもたちを中心にした学習過程により優れた効果を上げている。二点目は、検証・改善サイクルが確立されていることである。特に全国学力調査と県独自の学力調査が、授業改善につながる検証改善サイクルになっており、両県とも県独自の学力調査が授業改善・学力向上に有効に機能している。三点目は、教師や授業の質を向上させる研修体制が確立されている点である。特に指導主事訪問による現場の授業研修会が優れた成果を上げている。これには現場教師の研修意識の高さと指導主事の資質の高さが貢献している。四点目は、学校が保護者・地域の信頼を得る教育実践をしていることである。特に、学校が保護者・地域の豊かな文化資本に甘んずることなく、授業と放課後学習・家庭学習のつながりある学びのサイクルを実現している点である。

四　効果を上げる具体的方略

授業の質

効果のある学校への具体的方略として最も大切なのは、授業の質を向上させることである。前述のように、全国学力調査結果のA市下位校グループの状況と、秋田県との授業実践の比較から、授業の質が学力に強く影響していると考えられる。質の低い授業は、本来支援を必要とする中・低位層の学力を低い位置にとどめる結果を招いている。習熟度別・少人数授業という授業形態よりも、そこで行われる授業の質が問題である。求められる授業は、秋田型の「話して書いて伝え合う」授業であり、基礎である知識やスキルと、基本である概念的知識や意味理解の両全を図る授業である。子どもたちが考え、話し合い、自分の考えを深化させたり、修正したりして、まとめ表現するという学習過程をスタンダードとすることにより、概念的知識や意味理解を大切にした質の高い授業が確立される。このことが下位層の学力保障につながり、社会的公正を実現する学校となりうる方略となる。

授業の質を支える研修システム

具体的方略の二点目は、授業の質を支える研修システムの構築である。A市の場合、春・秋の市教委指導主事訪問による授業研究会の設定が求められる。この指導主事訪問日には代表研究授業と全員研究授業・授業研究会を行いたい。また、研究授業は校内・校区内、他校種間で見せ合うこと、保護者にも公開し授業評価を取り入れることである。一人年間一回は小研究授業を行い、学年打合会で小研究授業の検討会を行う。また、代表授業の事前検討会を行うなどの工夫が求められる。特に中学校の場合、授業検討会を有効なものにするためには、教科の壁を越える検討会にすることである。その中では、子どもたちの学びの事実を話し合い、教科の専門性を話題にしないことである（佐藤 二〇〇三）。このように、まず教師がお互いに学び合う文化を築くことが大切である。

検証改善システムと教師の意識

秋田・福井両県の検証改善サイクルで共通していることは、学力調査や共通テストの結果を各教師が検証し、授業改善に結びつけるという意識を持っていることである。このことは、教師の経験知に基づく検証改善から、共通の学力調査や学習状況調査・学校独自の学校関係者評価アンケートなどのエビデンスに基づく検証改善に転換することが重要であり、各学校や各教師がその教育実践を振り返り、改善していくことの有効性を示している。

これまでA市では、全国学力調査や市独自の学力調査について各学校の取り組みは消極的なもので[8]あったが、今後は同様の調査結果を学校改善や授業改善に積極的に利用し、説明責任を果たすことが求められている。全国学力調査や同種の地教委独自の学力調査は、各学校や教師がその教育実践を振り返り改善していくことが目的であり、教室間や学校間、ましてや生徒同士で競うことがその目的ではない。競争主義的施策で、基礎的知識・スキルを中心としたドリル型授業を行っても、前述のように概念的理解を伴わなければ成果が上がらないことは明らかである。

カリキュラムの質

現行の学習指導要領では選択教科や総合的な学習の時間に編成の幅があるが、各学校の選択幅による授業時数の差と学力の相関は見られず、総授業時数との相関も見られない。このことから成果に影響しているのは、カリキュラムの量ではなくカリキュラムの質と考えられる。A市のように学校背景が厳しい学校が多い地域で効果のある学校を目指すには、まず学びの基礎力や学びに向かう力をいかに育てるかをカリキュラムの中心課題とし、適切にカリキュラムの検証改善を行うこと（田中 二〇〇九）が求められる。たとえば、総合的な学習で行われているカリキュラムが本当に目標を達成するものになっているか、野外活動や修学旅行・音楽コンクールなどの行事が学びの集団づくりや自尊感情・自己肯定感を育てる取り組みになっているかを再点検する必要がある。

市教委の役割

今日、市教委が学校現場と連携・支援するべき点は以下の点である。一点目は、全国学力調査の方法変更や教科の増加が検討されている動向を受けて、学校・市教委には、検証改善システムの継続と検証改善への支援のあり方が問われている。そのために市教委が行うべきことは、学校現場が使いやすい検証改善ツールを提供すること、現場が結果に基づき検証改善を行う過程を支援することである。二点目は、指導主事の訪問指導や現場からの要請による指導が有効に働く環境を整備して、授業の質を向上させていくことである。A市では市教委・現場の生徒指導中心主義が授業の質の低下を招いてきたことをふまえ、学習指導、なかでも授業研究を学校経営の中心にすることを確認するべきである。また、B中学校やC小学校連携の例が示すように、現場の改革は取り組みを始めてから結果が出るまでに三～五年の時間が必要であることを考え、地教委には、それを見越した中長期的施策による支援が求められている。

五　おわりに

全国学力調査に関するA市の結果分析や今回の秋田・福井県調査で明らかになったことは、次の点である。

効果のある学校を目指すためには、まず授業の質を高め、教師の授業力向上を図る研究・研修システムが効果的に構築されることである。二点目は、教師の経験知による検証改善からエビデンスに基づく検証改善への転換が求められており、教師一人ひとりが全国学力調査や地教委独自の学力調査・自校学校評価アンケートなど、各種調査の分析に基づき、自己の教科指導の実態やその他のカリキュラムの有効性を検証する姿勢を持って、積極的に改善を行うことである。各学校には、検証改善システムに基づく総合的・包括的取り組みにより、学力格差を縮小するための教育実践に責任を持つ姿勢が求められている。

一方、教育行政には、厳しい財政状況の中でも無駄を省き、有効性の高い施策に資源を重点配分すると共に、各学校が行う検証改善を中長期的施策で支援することが求められる。

公立学校の使命は、どの学校・どの教室でも同じ質の教育を保障して、すべての子どもたちに学びと育ちの両全を図ることにある。子どもたちが社会経済的格差を乗り越え、格差の再生産を縮小させていけるかは、私たちの日々の教育実践・教育施策の成果に負うところが大きい。

（1）志水他は全国学力調査の分析で児童質問紙調査の項目では「学習習慣」「自尊感情」「規範意識」「社会や地域への関心」「総合的な学習への関心」「国語・算数への関心」などの領域でポジティブな回答をしている場合、効果があるとしている。
（2）ここでは就学援助率が三〇％を超える学校とする。
（3）B中学校は三年間どの学年も結果を出しており、この点からも効果のある学校と考えられる。
（4）ここでは、学びの基礎力は「基本的生活習慣」、「学習習慣」、「学びの集団をつくる力」、「規範意識」、「豊かな体験」などであり、学びに向かう力の中心は「自己有用感」や「自尊感情」とする。
（5）C小学校は学年によっては就援率が五〇％を超えるなどB中学校以上に学校背景は厳しい学校であるが、B中学校と連携して学びの基礎力や学びに向かう力を育てるとともに授業改革に力を入れてきたことにより、学年の就援率に関わらず三年間で全国学力調査結果を大きく改善してきた。
（6）ここでのカリキュラムは子どもたちが実際に学んだ学びの総体。
（7）設定通過率と比較できることが検証改善に有効に働いている。
（8）二一年度全国学力調査の希望参加校はなく、A市独自の同種調査は学校が検証改善に利用できる制度設計になっていない。

三田耕一郎　二〇〇八「全国学力調査と学校改善」『日本教育社会学会第六〇回大会発表集録』
志水宏吉　二〇〇九「効果のある学校研究の日本的展開」『「力のある学校」の探究』大阪大学出版会

志水宏吉・藤井宣彰　二〇一〇「不利な環境にある子どもたちの学力の底上げに成功している学校の特徴」『全国学力・学習状況調査の結果を利用した調査分析手法に関する調査研究』国立教育政策研究所
川口俊明・前馬優策　二〇〇七「学力格差を縮小する学校―効果のある学校の経年分析に向けて」『教育社会学研究』第八〇集
藤村宣之　二〇一〇「数量概念の獲得過程」『発達と学習五』北大路書房
安彦忠彦　二〇〇七『教育課程編成論』放送大学教育振興会
秋田喜代美　二〇〇九「質の時代における学力形成」『基礎学力を問う』東京大学出版会
佐藤雅彰他　二〇〇三『公立中学校の挑戦』ぎょうせい
田中統治　二〇〇九「カリキュラム評価の必要性と意義」『カリキュラム評価入門』勁草書房

一一章　学校づくりに市教委は何ができるか

（尼崎市教育委員会教育長）
徳田耕造

一　はじめに

教育委員会といえば、皆さんはどんな印象を持っているだろうか。学校現場における不祥事や事故等があった場合、新聞等のマスコミに対して「責任を痛感しております。今後二度とこのようなことが起こらないよう対処してまいります」などと発表しながら、その一方で、学校現場に対して「圧力をかける」存在として知られているのではないだろうか。いずれにせよ、市教育委員会（以下、「市教委」という）の評判は世間において好ましいものではない。

では、市教委はどのような仕事をしているのだろうか。一言でいうならば、学校現場の応援隊なのだ。世の中の変化や将来的な見通しを考えて、なんとか学校現場の先生方に元気を出してもらい、その結果、子どもたちが「学校で元気に、楽しく過ごし、そして賢くなること」が最大の願いであり、そのための条件整備や指導・助言をするのが仕事である。まさに、学校現場という表舞台を支える裏方なのだ。ただ近頃は、保護者等から学校に苦情や厳しい叱責が多いように、市教委に対しても厳しい要求が多くなっている。また、なかには学校の対応にも問題がありそうだと思われることもある。そのようなとき、「せめてこれぐらいのことは、やってくれよ」と学校を指導することになる。

市民や保護者の要求等が多いということは、それだけ学校教育に対する期待が強く、それに応えていく役割が市教委にあることは当然であり、そのため全国の市教委でも懸命な努力が重ねられている。その一つの取り組みが、以下に紹介する尼崎市教委における「学力向上」対策である。

二　尼崎市における過去の「学力向上」に向けての取り組み

本市では、以前から近隣他都市と比較して、「学力が低い」と言われており、また中学校関係者も業者テストや高校入試の結果からその認識はあった。そうしたなか、昭和五〇年代後半に、兵庫県教育委員会（以下、「県教委」という）から公立高校入試テストの平均点が公表され、その低さから市議会でも大きな問題になり、その後数年間は一校あたり一〇〇万円を投入して学力向上対策を図った時期もあった。ただ、これもその後、当時の文部省が高校入試に関する業者テストを廃止したことや、県教委が入試結果を公表しなくなったこともあり、その効果が測定されないまま、財政的な面もあり徐々に打ち切られていった。また二〇年ほど前には、市教委で独自の習熟度調査を実施した時期もあったが、他都市と比較ができるものではなかった。

その一方で、本市では昭和四〇年代半ばから同和教育を進めていく中で、厳しい生活を背負った児童生徒の学力向上が求められ、各学校現場においても低学力の克服のために放課後の補習や家庭での学習習慣の定着を目指す取り組みなども実施されていた。

その後、昭和六〇年頃からの急速な生徒数の減少とともに、私立高校の特色ある学科への進学が増加するなどの影響により、総合選抜制度であった当時は、かなり学力的に低位の中学生も全日制公立高校に入学することができるようになった。学力がついていなくても、「高校生になれる」時代になっていた。中学生といえば一二～一五歳、その人の人生において、暗記力や吸収力、集中力のもっとも伸びる時期に、学力を付ける必要がなくなった。その結果、本市の公立高校に進学しても、大学への進学は困難という評判が広がった。いわば「一五歳の春は泣かなくなったが、一八歳の春はこなくなった」というのだ。その後、県において入試制度改革があり、現在では複数志願選抜制度という、単独選抜と総合選抜をミックスしたような制度が全県的に導入されている。

三　再び「学力向上」に向けての取り組み

全国的な「学力低下論争」の影響や県の入試制度改革がある一方で、「本市における人口減少の原因の一つとして、学力が低いことにあるのではないか」との指摘があり、全国との比較が可能な業者テストを、平成一六年から「学力・生活実態調査」として実施することになった。その結果は表1にあるように、テストを実施した小五・中一・中三全ての学年、全ての教科において全国平均を下回る結果が明らかになった。

表1　学力・生活実態調査における尼崎市と全国との正答率の差

	国語	社会	算数・数学	理科	英語
小学5年	−1.3	−7.7	−6.3	−8.2	
中学1年	−2.4	−3.9	−4.2	−3.9	
中学3年	−3.7	−8.7	−6.0	−10.8	−7.2

（平成16年5月実施）

結果が明らかになった以上、その対策を考えなければならない。それまでも市独自で小学校に学習指導補助員を配置していたし、国の「教職員定数改善計画」により加配された教員によって「少人数指導」も実施されていた。ただそれらの対策だけで十分であるはずはなく、「結果を出す」ためには、新たな学力向上策を市教委として立案・計画・実施する必要性が迫られていた。そこで表2にあるように次々と新たな施策を実施していった。学力向上にはなんといっても各学校の校長を中心とした先生方の積極的な取り組みが欠かせない。

そのためには、各学校において子どもたちの学力はこんなものという「あきらめ」意識の克服とともに、やればできるという「達成感」を得られるような施策の立案・計画が市教委には求められた。結論からいえば、これをすれば絶対というような妙案はない。あとでH小の取り組みでも紹介するが、「学校で、できることはなんでもする」という姿勢が必要なのだ。そのため、主な支援事業に関しては全ての学校を対象とするのではなく、各学校の現状や要望・やる気に応じて実施していった。いくつかの学校や市教委内部でも、「いいことなら、全校で実施せよ」という声もあったが、あえて一部の学校への支援を行った。支援の基準は、「しんどい学校とやる気のある学校に手厚くする」というものである。どの学校にどのような支援事業を行って

表2　学力向上関係事業*

	事業名	対象	年度（平成）
1	学力・生活実態調査	全	16
②	計算力向上事業	小	16
③	言語力向上事業	全	18
④	特色ある教育活動推進事業	全	18
5	教育啓発誌の発行	全	18
6	マイスター認定事業	全	18
7	授業改善アドバイザー事業	中	19
8	個別ドリルシステム活用事業	小	19
⑨	中学校区学力向上推進モデル事業	全	21
⑩	基礎学力向上プロジェクト事業	全	16
11	自主学習支援事業	小	17
12	土曜チャレンジスクール事業	中	19
⑬	家庭学習支援事業	全	18
14	指導力向上事業	全	16

＊ 対象欄の「全」は小・中学校全体を対象にし、「小」「中」はそれぞれ小学校のみ、中学校のみを対象とする。さらに、まる数字（例えば⑩）の事業は一部の学校への支援であることを示している。なお、「②計算力向上事業」は、平成22年度より全小学校3・4年生を対象に実施されている。

いるかを校長会でオープンにもした。市長部局からは財政的な支援が得られたものの、その反面、結果を出さなければならない。子どもたちには「やればできる」を、先生方には授業の「質と量の確保」を言い続けた。

その後、二一年度から表2にある網掛け部分の事業を統合し、各学校における現状と課題の分析、さらにその対応策の提案を重視した「学力向上クリエイト事業」として再編し、より一層各学校の実態に応じた支援事業を展開しているところである。

三　「学力向上」は出来たのか

各種の学力向上支援を行った結果は、図1にみられるように、二一年度には小学五年生においてほぼ全国平均に達した。中学三年生においても、改善の傾向が見られるようになった。

学校ごとに見てみると、表3にみられるように、調査をはじめた一六年度ではほぼ全国平均に達しているAランクの小学校は、市全体で七%であったものが、二一年度では二三%に上っている。また全国平均よりもかなり下回るCランクの小学校においても、五五%から一六%と減少しており、全体として「学力向上」が促されてい

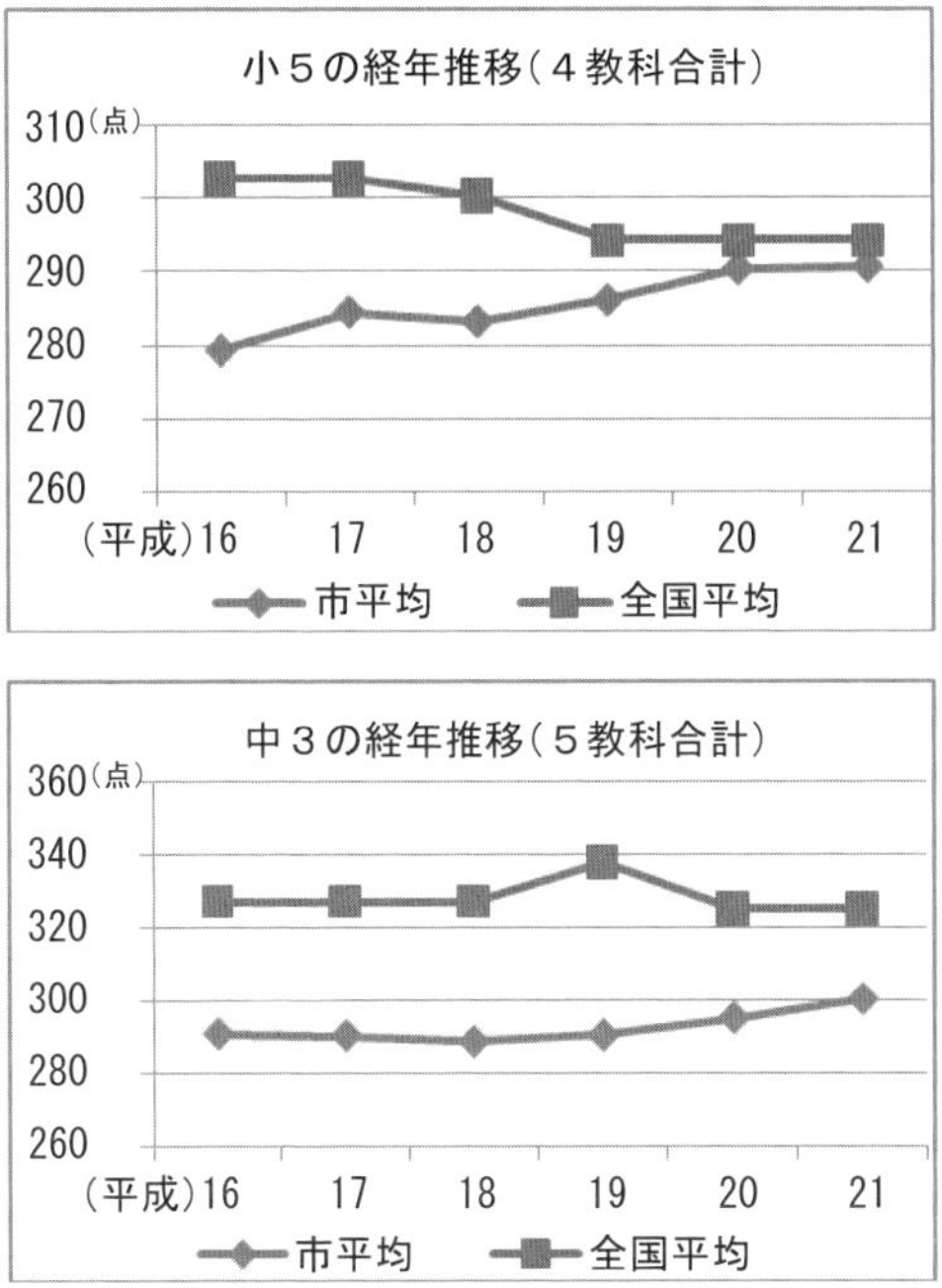

図１　学力調査における全国と尼崎市の比較

表３　学校ごとに見た学力推移（全国平均との比較）

小学校（4教科合計点）	(平成)16	17	18	19	20	21
Aランクの小学校（300点以上）	7(%)	7(%)	12(%)	19(%)	30(%)	23(%)
Bランクの小学校（280–300点）	34	48	51	49	44	58
Cランクの小学校（260–280点）	55	39	33	28	21	16
Dランクの小学校（240–260点）	5	5	5	5	5	2
Eランクの小学校（240点未満）	0	2	0	0	0	0

中学校（5教科合計点）	(平成)16	17	18	19	20	21
Aランクの中学校（320点以上）	0(%)	5(%)	0(%)	0(%)	0(%)	11(%)
Bランクの中学校（300–320点）	23	10	21	21	26	42
Cランクの中学校（280–300点）	50	65	53	47	58	37
Dランクの中学校（260–280点）	23	20	26	32	16	11
Eランクの中学校（260点未満）	5	0	0	0	0	0

ることがわかる。

その一方で中学校においては、ほぼ全国平均であるAランクが増加しているとは言えないまでも、Bランクが当初の二三％から四二％（Aランクを加えると五三％）と増加しており、もう一息で全国平均という学校が約半数に達している。さらに、CまたはDランクが減少しており、改善はなされていると考えられる。この結果を出すためには、これまで六年間で一校当たり総額一五〇〇万円以上が、現在も毎年一校当たり四〇〇万円近くの市税が使われているといえば、皆さんはどのように考えられるだろうか。

四　「力のある学校」はあったのか

これまでの調査結果から本市における過去六年間の学力向上は、程度の差こそあれ、一定の成果を認めることが出来た。ただ学校ごとにみると差

表4　H小学校の成績（4教科合計点）

	（平成）16	17	18	19	20	21
H小学校	Cランク	Dランク	Aランク	Aランク	Aランク	Bランク

が見られ、生活面で厳しいといわれている学校、すなわち「しんどい」学校で一般的に伸び悩んでおり、比較的生活の安定した地域を校区にもつ学校の伸びが大きいことも分かってきた。

そのような中で、H小学校やI中学校では援護率において、H小で二七%、I中は三九%と高率[1]であるにもかかわらず、学力・生活実態調査を継続するなか、「結果を出している学校」であることが判った。では、それらの学校ではどのような取り組みがなされてきたのか、志水のいう「力のある学校[2]」との関連も含めて考えていきたい。

H小学校での取り組み

H小のこれまでの成績を経年比較したものが、表4である。これを見ると、明らかに一八年度に急速に学力向上が図られたことが分かる。

Dランクと言えば、表3からも分かるように、各教科平均で一〇点以上も全国との差があり、市内でもかなり成績的に厳しい学校であった。それが一八年度に一挙にAランクになり、かつその後も継続しているのである。何があったのか。当時の校長や教頭、さらにミドルリーダーからの話を総合してみると、「学力向上に対して、やれることは何でもやろう」「市教委からの支援は全てもらおう」という校長の強力なリーダーシップがあった。

事実、一七年度から本格的に市教委の学力向上策が動き出したのだが、非常に手厚い支援がなされている。例えば、学習指導補助員の配置（基礎学力向上プロジェクト事業）や家庭学習を促すためのノートの作成（家庭学習支援事業）、さらに当時は導入に消極的であった「計算科」の実施（計算力向上事業）などである。それらを導入し、これまでの学校での取り組みを積極的に転換し、それを具体的に支えていくミドルリーダーの存在があった。地域の人々も動いた。具体的には先ほどの学習指導補助員や放課後に宿題等のお手伝いをしていただく自主学習支援の指導者も、さらに図書室におけるボランティアも市教委からではなく、H小自らが適任者を探し、お願いしているのである。校長を中心とした意欲が教職員だけでなく、保護者や地域の人々にも火をつけたのだ。さらに当時の教頭が中心となって行った他校の現場教師を招聘しての研究授業や日常の授業における改善、すなわち「授業の質の向上」の取り組みも見逃すことは出来ない。

これらを序章でふれた「力のある学校」における項目と比較してみると、まずは校長のリーダーシップによる②「戦略的で柔軟な学校運営」であり、①「気持ちのそろった教職員集団」、④「すべての子どもの学びを支える学習指導」、⑧「前向きで活動的な学校文化」がH小にはあったのだ（一九頁のスクールバス・モデル参照）。もう一つ、付け加えるならば、学校規模が各学年二クラス程度であったことも影響していると思われる。大規模の学校では、教職員の意思統一に時間がかかり、また足並みの不統一のため成果が出ないこともあるのではないだろうか。

H小の取り組みは、ここ数年、ベテランやミドルリーダーの退職や異動したあとに配置された新任教師にも伝えられているものの、「授業の質の向上」という面では厳しいものがある。これからも懸命な学校現場の努力に対して、市教委として応えていく必要がある。

表5　I中学校の成績（5教科の合計点）

	（平成）16	17	18	19	20	21
I中学校	Cランク	Cランク	Cランク	Cランク	Bランク	Bランク

I中学校での取り組み

中学校ではどうだろうか。I中の成績は表5のようになっている。二〇年度から向上しているもののH小ほどの成果はあがっていない。他の中学校においても、年度において上下が大きいなど、中学校においては徐々にしか成果は表れていない。

では、なぜ中学校では成果が上がりにくいのか。その原因として、三点ほどが考えられる。一点目は、中学校においては教科担任制で、いわゆる「教科の壁」のため他教科の指導内容や方法に意見を言いにくく、指導方法の改善が個々の教師に委ねられる傾向がある。小学校においては全教員が集まっての研究授業や反省会の実施が一般的であるが、中学校ではなされていても形式的になっているのが現状である。二点目としては、小学校に比べて学校規模が大きく、教職員の数も多い。また部活動や生徒指導などの比重が大きく、学校全体で学力向上に絞った取り組みを実施しにくい面が考えられる。三点目は、学習する内容が難しくなってきており、特に積み上げが必要な教科では、小学校における基礎学力が身についていないと中学校において学力を向上させることとは、困難な状況になる。

そのような中でも、なぜI中では確実に成果を上げているのかを考えていきたい。

I中でも、過去長年にわたり「荒れ」を経験しており、生徒指導に追われた時期があった。平成に入ったころ、当時の校長が若手中心に部活動に力を入れる学校運営を図り、「やれば出来る」という自信と達成感を得られたことから、生徒も落ち着きを取り戻し、今では「静かで、ゆったりとした雰囲気が感じられる」学校になっている。それに伴って地域や保護者から信頼を得、さまざまな協力も得られるようになってきた。そのようになるまでには、ミドルリーダーや若手教師を中心に生徒の気持ちに寄り添った熱心な家庭訪問を行ってきたことがあげられる。それらの取り組みは今も大切に引き継がれており、まさに「生徒を荒れさせない」[3]ための、積極的で丁寧な生徒指導がなされている。当時からの取り組みを知っている教師は、「スーパーマン的な教師はいないし、必要もない。気持ちの揃った教師集団がコツコツと丁寧に生徒の実態を少しよくするための取り組みが必要だ」と語ってくれた。現在も特にこれといった取り組みをしている訳ではなく、最近は日常の授業改善をさらに進めるとともに、授業規律の徹底など全教職員が足並みをそろえた指導を、諦めることも焦ることもなく、実践しているように見える。

ただ、その中には実態の把握と分析、さらに緻密な計画と実践があることを忘れてはいけない。よく言われるように、数字だけで学校を評価することは出来ないし、また危険でもあるが、I中では数字も大切にした学校運営がなされているのである。

市教委からの学力向上施策に対しても、基礎学力向上プロジェクト事業や土曜チャレンジ事業などを、地道にかつ確実に取り組んできている。なお、I中の学校規模も各学年三クラス程度の学校であり、市全体では平均各学年五クラスであることから、H小同様に小規模校である。

これを「力のある学校」の項目で考えてみると、③「豊かなつながりを生み出す生徒指導」であり、それが⑦「安心して学べる学校環境」や⑥「双方向的な家庭とのかかわり」を生み、それによって②「戦略的で柔軟な学校運営」が地道に継続できているのではないだろうか。

Ｉ中では学習活動を中心に、部活動も生徒指導も地道に行った結果が少しずつ成果として表れてきており、今後が楽しみである。二〇年にわたる地道な取り組みがあって、まさに「熟成」されて、ようやく数字に表れる成果が出てきたのではないだろうか。志水[4]が言うように、「学校は選んだり、選ばれたりするものではなく、保護者や地域、教職員がともにつくり上げていくものである」ことを証明してくれている中学校である。現在も「特色ある教育活動推進事業」として、生徒の実態を分析・検証しつつ、形成的評価による学習意欲の向上や、家庭学習の定着等の地道であるが大切な教育実践を組織的に実施している。このＩ中に対して、市教委はさらに何が出来るのであろうか。

五　「力のある学校づくり」に対して、市教委は何が出来るのか

つねに成果は表れるか？

これまでの記述から「力のある学校」は本市においても、確かに存在していたことがわかる。またそれらの学校では、方法や内容に違いはあるものの、いくつかの点において、優れた取り組みがなされ成果も出している。

では、「なぜ、そのいい取り組みが広がらないのか」、「それを広めるのが市教委の仕事なのではないか」と疑問に思われるだろう。そのとおりなのだ。だが、学校の最大の資源は「人」、それも教師の力が大きい。それがうまく組み合わさったときに、数字にも表れるような成果が出る可能性はある。今このときも、学校現場の校長をはじめ、大半の先生方は「なんとか、どの子どもたちにも力をつけ

たい」と懸命な努力を継続している。だが、常に成果が表れるとは限らないのだ。

例えば、一般的に学力向上をすすめていくには、「授業の質と量の確保」が不可欠だと言われているが、一口に授業改善や指導力の向上といっても、その成果は半年や一年で出るものでもないし、さらにペーパーテストの数値で表れるのは限られた一面なのだ。ある人は「教育は教えられないものを、教えられるものを通して教えているのだ」という。誠実や忍耐、勇気などは直接教えられないが、人として生きていく上で大切な資質は、教科指導や学校行事等の取り組みの中で、いつのまにか身につくものなのである。また、そうした総合的な生きる力をつけていくことが、学力向上にもつながっていくものと考えている。決して、直線的に成果は表れないものだ。

その意味において、最近民間における経営手法が教育現場に持ち込まれ、ＰＤＣＡ（Plan-Do-Check-Action）サイクルによる短期間の改善が可能なのか、疑問に感じるところである。ただ断っておくが、学校運営において評価の必要がないという意味ではなく、数字に表れる側面だけを追いかけることを危惧するものである。言い換えれば、「行き過ぎた成果主義」の危険性を感じている。

市教委はなにが出来るか

確かに点数に表れる成果を上げている学校はある。それらの学校自体の努力を大いに評価するところであるが、比較的小規模の学校や小学校で成果が出やすいことも分かってきた。また、生活のしんどい地域を抱える学校は、なかなか成果が表れにくいことも分かった。

では、それらを踏まえて、市教委は各学校にどのような支援を行っていくのか。例えば、先生方の評価。実績を上げた先生方を認め、昇任や異動を行っていくのが市教委の仕事でもあり、長期ビジョンをもった人事配置を考えていく必要がある。昇任・異動があれば、それまでの努力を認められたという意味では喜ばしい限りである。だが、数年の人事異動によって「戦力が極端に落ちた」とある校長は嘆いている。一方で、市のなかに一校くらい「そこにいけば授業や生徒指導の力がつくといった学校」、すなわち「スーパー学校」を意識的に作り上げていくことも必要ではないかという意見もある。ある面、その通りだと思う。

だが、「公立学校は地域とともにある」という前提に立つならば、その学校がある地域の人々や保護者はいいだろうが、他の学校の関係者はどのように思うだろうか。公立学校は、「公正」（equity）と「卓越性」（excellence）の両方を求められており、特に「公正」に対して、市民や保護者から疑義が出される可能性が大きい。公立学校は飛びぬけた学校は作りにくいようになっているのだ。といって、「何もしなくても市教委がやってくれる」、「市教委の指示通りにやればいい」という消極的な学校では困るし、それぞれの学校がある程度の特色をもった存在であって欲しいとも考えている。具体的に言うならば、義務教育における公立学校では、「教育課程における五％程度の時間を割いての特色化」を目指して欲しい。それに対して、市教委は万能でも無能でもなく、個々の学校がより積極的な学校づくりができるような支援や条件整備が求められている。

教師の仕事は何か

最近、全国的にも教師の精神疾患による休暇が増加しており、その原因の一つとして、「教師の多忙化」[5]が言われている。パソコン等の情報機器の導入により、事務の省力化もすすんで、昔に比べて余裕をもって児童生徒に対応できるのではないかとの声も聞くが、果たしてそうだろうか。学校現場の先生方に聞くと、特に最近は保護者への説明や対応に神経をつかうという。個々の児童生徒の学習面や生活面を把握し、説明できるようにしていくため、これまで以上に詳細な記録が求められている。「学校外での事故や事件も、該当の児童生徒やその保護者の責任よりも学校の対応が問われる。「学校は二四時間、児童生徒に関することは、何でも対応しないといけないのか」という嘆きを聞くことがある。

子どもたちのよりよい成長を中心において、学校と保護者、地域の人々の信頼関係がもっと築かれないものだろうか。そのためにも、学校のホームページや学校便り、懇談などで教師の努力をもっと理解してもらおう。何がどうよくなったのか、判るように説明しよう。できれば、「五分間家庭訪問」[6]で、その日にあった「いいこと」を保護者に直接、伝えたいものだ。手間も時間もかかるかもしれないが、多くの保護者は我が子の通う学校の応援団になりたいのだ。

「サイレント・マジョリティー」という言葉がある。大きな声を出すわけではないが、しっかりと学校のやり方を見て、出来れば我が子のためにも学校を応援したいと考えている保護者や地域の人々が本当は大多数なのだ。その人々を中心にしっかり説明をしていこう。

また、市教委は学力調査の数値として今は表れていなくとも、日々懸命に努力を重ねている教師を励まし、市民にも判ってもらえるようにアピールしていこう。恵まれない環境の中であっても子どもたちに、学力や社会性を身につけて欲しいと日夜努力し、かつ尼崎市を愛し、誇りに思っている教師がたくさんいる限り、尼崎市の教育はよくなるし、それに伴って学力も向上すると信じている。市教委はもちろんのこと、保護者や地域の人々が応援もしないで、学校だけに責任を押しつけるのはもう止めにしたい。

（1）「援護率」とは、要保護と準要保護を加えた率であり、市全体では小学校で二四％、中学校で三一％である。
（2）志水宏吉編『「力のある学校」の探究』大阪大学出版会、平成二一年
「スクールバス・モデル」とは、「力のある学校」の特徴と思われるポイントを八つの項目に整理して、それをスクールバスのイメージでまとめたものである。序章、一九頁参照
（3）志水宏吉著『学力を育てる』岩波新書
「しんどい子に学力をつける七つの法則として、①子どもを荒れさせない、②子どもをエンパワーする、③チーム力を大切にする学校運営、④実践志向の積極的な学校文化、⑤地域と連携する学校づくり、⑥基礎学力定着のためのシステム、⑦リーダーとリーダーシップの存在、をあげており、中でも①が強調されている。
（4）志水宏吉著『公立学校の底力』ちくま新書
教育は「選ぶ」ものではなく、「一緒につくる」ものである。できあがったものを顧客が消費するイメージではなく、たまたま出会った人々が汗を流しながら共同作業を進めるイメージ。特に公立学校は、そうしたスタンスから構想していかねば、明るい未来は描けないと思うが、いかがなものであろうか。
（5）油布佐和子編著『教師という仕事』日本図書センター、リーディングス「日本の社会と教育」一五巻参照
この一〇年で関心を集めている教師研究の領域に、ストレス、バーンアウト、教師の多忙の領域がある。
（6）「元気が一番」塾主宰の仲島正教が、『兵庫教育』平成二二年一月号に掲載
「いいこと」の家庭訪問をすることがとても大事なことです。……保護者の顔を見て「いいこと」を伝えるので

す。たった五分の話を「自分の子どものために先生がワザワザ家に来てくれた」「あーうちの子は大事にされているんだ」保護者はそう思ってくれるのです。そして、我が子を愛し、教師を信頼してくれるのです。

第Ⅳ部

教育研究者の挑戦

一二章　「安心」と「勇気」をつくりだす組織

（プール学院大学准教授）佃　繁

一　はじめに

学校実践の報告が多い本書において、ここではA教諭という一人のリーダー教員を紹介したい。個人の特殊な才能によって、学校づくりが行われているようにみえることがある。A教諭がしばしばそのように評されることも事実である。しかし組織として実践を行うとき、リーダーシップをとる人間が不可欠であるということも、多くの人が認めるのではないだろうか。

A教諭は、大阪府にあるB市立C中学校で勤務する、在職三〇年余のベテラン教員である。現在の勤務校では主として教務主任を務めてきた。B市は人口およそ二四万人、大都市郊外の衛星都市として発展した時期に中学校が急増し、その頃にA教諭も新任として採用されている。C中学校は、大阪府で実施された学力調査で高い成績をおさめただけでなく、塾に通う生徒とそうでない生徒の学力差がほとんどない学校として注目されるようになった。このC中学校で、学力向上および生徒指導のリーダーシップをとっているのがA教諭である。

的確な目標設定と、人を動かす力の両方がなければ、組織づくりはできない。目標設定の正しさには理論の裏付けが必要であり、人を動かすには強制をふくむ動機づけの力量が求められる。したがって、誰もがリーダーシップをとれるわけではない。学校であれ、教育行政であれ、偶然に出会う個人の能力に学校づくりを頼るのではなく、リーダーとなりうる教員を計画的に育成すべきである。

本章はA教諭のことばを手がかりとして、公立中学校の学校経営とリーダーシップについて考察するものである。八年前にA教諭の話を最初に聞く機会を得て以来、現在まで多岐にわたる内容について聞き取りを行ってきている。それらはすべて関連しあって、A教諭のリーダーシップを構成している。A教諭のことばを部分的にとりだして解釈を行うことは、A教諭の考えそのものを正しく反映するものではない。本稿があくまでも筆者のフィルターを通した学校経営論となっていることを、ご了解いただきたい。

二　個人実践家は学校に必要ない

なべぶた型組織と個人実践家

「個人実践家は学校に必要ない」とA教諭から聞いたのは二〇〇三年のこと、それが最初の出会いであった。ここで「個人実践家」と呼ばれているのは、じつは筆者自身である。自分はそれまで「組織実践」というものを本当には理解してこなかった、そう認めざるをえない体験（聞き取り）であった。A教諭のいう個人実践家とは、自分の目的を第一において仕事をしている教員のことである。中堅以上の教員で、なお学級通信を書くことが仕事の中心になっているような個人実践家は有害でしかない。書くならせめて学年通信であろう。それが組織実践というものである。このように過去の教員経験を評されたとき、私は自分のすべてが見透かされたような思いでいっぱいになった。

なぜ個人実践家が問題なのか。学校はしばしば「なべぶた型組織」といわれる。学校の仕事の大部分は授業である。教室で四〇人の生徒を一人で教えるという活動の性格上、個々の教員の自由裁量に任される部分が多い。そのため一部の管理職をのぞいて、全員が職階的には同僚であるというフラットな形態となっている。しかしこの組織形態が、教員個人の自己実現に偏った実践を可能にしてしまう。一般企業のような序列型の組織（ピラミッド型）であれば、組織の目的からはずれた仕事は排除されるであろう。しかし学校の場合は、子どもを育てるという目的のもとで、幅広い内容が認められる。たとえば上にあげた学級通信がよい例である。表向きには、子どもたちの様子を家庭に伝えるために発行するものである。しかしそれだけではない。学級担任としての自分の仕事ぶりを子どもや保護者にアピールし、他の教員と差をつけるという個人目的にも利用されうるのが学級通信なのである。A教諭はそれを見ぬいて私を批判したのであった。

部活動に依存した学校経営はまちがいである

部活動についても、個人実践家と同様の観点から、その危険性をA教諭は指摘する。中学校の生徒指導において、運動クラブ中心主義とでもいえる傾向は今もよくみられるのではないだろうか。多くの校長先生や教頭先生が、自校の部活動の低調さを嘆いておられるのを目にするたびに、筆者はA教諭の「部活動に依存した学校経営はまちがいである」という言葉を思い出して心配になる。部活動を活発にすることが、どのように学校の組織づくりにつながるのか、その計画が緻密になされていないかぎり、個人実践家教員を増やすだけに終わってしまうおそれがあるからである。

A教諭はもちろん部活動の意義を認めていないわけではない。彼自身、いくつもの部活動顧問を兼任することすらある。顧問不足を補い、部活動における生徒の選択肢を確保することも、学校という組織に必要だと考えるからである。しかし部活動の推進が安定した学校づくりの方法となることはありえない、とA教諭はいう。部活動の指導はその性格上、教員の個人的な技量に依存することが多く、指導できる教員がかならず配置されるとは限らない。放課後や休日の時間を活用する必要から、勤務条件の枠をこえたボランティア・ワークの量を増やしてしまうのが部活動である。個人の偶然性や好意に依存する学校づくりは組織実践とはいえず、不安定要素をつねにかかえざるをえない。その意味で、部活動にたよる生徒指導はかえって危険なシステムなのである。

かつて筆者に「部活動の方が生徒は育つ」と語った教員がいる。その教員は、授業や学級経営から校務分掌まで、すべての職務に熱心にとりくんでいた。しかしその熱心さそのものに、個人実践家の陥る罠がある。部活動で得られる達成感と同じものを求めるかぎり、授業であれ学級経営であれ、組織実践から離れてしまうおそれがある。「教育は感動である」という情緒的な言葉もまた、同様の危険性をもつといってよい。個人実践家の自己満足にすぎないことが多いのである。組織づくりをさまたげ、子どもや保護者が教員の力量を比較し値ぶみする原因をつくりだすのが、個人実践家教員なのである。

教員評価は学校になじまない

組織実践をたいせつにするA教諭の考えをよく表す言葉に「教員評価は学校になじまない」がある。この一〇年で、多くの府県の公立学校に、一般企業の「人事考課」と類似の教員評価制度が導入されている。A教諭はこのシステムに批判的である。共通の目的のもとで、それぞれの教員が自分の力に応じて実践し、その成果を互いに認めあい励ましあうのが学校という組織だと考えるからである。

現在の教員評価が、給与への反映をその結果としてふくんでいるかぎり、それは個人実践家を育て、競い合わせる仕組みでしかないであろう。一般企業のように、給与の高低にもとづいて係長、課長代理、課長……といったピラミッド型の職業階梯がある組織であれば、個人競争が組織実践と両立するかもしれない。しかし学校はそうではない。学校教育法の改訂によって、主幹教諭や指導教諭といった「新たな職」がつくられたとはいえ、それらは財政的措置が可能な範囲で「置くことができる」という補完的な役割しかもたない。いまなお多くの学校は、管理職が校長、教頭のみの「なべぶた型組織」なのである。わずかな額の給与アップを誘因とするような教員評価制度は、公立学校における組織実践にとって有効な手立てとならない。

職階の高低が必ずしも教員を動かすリーダーシップに結びつかないところに、学校という組織のむずかしさがある。名誉欲や金銭欲が教員を動かし、優れた組織をつくると本当に考えているのだとすると、それは教育行政が公立の義務教育段階の学校というものを本当には理解できていない証拠である。「校長、教頭だからリーダーシップをとれると勘違いしている人が多い」とA教諭はいう。この言葉の背景には、リーダーシップは一つの能力であるという意味が込められている。たしかに校長、教頭は法的には監督責任を有しており、職務命令を発することが可能である。しかしそれとリーダーシップとは別物であろう。

その意味で「ヴィジョンの遂行過程にこそ、リーダーシップは発揮される」というA教諭のことばは、彼のリーダーシップ観を最もよくあらわしているといえる。学校づくりのヴィジョンをもつこと自体は、リーダーの要件でも何でもない。どの教職員であれヴィジョンを当然もつべきであるという発想がここにはある。個々の教職員が自分のヴィジョンをもちより、そこから共通のヴィジョンを組織決定し実現していくプロセスにこそ、リーダーシップは発揮されねばならない。

三　「学校文化」とパラダイム論

A教諭の学校づくりの考え方は、社会科学的にはどのように説明されるだろうか。三節では「パラダイム」という概念を用いて、解釈を試みたい。

安心をあたえる学校文化

A教諭の組織づくりのキーワードのひとつに「学校文化」がある。『カリキュラム事典』（ぎょうせい、二〇〇一）では、「学校文化」を学校内の成員に見られる行動・活動のパターン、学校建築・教科書などの事物の様式を生成している意味体系や暗黙のルール。広義にはあるパターン・様式を伴って生成される行動・活動、事物それ自体を含む。

と説明している。完全に一致するとはいえないものの、A教諭の「学校文化」という考え方と重なるところも多い。とりあえず上の定義をてがかりに話をすすめたい。

A教諭が学校文化を重視するのは、それが学校成員（生徒と教職員）の感情や意欲を方向づけるからである。何をあたりまえと感じ、他者の言動に対してどう応じるか、学校文化はそれらに大きな影響をもつ。

たとえば小中連携の必要も、学校文化の連続性から説明される。小学校教員が児童に対してどのような行動を推奨し、賞賛しているのか、宿題の出し方はどうであったか、宿題忘れの児童をどのように対処したか、これらのことは中学校側が学級生活や授業のルールのあり方を考慮する重要なデータとなる。小学校教員がいだく児童への期待、賞賛と叱責を与えるうえでの評価基準などが、入学してくる中学一年生の価値観を形成しているからである。小学校卒業時点での子どもが有する学校についての常識、教員との関わり方、自分の能力についての自己評価などについて、校区小学校の学校文化を詳細に検討することによって予測し、新入生が円滑に中学校生活をスタートするための準備をおこなうのが、A教諭の考える小中連携の重要なはたらきなのである。

その意味では、A教諭にとって自校の学校文化は、時間の経過とともに醸成されるようなものではなく、むしろ意図的に構築し、つねに目的をもって修正されつづけるべき対象であろう。では学校文化の構築におけるA教諭の意図や目的とは、どのようなものなのか。

筆者がA教諭の学校観に特徴的だと思う点が一つある。それは「安心」をベースにおいているということである。「学校でおとなしくしている生徒が、家でもおとなしいとはかぎらない。学校や学級が自己を表現できる安心な場所でないだけかもしれない。そうであるなら、そこにこそ問題がある」とA教諭はいう。生徒がポジティブに動機づけられるためには、安心感が不可欠であるという考えがここにはある。

教員も同じではないだろうか。教員どうしを競わせて学校の活力をつくりだそうとする学校経営の誤りは、教員に安心を与えないところにある。指導力を競い合うことと、異なるパフォーマンスによって他の教員を出し抜こうとすることとは紙一重でしかない。そのような学校では、すべての教員が安心して組織実践にとりくむ同僚関係はありえない。またそれとは逆に、「単なる仲良し集団と化している教職員も誤りである」とA教諭は指摘する。困難校において、生徒の荒れと真正面から取り組もうとせず、職務のつらさから逃げようとすることが、教職員間の「仲の良さ」へと向かう場合も多いからである。あくまでも職務に関わる人間関係という観点から教職員集団を評価し、安心を保障する環境を整備するとともに、職業人としての厳しさと変革への勇気を求める、ここにA教諭がねらいとするリーダーシップがある。

パラダイムとしての「授業ルール」

「パラダイム」は、科学史家のクーンによって創り出され、現在では「物の見方」や「考え方の枠組み」という意味で、一般にも用いられている語である。しかし最初にクーン自身がこの語にもたせた意味は、「科学研究の手つづきや業績を示すモデル・パターン」というものであった。科学的に正しい問題の立て方や解決方法、研究結果の評価方法などが、パラダイムの内容であり、科学者とはそれらを共有している集団のことなのである。

クーンによるなら、科学が現在のような社会的認知を獲得したのは一九世紀半ば、わずか一五〇年前のことであり、パラダイムの確立こそがその大きな要因であった。一般的に近代科学の誕生は一七世紀とされる。しかし当時はニュートンやガリレオのように数学者や物理学者として認められる者はいたものの、職業階層としての「科学者」はまだ誕生していなかった。物理学、天文学、化学、地質学などの専門性をこえる共通のパラダイムをもつことによって、ようやく職能集団としての科学者共同体を形成することができたのである。

科学におけるパラダイムに相当するのが、A教諭の「学校文化」ではないだろうか。学校もまた個別に指導技術の専門家が存在する。教科指導に精通した教員、部活動の指導や学級経営の手腕に高い能力をもつ教員など、「教育」という語でくくられる対象は多様であり、幅広い選択肢が存在する。しかしそこに共通の枠組みがなければ、単なる個人実践家のあつまりでしかない。学校文化を意図的に構築し、それが組織目標へとつながるパラダイムとして機能するなら、個々の教員はあまりストレスを感じることなく、組織実践へと組み込まれることになる。

「学校文化」の具体例として、A教諭の現任校の「授業のルール」（表1）を紹介したい。二〇一〇年一二月時点でのC中学校のホームページから転載したものである。象徴的なのは「B市立C中学校二〇〇六年四月六日『C中の授業のルール』合意事項」と命名されている点だ。なぜ、現在ではない日付（二〇〇六年四月六日）とともに「合意事項」とされているのだろうか。この疑問は、ルール表とともに記されている次の説明を読むことで解決する。

　学力向上において、特に大切な『授業』をより充実したものにするため、今まで個々の教師間であいまいであった「授業の基本ルール」を決定し、全学年・全学級で徹底することを決定いたしました。

教師どうしが現在の「合意」に達した日が「二〇〇六年四月六日」であることを、この説明は伝えている。それまでは「個々の教師間であいまい」であったと、過去についての反省をあえて示すことは、「教員の合意」という出来事を歴史化する効果がある。二〇〇六年四月以降は、教員が個人的に授業を成立させるのではなく、学校という組織が「授業のルール」の徹底に責任をもつのだという「宣言」がここでなされているのである。

ホームページのような場において、あえて「合意」という語を用いて、生徒・保護者・地域住民に授業ルールを示すところに、特殊な意図を感じるのは筆者だけだろうか。C中学校にかぎらず、一般的にすべての学校組織の方針は、教職員の「合意」で決定されている。しかしそれらの方針が単なる

表１　Ｂ市立Ｃ中学校2006.4.6「Ｃ中の授業ルール」合意事項

[授業の準備のルール] ①学級教室の座席は２人席とし、指定された座席に座ること ②特別教室の座席は教科で指定された座席に座ること ③個人の全ての持ち物には記名をすること ④個人の持ち物の管理には責任を持ち放置したりしないこと ⑤教室を空けるときは施錠をすること ⑥学習道具や宿題の忘れは事前に教科担任に申し出て指示をもらうこと ⑦学習必要物や宿題の忘れが続く場合については家庭への連絡を取り、居残り学習があること ⑧登校してからの家に忘れ物をとりに帰ることは許可できないこと ⑨学校・授業に不要なものを持参した場合は学校が預かりとすること ⑩授業前の黒板消し忘れやゴミの散乱などがないように学級で責任を持つこと **[授業中のルール]** ①授業の開始と終わりは全員そろってあいさつをすること ②お互いの「学ぶ権利」を守りあうこと ③授業は先生がリードをし、生徒と共につくる場であること ④授業で間違えることは恥ずかしいことではないこと ⑤間違った答えに対するからかいは決して許されないこと ⑥先生または他の生徒の発言は私語をせず、しっかり聞くこと ⑦授業の流れとは別に、意見・質問があるときは挙手をすること ⑧学習班（４人程度）は、先生の指示に従いすばやく学習態勢をとること ⑨授業に遅れた場合は後ろのドアから入り担当の先生に理由を申し述べること ⑩授業中のトイレの利用は挙手して教科担当の先生の指示に従うこと ⑪授業中の保健室利用は授業担当者の許可をえること ⑫授業中の勝手な私語・立ち歩きや、だらしない態度、暴言などは厳しい注意を受けること ⑬授業を乱す行為が続く場合は、別室での反省しながらの学習の場を与えること ⑭テストを受ける際は「テスト受験規定」に従うこと ⑮テスト返却の際は机の上には筆記用具を含め、何も置かないこと

「たてまえ」であったり、なしくずし的に個々の教員裁量で「運用」されてしまったりするところに、学校という組織の弱さがある。ルールを「合意」という出来事として公開宣言することで、ルールの「たてまえ化」を抑止するはたらきをもたせているようにみえるのである。

この日付入り「合意宣言」は、教員ごとに態度を変え、スキあらば足元をすくおうとねらっている生徒たちに対して、二〇〇六年四月六日以降本校ではそれを許していないと、学校としての伝統を強調する効果がある。

しかしそれだけではない。他の教員と異なる行動によって自己を突出させようとする個人実践家教員に対しては、それを抑制するはたらきをもつであろう。合意という語によって個々の教員には裁量幅があることを認める、その上で示されているルールについては同じスタンダードで臨んでもらう、この合意は状況に応じて改訂されることがありうる、ただし改訂されるときには再度「合意」が必要であり、個々の教員が勝手に変更できるものではない――ここまで「日付」は含意しているかもしれない。

逆に、生徒に「媚び」をうることで自己保全を確保しようとする弱い教員に対しては、「安心」と「勇気」をあたえるであろう。生徒指導力が不足する教員にとって、「授業のルール」という具体的な後ろ盾は、組織的な指導方針にまもられているという安心感につながり、生徒を怖れることなく教壇に立つ勇気を喚起するからである。

たとえばC中学校の「授業の準備のルール」の一つに、授業に持ち込まれた不要物を「学校預かり」とするというものがある。不要物への対応が授業者の裁量にまかされている場合には、指導力に自信のない教員が、「大目にみてしまう」ということが起こりがちである。厳しく対処するほうがよいとわかりつつも、生徒に負けてしまうのだ。しかし全授業、全教員が同じスタンダードで不要物に対応するとなれば、弱い教員であっても「学校預かり」システムの一環として不要物を没収することが可能となる。極端な言い方をするなら、生徒たちは個々の教員の指導力にしたがうというよりも、その背後に存在する学校という組織にしたがうからだ。個々の教員が学校という組織に属して仕事をしているということを、目に見える形で生徒・保護者に示すことによって、すべての教員が躊躇せずに生徒に立ち向かうことを可能にするのが、この「授業のルール」合意事項なのである。

継続的に「合意」を生みだす仕組み

科学哲学の研究者である野家啓一は、具体的な行動モデルを示すパラダイムが、結果として合意をつくりだす機能をもっと説明する。一定の規則や基準が研究伝統として示され、後続の新人研究者たちはそこに「帰依」（教えなどを絶対的に信じ、全面的にたよること）する。パラダイムは一種の「教科書」的な役割をはたすのである。

「教科書」の最も重要な機能は、それぞれの研究分野における正当な問題の立て方と解答の仕方を教えることである。それは空手や柔道における「型」の修行、あるいは将棋や囲碁における「定跡」や「定石」の学習になぞらえることができる。（野家啓一『クーン』講談社、一九九八）

このような「型」としてのパラダイムを信じ、特定の研究伝統に帰属することによって、結果的に共通のものの見方（＝「合意」）が形成されることを、クーンは見出している。合意があるから科学者共同体が成立したのではなく、パラダイムという規範モデルが確立されることによって継続的に「合意」がつくりだされ、科学者と呼ばれる共同体が維持されるわけである。

共有されたパラダイムに基づいて研究を行う人たちは、科学的実践のための同じ規則や基準にしたがうことを誓約する。その誓約とそれが生み出す明白な合意は、（略）個々の研究伝統の発生と継続にとって前提条件をなすのである。

（クーン『科学革命の構造』みすず書房、一九七一、一部改訳）

合意があくまでも誓約の履行にともなう結果であることを、上の引用は示している。華々しく成果をあげていた学校が、教員の入れ替わりによって崩れていく、そういう例をわれわれは数多くみてきた。「個々の教員の能力に依存しているようでは組織といえない」とA教諭は言う。この言葉の背景には、教職員のうつりかわりや個々の教員の指導力の大小をおぎなうのが組織力というものだ、というA教諭の学校経営における理念がある。転勤してきた教員や、まだ何もわからない新任教員は、まずこの「授業のルール」という「型」にのっとって日々のルーティンワークをおこなう。そうするかぎり、子どもも教員も授業で大きく乱れることはない。「授業のルール」は、子どもたちに「生徒」、教員に「先生」という役割をわりふり、安心して演じさせる機能をもつ。クーンのいうところの「誓約が生み出す明白な合意」とは、この役割を演じつづけようという意志の共有にほかならない。それがあるかぎり、教員の入れ替わりの影響は最小限に抑えられ、良好な学校文化が伝統として継続されていくのである。

問題を発見したときには、すでに半分解決している

「生徒指導にかかわる事例は、つねに研究的に扱うべきである」とA教諭は言う。目先の短絡的な対応に終始するのではなく、なぜその事件がおきたのか、いかなる対応が効果的であるのか、今後どのように準備しておくことで防ぐことができるのか等々、実践研究者としての立場で問題解決をおこなうべきだという主張である。

その意味で、変則事例をすばやく発見できることは、パラダイムとしての「授業ルール」の重要なはたらきの一つといえる。「授業中に教師をちゃかすような不規則発言を許さない」とA教諭は語ったことがある。ちょっとした冗談のような発言であっても、いずれそこから授業がくずれていく場合が多い。教員によってはそれを面白がる者もいるけれども、とても危険であるというのが理由であった。また、日直の仕事を学校で統一していることについて、「日直が仕事をしていなければ、担任以外のどの教員であっても、気づいて注意をすることができるから」と説明をうけたこともある。これらのA教諭発言から、授業のルールや日直の仕事のきまりが「荒れの兆候」をいちはやく発見可能にするシステムとして活用されていることがわかる。

クーンの理論においても、パラダイムから逸脱する変則事例は、重要な役割をもつとされる。変則事例が一定の量をこえて蓄積された場合、パラダイムの正しさそのものが信頼されなくなり、ついには新たなパラダイムへと転換されるに至るからである。長い年月を要する科学理論の変遷としてのパラダイム転換と、学校の生徒状況の変化を同等にみなすことはできないのはもちろんである。しかし、パラダイムからの変則事例（＝逸脱行動）を、生徒と学校との信頼関係の低下を示す前兆データとみなすことは合理的であり、「問題事象を研究的にあつかう」という方針に合致するといえる。

A教諭は「問題を発見したときには、すでに半分解決している」と言う。問題はかならず解決されるという彼の強い意志がよくあらわれている言葉である。発見されるまでは「通常」なのであり、どの時点で問題として扱われるようになるかによって、その影響力は異なるであろう。当然、発見が遅れるほど学校を破壊する力は大きくなる。「授業のルール」によって荒れの前兆をキャッチすることの重要性は、ここにある。クーンもまた「パラダイムがより正確で、より徹底したものであればあるほど、変則性をより敏感に示す」と述べている。「授業のルール」の精緻さや適用の厳密度が高くなるほどに、パラダイムとしての問題発見機能も改善されるのである。

四　おわりに――「変革期のリーダーシップ」への展望

「その人のために何をすることができるか、と考えるのがネットワークというものだと思う」と、A教諭から聞いたことがある。個人実践家教員を否定し、「授業のルール」を組織実践のセーフティネットとして用いる背景には、このネットワーク（つながり）の発想があるのではないだろうか。

「授業のルール」に「誓約」し徹底して実行することが、教員どうしの職務上の絆（合意や共感）を形成する――これが、クーンのパラダイム論にもとづいて本稿が導きだした一つの結論である。良好な学校文化はパラダイムの役割をはたし、生徒と教員の関係を安定させるとともに、問題発見のシステムとして機能する。一人で問題をかかえこむ教員を出さないことは、「その教員のために何をすることができるか」と考える同僚性のネットワークを構築することなのである。

パラダイムは固定したものではなく、つねに新たに編み直される。パラダイムへの信頼が安定している「通常期」においては、パラダイムを精緻化することによって問題は解決される。しかし解決不可能な変則事例が蓄積し、現行のパラダイムへの信頼が失われたときには、根本的な変革（＝パラダイム転換）が必要となる。「授業のルール」もまた、精緻化や徹底化によって問題解決システムとして機能しているかぎり有効である。しかし「授業のルール」をふくむ学校のシステム全体を、根本的に見直さねばならないときがある。学校全体に「荒れ」の状況がある場合がそうであり、パラダイム転換によって、新たな「通常期」をめざさねばならない。

A教諭の経歴からいうなら、彼の本領はむしろそのような「変革期のリーダーシップ」にあるように思われる。クーンによるなら、変革期は通常期を前提とする。そこで本稿はまず「通常期の学校経営」について、パラダイム論との類比を通して分析した。次の機会には、A教諭が「荒れ」の状況にある学校で、いかに同僚教職員をエンパワーしてきたのか、「パラダイム転換」にかかわる理念と戦略を明らかにしたい。

一三章　今日的課題に応える次世代教員を育てるために

（大阪教育大学准教授）
神村早織

一　現代学校の課題と人間関係づくり

荒れの克服と学校再生のプロセスの中で

もう四半世紀も前になるが、筆者はいわゆる「荒れた」中学校に初任者として赴任した。そこには、「授業で何をどう教えるか」から考えてもその通りにはならない現実があった。「子どもたちが安心してすごせる教室」「授業ができるクラス」をめざして学校が再生していくプロセスの中で、私は教師として育てられた。そして、その中で得た経験を根底におきながら、今、大学で教員養成・育成に携わっている。

次世代に伝えたいと思っていることが二つある。一つは、「子どもを荒れさせない」ためには、覚悟と知恵と技能が必要であり、それらは周到に準備されなければならないということだ。子どもにとって安心・安全な場をつくるということは、単なる経験則の寄せ集めによって成せることではない。当時の私たちが選択したのは、事後対応・個別対応の生徒指導を脱却し、予防的開発的実践として積極的に子どもの関係づくりに関与する集団づくりを展開し、それを学校の組織的な方針として推進することであった。そして、そのような取り組みを、私たちは同和教育の実践方策に学んだ。

もう一つは、「子どもは二四時間の生活をカバンにつめて学校に来ている」という一文に込められた世界観・人間観を、子どもや保護者の事実に学び自らのものにするということである。初任校での子どもたちの生活には、今日的な表現を用いれば、「虐待」や「DV」の事実が多く見られた。そうした事実に学びながら、子ども、学級、学校、地域、そして、子どもを取り巻く世界の見え方が変わり、つながるべき相手が見え、つながりの途切れが見えるようになった。

それは学校内部だけにとどまらない。子どもに関わる人的資本や社会資本とつながり、セーフティネットをつくることの意味もまた見えてきたのである。

現代社会における子どもの状況と学校・教師の役割

今、大阪の子どもたちの生活背景は、要保護・準要保護児童生徒数の割合が全国平均の二倍を超えるほど厳しく、また、児童相談所における相談対応件数も全国の一割を越える状況にある。かつて、一部の厳しい生活実態の校区に見られた状況が、広く多くの学校で生起しているように思う。こうした状況において、もしも「教師の本分は授業」とのみ主張するとすれば、それは果たして子どもの学習権を保障することに貢献するのだろうか。現代社会における子どもの状況を考えたとき、これからの学校・教師の役割とはいかにあるべきか、改めて問い直すべき時が来ているのではないか。

かつて私は、アメリカの教育事情に詳しい人物から、「あなたのしていることは、スクールソーシャルワーカー（以下、ＳＳＷ）の仕事だ。教師の仕事ではない」と言われたことがある。しかし、アメリカのＳＳＷは、二〇世紀初頭、移民労働者の子どもたちの長欠不就学を解決するために、訪問教師を加配措置するところから始まるという歴史的経緯を持っている。日本のＳＳＷも、高知県の福祉教員等の学校福祉事業がそのルーツである。それは、「今日もあの子が机にいない」という、被差別部落の子どもに対する長欠不就学対策の教員加配であり、いわゆる「同和加配」教員のルーツでもある。彼らの任務は、当初、子どもを学校に登校させることであったが、子どもの暮らしの現実を見たときに突き動かされるように生活保障のために奔走したのだという。

ＳＳＷや同和教育の歴史が教えるのは、子どもの学習権を保障するためには学校に福祉的機能が必要であること、そして、日本においてもそのための措置がとられてきたことである。こうした経緯もあり、ソーシャルワークにおける実践の枠組みは、同和教育の中で培われてきた実践や関係性の作り方の構造と共通するところが大きい。いずれも、個人、グループ、家族、コミュニティ、そして社会的施策の同心円的構造の中で、関係性をキーワードにした枠組みを持っているのである(1)。

今は、ＳＣ（スクールカウンセラー）やＳＳＷなど、子どもに関わる専門職が次第に学校に配置されるようになっており、全てを教師が引き受けることは解決の道ではない。しかし、それらの専門職の多くは常駐ではない。これからの教師には、様々な専門職との連携を深めながら、教師の役割の一つとして対人援助職としての役割を位置づけ、その基礎的資質として人間関係能力の育成を図ることが求められている。そして、それは授業力の養成と相反するものではなく、相互に高めあうものだと考えている。

教員養成の課題としての人間関係能力育成の指摘

さて、教員養成に関わる議論の中で、人間関係能力はどのようにとらえられているのか、文科省の動向を中心にまとめてみたい。学級崩壊、いじめ、不登校等の事象に対応できる資質能力の育成が急務となり、「新しい時代の義務教育を創造する」（H一七中教審答申）では、優れた教師の条件として、「教職に対する強い情熱」「教育の専門家としての確かな力量」「総合的な人間力」の三点をしめし、特に、「教育の専門家としての確かな力量」の例示として、児童・生徒指導力、集団指導の力、学級づくりの力など、集団形成の力の必要性を明記している。また、「今後の教員養成・免許制度の在り方について」（H一八中教審答申）では、教員養成・免許制度の抜本的改革による教員養成・現職教育の充実をめざし、特に、大学の出口の質的保証としての教職実践演習の導入に際しては、「使命感、責任感、教育的愛情」「社会性、対人関係能力」「子ども理解、学級経営」「教科指導力」の四点を含めるべき事項とし、また、参加型の学習方法を取り入れることを推奨している。

これらの改革の方向性を学校現場はどのように受けとめているのだろうか。平成二二年九月、文科省は「教員の資質向上方策の見直し及び教員免許更新制の効果検証に係る調査集計結果【速報】」を発表した。それによると、校長が初任者教員について不足しているとした資質能力のトップ三は、「集団指導の力」、「学級づくりの力」「児童生徒指導力」と続き、「学習指導・授業づくりの力」を僅かに越えることとなった。政府も学校現場も共に、現代的課題に対応した教員養成改革の動向のポイントは「人間関係能力」の養成にあり、とりわけ、集団形成について言及するようになっていることに注目したい。

「力のある学校」研究と人間関係づくり

欧米の「効果のある学校」研究は、「個人・学習」「学校中心」「校長のリーダーシップ」を重要な要因としているのに対して、日本の「効果のある学校」研究は、日本の特徴として、「集団・生活」「学校・地域とのつながり重視」「ミドルリーダー層」等の人間関係資本が重要な要因であることを明らかにしている。「力のある学校」研究は、これを全ての学校に適応できる汎用モデルとして発展させ、求められるべき八つの機能を、スクールバスというメタファーにして提案した。しかし更に、この八つの機能の特性は、バスが走行する道路状況、つまり、学校の置かれている環境に応じて異なるという。どこにでも通用する万能薬はなく、「落ち着いた」学校と「しんどい」学校とでは、その環境条件に適合する人間関係資本の活用方法が異なるという指摘なのである。

例えば、「豊かなつながりを生み出す生徒指導」の前輪には、「落ち着いた」学校では、一部の支援の必要な子どもに対して個別の丁寧な対応をするという機能が求められるが、「しんどい」学校では、子どもと子どもの関係をつなぐことで支援的関係をつくり、そのセーフティネットの中で一人ひとりの子どもの援助ニーズを充足させるという複合的な機能が求められるという。さらに、事例研究の中で、「しんどい」学校の取り組みの特徴として、「教師をコーディネーターとする、家庭・地域と一体になった人間関係のネットワークで支える」取り組みであること、「単なる学級づくり、学級経営の手法というだけでなく、子どもの見方や教員の人間観・指導観」が含まれることの二点を挙げている。[2]これらのことから、筆者は、「力のある学校」研究から求められる次世代教師の資質能力の特質として、第一に関係性に働きかける力、第二に価値観・人間観を磨く力をあげたい。

まず一点目の関係性に働きかける力についてである。教師の人間関係能力を育成するために、近年、「対人関係能力」「コミュニケーション力」「ソーシャル・スキル」を獲得するためのトレーニングが行われるようになっている。しかし、いずれも、個人がよりよい人間関係を形成することを目的とするための個別アプローチにとどまる傾向がある。ここでいう「関係性に働きかける」とは、個別アプローチを越えたものである。問題を起こしたAさんについて、Aさん個人の対人関係能力を修正するというアプローチではなく、それはAさんを取り巻く関係性の中で起きていることととらえ、問題を起こすに至った関係性の修正修復を試みるというアプローチをとることを意味する。また、子どもの育ちを、個人・家庭・学校・地域・社会という同心円構造の中で、ミクロな視点からもマクロな視点からも捉えようとしている。このような実践的力量を形成するためには、関係性を見る力や適切に働きかける技能を必要とする。

次に二点目の価値観・人間観を磨く力である。教員養成改革の議論の中では、価値観や人間観等は大学で教えられるものではないという意見もあるようだ。しかし、例えば、ソーシャルワーカーは、その職を「人間の福利の増進を目指して、社会の変革を進め、人間関係における問題解決を図り、人びとのエンパワーメントと解放を促していく。（中略）人権と社会正義の原理は、ソーシャルワークの拠り所とする基盤である（国際ソーシャルワーカー連盟）」と定義しており、価値観の養成・育成を重視している。価値観は誰かが教えるものではなく、それは、磨き合うもの、つまり、自分を見つめ他者に出会う中で、自分の価値観に気づき他者の価値観を理解する力を付けることではないだろうか。

これらの特質を有した人間関係能力の養成をめざして、今、教員養成段階において実践をはじめたところである。次節では、試行段階ではあるが、関係性に働きかける力を育てるために「つながる力」と「つながりを見る力」を、また、価値観・人間観を磨く力を育てるために「子どものカバンの中を想う力」をテーマにして、大学の教員養成課程における幾つかの授業で実践したことを紹介する。

二　教員養成段階での取り組みから

今、私は、大阪府教育委員会からの交流人事（任期付き教員）として大阪教育大学教職教育研究開発センターに勤務している。同センターでは、学校や教育委員会との連携による教員養成や現職教育のプログラム、及び、実践的な教職能力育成のための教育実習プログラムの研究開発・企画実施を目的のひとつとしており、学生を対象とする授業も幾つか担当している。特に、本学では、学校現場との往還による実践力の向上をめざして四年間にわたる体系的な教育実習を行っているが、実習の前後には、七〜一〇コマ程度の授業を設定している。その中から、一回生対象の「教職入門（観察実習を含む）」や二回生対象の「学校教育体験実習」、また、一・二回生対象の「教職実践論」において、「つながる力」「つながりを見る力」を育むことを目的として実践したことを紹介したい。

つながる力

授業の開始時によく用いるアクティビティがある。二人一組になって向き合い、テーマ等をこちらで指定し互いを聴き合うという単純なアクティビティだが、場の設定が受講者の安心感を高めるためか、現職教員対象の研修会では一気に会場の空気があたたまることが多い。ところが、大学の授業では部屋の中に微妙な緊張感が走ることがある。学生に聞くと、「人と向き合うことの経験があまりなかったので、目を見て話すのが恥ずかしくてドキドキした」という。また、「授業と言えば、前をむいて知識を詰め込み、練習問題を解くことの繰り返しだった。だから、知らない人とペアになって会話した経験もなければ、グループで意見を交わしたこともないので、こういうのは苦手だ」という感想も多くある。家庭や地域において、また（残念ながら）学校教育の場面においても、人と関わり言葉を交わす経験が少なく、学生たちの多くは接近戦が苦手なようだ。しかし何度か繰り返すうちに、学生たちの関係性には変化が生まれ、それは私が教室に入った瞬間に体感できるほどだ。「誰もが思っていると思う。この教室の空気があきらかに変わっている」「この間まで言葉も交わさなかった人と、授業が終わったときに自然と「お疲れ」と声をかけあうようになったのがうれしい」。これらの声は、学生自身が人とつながる喜びに気づき、そして、人とつながろうとする力が自分の中から涌き起こることに気づいた証だ。

例えば、ある学生は挨拶をするのにも苦手意識があり、こんな自分が教師になれるのかと不安に思っていた。実習前には、「学校で出会った人みんなに元気に挨拶をする」ことを目標にしていたが、実習先は「荒れ」の状況にあり、高学年に入った彼女は当初、子どもたちに声をかけても返事がもらえず落ち込んだ。しかし、その後もくじけずに声をかけ続け、遂には笑顔を返してもらえるようになったという。事後の授業において、彼女は、二人で向き合い対話する時間を重ねたことのインパクトと、そこで体感したことを現場で活用したことによって自分が成長したと報告してくれた。

つながりを見る力

次に、つながりを見る力をテーマにした授業を紹介しよう。集団づくりを進めるためには、「一人一人を見る力」、「全体を見る力」、そして「全体の中で子どもと子どものつながりを見る力」が必要だ。そして、それらの力を複合的に駆使することで、子どもたちの関係性の質を深め高めていくのである。

この力を養成するために、ラボラトリー方式による体験学習を用いることにした。これは、「特別に設計された人と人が関わる場において、〝今・ここ〟での参加者の体験を素材（データ）として、人間や人間関係を参加者とファシリテーターとが共に学ぶ（探求する）方法」[3]であり、その学習デザインには、【体験】（体験する）→【指摘（観察・内省）】（何が起こったか）→【分析】（なぜ起こったか）→【仮説化】（次にどうするか）、そして現実社会での活用という循環過程が盛り込まれている。個人、対人間、グループ、グループ相互の関係の中で、その場で何が起こっているか、そのプロセスに気づき、プロセスに働きかける力を養うことを目的としており、心理、教育、福祉、看護等の対人援助職を対象とする基本的な資質能力形成のために広く用いられている学習方法である。

今回、つながりを見る力を養うために選んだ活動は「タワー・ビルディング」である。チームに与

「タワー・ビルディング」

えられた課題は、Ａ４サイズの白紙を一〇〇枚使って高い塔を製作することである。この活動のねらいは、グループ活動の際にお互いの間に起こっていることに気づくことである。グループで作戦を立てて、紙の塔をつくり、そのプロセスで起きたことについて自分自身について振り返り、また、チームの一人ひとりに対して気づいたことを伝える。例えば、ふり返り項目は、グループ全体のプロセス（コミュニケーションの様子、リーダーシップや影響関係、意思決定のされ方、全体の雰囲気やその変化）、グループのメンバーについて、参加や関わりの様子、印象的な動きや働きかけ等である[4]。学生は次のような感想を寄せている。

「みんなが思っていたよりも、しっかりとメンバーのことを見ていたことに驚きました。私も、見ていたつもりだったけれど、言葉にしてみるのは難しかったです。先生になったら、このように、何かを作る作業をしているときは、特に、周りを見渡すことが大事だなと思いました」。

これらの事前授業を受けた後に、学生たちは学校現場に出かける。事後の授業では、現場での体験をふまえて「見たこと、聞いたこと」を全て書き出し、次に、それぞれについて「感じたこと、考えたこと」を書くように指示した。書き出された事実は、すべてこれからの学習の素材である。何を見てきたのか、何を見ないままに帰ってきたのか、それぞれが持ち帰った素材を全体でシェアした後に、相互にフィードバックを交わしていく。ある学生は中学校の現場で、先生の言葉かけに生徒が反発しているところに遭遇したのだが、そこに見えた「言葉の裏にあるもの」と題して、背後に流れる教師と生徒の信頼関係を象徴するつぶやきを拾ってきた。また、ある学生は、校長室に出入りする地域の方や保護者、ボランティアの方々との関係に関心を持ち、特に校長先生が人とつながるために常備している様々なグッズを発見してきた。ささやかな実践だが、学生たちは、それぞれが学校で拾ってきた事実の交流をする中で、「つながりを見る力」が教師にとって必要なものだと感じたようだ。

子どもの背負うカバンの中を想う力

本学には、教養学科という教員養成を目的としない学科がある。教養学科三回生対象の「教職入門セミナー」は、その中で教員免許取得を希望する学生たちを対象としており、カリキュラム上、学校現場での体験や活用の機会をもたない自己完結型授業だ。何より、四月の時点では、そもそも本当に教師になりたいのかどうか、それすらも心許ないところからの出発であった。しかし、ここでも学生たちには、他者と交流する中で自分の価値観・人間観に気づいてもらいたいと考えた。

教室内に安心・安全なコミュニケーション環境ができた頃に、私は「あなたにとっての「朝ご飯を食べる」を教えてください」と学生たちに問いかけた。学生たちの中には「朝ご飯と言えば、炊きたてのご飯にお味噌汁、そして、お弁当のおかずの残り物をつまみながらが当たり前」という者もいれば、「共働きだったから、毎朝、食卓の上に積んであるポケモンパンを自分で食べて学校に行っていた」という者もいる。しかし、受講生約六〇人の朝ご飯の風景が教室の中で語られたとき、いつしか「朝ご飯を用意しないなんて信じられない」という他人事を語るような声は消えていた。子どもが朝ご飯を食べる風景を思い描く力、その保護者が五〇〇円玉一枚あれば何に使おうと考えるのかを思い描く力、対人援助の職につく者にはそれが欠かせない。

授業では、その後、定時制高校で課題をかかえた子どもたちに関わる女性教師のドキュメンタリーを見た。自分が通っていた高校や高校教師の姿が決して当たり前ではなかったことに気づき、当初、学生たちは混乱した。正確に言えば、定時制高校の教師になるかもしれない自分の将来を想像して混乱したのである。さらに、深夜徘徊を繰り返す女子高校生に対して甘い対応をとっているように見えていた女性教師が、ここぞという瞬間にぐいぐいと斬り込んでいく姿が学生たちを揺さぶった。感想をひとつ紹介しよう。「今日の授業は正直重かった。まず第一に、定時制高校の様子を知った。もし自分が教師になった時、私にも定時制高校で教えるかもしれないという可能性があることに驚いた。B先生はすごい。そのすごさは、生れついたものではなく、経験からきているもんだなと感じた。もし、私がB先生の立場なら、どうなるだろう。「腫れものに触る」と言えば言い方は悪いが、Cさんに対してどういった対応が適切なのか、かなり悩むと思う。今回の授業は得たものがかなり多かった。この授業、受けて良かった」。

そして、一連の授業の山場に設定したのが『からすたろう』という絵本である。(5) この絵本に登場する男の子「ちび」は、学級の中で「うすのろ」「とんま」とのけものにされ、教師からも見放された存在であった。ところが、新しく赴任した磯部先生は、これまで劣等であるとされてきた「ちび」の行動や表現活動に関心を寄せ新たな価値を付与していく。そして、磯部先生によってエンパワーされた「ちび」の存在は、「ちび」をとりまく子どもやおとなの関わりを変容させていくのだ。授業では、前半部分を読んだ段階で、「もしあなたが磯部先生だったら」という設定で、グループで学級づくりの方針を考え交流し、次の時間には後半部分を読んで、方針決定の背景となる磯部先生の価値観・人間観について、そして、あらためて自分たちの価値観・人間観について考えあった。

学生が書いた感想を二点紹介しておきたい。ひとつは、当初、クラブ指導をするためだけに教師をめざしていたという学生である。「この授業を受けて、塾での生徒に対する見方が変わりました。「この子はどう思ってるんやろう?」「何を考えてるんやろう?」とすごく思うようになり、雑談の時間が増えました。勉強できる子がなぜそこまでするのか、（中略）勉強が苦手な子は何で間違うんやろう、間違いやけどそんな風に考えるんや、ととても見ていて面白いし、何より克服したときのあの笑顔は最高です」。それまでの授業の中で、彼のコメントが着実に変化していることには気づいていた。現場での体験や活用の機会を持たない授業だっただけに、子ども観の変化が、塾での学習指導という場面で活用されていたことをうれしく思った。

また、朝鮮半島にルーツを持つ学生は、次のような感想を書いた。

「いろんなことをしたらええ。ほんまにおかしい道にすすもうとするならとめるけど、ちょっとの回り道くらいどうってことない」こういう話を父からよくしてもらえる。父は在日朝鮮人だから、小さいときに、いろいろな経験をしたらしい。ケンカはすぐ売られるは、教師にはすぐに悪者にされるは、卒業アルバムもらえなくなりかけたり。でも、そんな中でも良い先生はいたらしく、美術の先生や音楽の先生がいつもホメてくれたらしい。「ちょっとのきっかけで、子どもの人生は一八〇度かわる。やから、親として、お前には教師になって、そういう子どもを救ってやって欲しい」と言われる。『からすたろう』の話みたいだけど。（中略）そして、その愛をうけた生徒は、また次の人に、その愛を届けるんやと思う。僕も父から僕へ、そして、僕から誰かへ。人ってつながってるんやなって、今日、強く感じた」。

この学生は、自分が教師になるか否か、まだ迷っているところだ。しかし、自分の意志を確かめるためにも、今、きびしい生活背景をかかえた地域の学校に関わろうとしている。

三　次世代教員育成の現場から

教職教育研究開発センターでは、現職教員を対象とする人材育成・組織開発についても調査研究やプログラム開発・実践を行っている。ここでは、若手教員対象の研修会と免許状更新講習における中堅・ベテラン教員対象の講習での実践の一部を紹介したい。

安心・安全な学習環境をつくる――授業ができるクラスをつくる

小中学校の若手教員育成のための研修会に招かれることが多く、これまで集団づくりのために幾つかのプログラムを作ってきた。しかし、昨年、小中学校若手教員の日常の様子を見る機会があり、いわゆる集団づくりよりも、もっと基本のところでつまずいているのではないかと思うようになった。

何かが崩壊しているというより、そもそもの枠組みがそこには見えなかった。「子どもを荒れさせない」という強い願いは持っているのだが、安心・安全な学習環境をつくるための知恵と技能が圧倒的に不足しているのだ。

そんなとき、三月末、新学年を前にして集団づくりを学ぶ研修会が企画された。八〇人もの若手教員が集まるその会場に、新たに用意したメニューのひとつは、「そうじ大作戦—安心・安全なしくみをつくる」であった。この活動の目的は、第一に段取り力と集団への意思伝達力を高めること、第二に安心・安全なルールのもとで、子どもと子どもをつなぐ学級のしくみの重要性を学ぶことである。学級のしくみが一年間機能し続けるかどうかは、最初の三日間で的確に指示伝達をすること、次の一週間でそのしくみを試運転させること、そして、五月の連休明けまでの一ヶ月間にそのしくみを定着させることで決まる。それが、「安心安全なクラス」「授業ができるクラス」をつくるための確かな一歩となる。

四月のはじめ、子どもたちのそうじのやり方は一様ではない。子どもたちはそれぞれ異なる習慣を持っており、そこから混乱が生じる。短時間で、しかも的確に、新しいルールを確立することが必要だ。研修会の会場で、私は「新年度、初めて出会う子どもたちに、そうじのやり方を二分間で説明してください」と課題を提示した。まず個人作業だ。各自が黒板に板書するつもりでフリップボード二枚を作成する。すぐさま様々な仕事を構造化し、ひと目で見て分かるように図示して描き始める者もいれば、そうじ場所しか書けずに白紙のフリップを手にして宙を仰ぐ者もいる。そうじ場所を細分化して子どもを統制する仕組みを作ろうとする者もいれば、そうじを通して子どもと子どもが関わり合う仕組みを作ろうと工夫を凝らす者もいる。大そうじ開始直前という設定で、フリップを見せながらの二分間インストラクションが始まると、会場は一気に熱気を帯びた。

そうじは子どもの学校生活の中で毎日行われ、多くの場合、先生のいない空間となるため、クラスの人間関係が民主的・協同的なものであるか否かが試されることとなる。そうじの時間に形成される子どもの関係性は侮れない。河村茂雄は、子どもたちの対人関係能力を育成するためには、特別な学習活動を設けるだけでなく、係活動や清掃活動等の日常的な役割交流を活用することが有効であるとして、学級生活で必要とされるソーシャルスキル（学級ソーシャルスキル）という考え方を提唱している。[6] 学校における子どもの日常生活は人間関係力形成の隠れたカリキュラムであるという点で、私も同じように考えている。「そうじ大作戦」の活動は、マニュアルやコツの伝授ではなく、子どもたちの学習環境デザインのひとつとして清掃活動のしくみを考えあうことなのである。

対話のある会議で、ひとが育つ組織をつくる――「つながりMAP」と「見える化」

免許状更新講習では、「子どもと子どもをつなぐ学級集団づくり」という講習を担当している。受講者は、一〇年、二〇年、三〇年経験の中堅・ベテラン教師たち約五〇名である。この講習は、集団づくりのイロハを学ぶことが目的ではない。三日間一八時間の講習のほとんどは、学級や学年が元気になる会議運営の技能習得をめざして、「Q－U学級集団分析」[7] や「つながりMAP」を用いた会議法実習をおこなう。「体育会系の合宿に来たみたい」という感想がもれたほどハードな三日間だが、受講者の達成感・充実感は確かなものであった。

ここでは、「つながりＭＡＰ」とその会議法を紹介しよう。「つながりＭＡＰ」とは、子どもの人間関係を構造的に把握するために開発した学級集団分析ツールである。まず、Ａ２サイズの紙を用意し縦軸を力関係とする。次に、付箋で子どもの名札を人数分作成し、気になる子は誰か、その子とつながっている子は誰か、いじめや対立関係はどこにあるのか、等の問いかけをしながら、Ａ２サイズの紙に名札を貼り付けていく。そして、最終的には、上下の位置関係、関係の距離感や深さにも考慮しながら子どもの人間関係を線でつなぐと、力関係やグループの状態が構造的に見えてくるのだ。

「つながりＭＡＰ」

「つながりＭＡＰ」がより効果的に働くのは学年会議の場面である。学年会議では、特に「場のデザイン」にこだわる。黒板などの壁面にＭＡＰを貼り付け、会議参加者はＭＡＰに平行に座っていただく。ファシリテーター役はＭＡＰと会議参加者の間に立ち、他の教職員からの子どもの情報や関係性の見立てを引きだし、そのままを「つながりＭＡＰ」の周囲に書き込んでいく。「場のデザイン」がコミュニケーションのバランスをコントロールし、参加者全員の力を存分に引きだす。そこに書き込まれたもの全てが、「見える化」「共有化」されることによって、「つながりＭＡＰ」は、学年教職員の協同

作品となる。(8)

ある小学校の校内研修で「つながりＭＡＰ」の実習を行ったとき、経験豊富な世代の教員が、「これまで自分は若い子にダメ出しばかりしていたことに気がついた」とつぶやいた。構造化された会議の中で、対話が促進され同僚たちが語りあう光景は、これまで彼女の教員生活の中にないものだったという。また、ある中学校では、研修会終了後も会場に数名の教師たちが残り、「つながりＭＡＰ」を真ん中に置きながら話し続けていた。運動会や文化祭などの学校行事が一段落した一一月のことである。初めて学級担任となった新任教員が、苦戦しながらも駆け抜けてきたこの半年間を振り返り、同じ学年の先生たちに聴いてもらう中で次の作戦を練っていたのである。

富士ゼロックス総合教育研究所の調査によると、若手・中堅社員は、「業務支援」（業務に必要な知識やスキルを教えてもらうこと）や「精神的支援」（息抜きや心の安らぎを与えてもらうこと）よりも、「内省支援」（自分自身を振り返るきっかけを与えてもらうこと）を受けることによって成長感を得るという。(9)次世代育成のためには、個々人の能力向上や精神的ケアに焦点を当てた方策よりも、他者との対話の中で内省を深めることのできる環境形成に焦点を当てた方策が効果的であるという興味深い知見である。筆者は、学校現場においても、職場のコミュニケーションを活性化させ、教職員が実践を通して学びあう関係性を育むことに焦点を当てた方策が必要だと考えている。「つながりＭＡＰ」は、子どもたちの関係性を個と集団の視点から把握するための学級集団分析ツールであるが、同時に、「つながりＭＡＰ」を媒体として会議を構造化することによって、教職員が対話し学びあう実践コミュニティを形成するための方策となる。「つながりＭＡＰ」とその会議法は、学校組織の開発と次世代育成とを関連づけた現職教育の試みなのである。

新しい水平線をめざす若者たちの支援を

大量採用時代のピークは過ぎたとはいうものの、今も大阪府の小中学校の採用予定者は一五〇〇人前後を推移している。かつては、一年目は副担任でスタートし、ベテラン先生の背中を見ながら現場で育っていく、または、指導教員によるマンツーマンの指導の下で育っていくというプロセスがあった。しかしこのストーリーは、すでに現実世界のことではない。今や、初任者と講師、初任者と三年目等という学年構成もめずらしくはない。教員養成の岸辺から見える光景は、羅針盤も海図も持たないまま、大海原に小舟で出航する学生たちの姿である。必要な苦労はすべきだが、試練は乗り越えるためにあるもので、サバイバルゲームであってはならない。私は今、養成と育成の間をつなぐその出帆のお手伝いができればと願っている。

（1）倉石一郎　二〇〇七「〈社会〉と教壇のはざまに立つ教員――高知県の『福祉教員』と戦後の同和教育（研究ノート）」『教育学研究』日本教育学会、第七四巻三号

住友剛　二〇〇九「部落解放教育と学校ソーシャルワーク」『部落解放研究』一八四号、解放出版社

（2）志水宏吉編　二〇〇九『「力のある学校」の探究』大阪大学出版会

（3）津村俊充　二〇一〇「グループワークトレーニング――ラボラトリー方式の体験学習を用いた人間関係づくり授業実践の試み」『教育心理学年報』日本教育心理学会、四九号

（4）中村和彦・津村俊充　二〇一〇「タワー・ビルディング」『人間関係研究』第九号、南山大学・人間関係研究センター紀要
（5）やしまたろう　一九七九『からすたろう』偕成社
（6）河村茂雄　二〇〇八『学級ソーシャルスキル』図書文化
（7）河村茂雄　二〇〇六『学級づくりのためのQ－U入門』図書文化
（8）ちょんせいこ　二〇〇九『学校が元気になるファシリテーター入門講座』解放出版社
二〇一〇年度の講習では、ちょんせいこさんをゲストスピーカーに招き、短時間ではあるがホワイトボードを用いた会議法の基礎トレーニングを行っている。
（9）中原淳・金井壽宏　二〇〇九『リフレクティブ・マネージャー』光文社新書

一四章　学力保障の展望

高田一宏
（大阪大学准教授）

社会は、学校に期待できることとできないことは何か、学校はどのような援助を必要としているかをもっとはっきりさせる必要がある。……非現実的な目標を設定することと「名指し、恥をかかせる（name and shame）」戦略を採用することは、不利な生徒たちの学力を上げるための苦闘の中心にある教師たちの間に、冷笑と士気の低下を生むだけである（ウィッティー　二〇〇四）。

一　学力不振は学校の責任か

全国学力・学習状況調査が始まって四年がたつ。この間、学力テストの成績が低迷している自治体では、学力の向上が教育政策の最重要課題になってきた。

ことに大阪では知事のイニシアチブのもと、学力を全国水準なみに引き上げることを目標にして、緊急対策が矢継ぎ早に打ち出されてきた。種々の施策が「カンフル剤」になったものとみえて、二〇一〇年度の全国調査では、一部の問題（小学校六年生算数A問題）で平均正答率が全国平均を上回った。

それにしても、大阪の子どもたちはなぜ学力不振に陥っているのだろうか。第一に考えられる要因は、経済的な貧困およびそれに付随する子育ての困難である。大阪府の小中学校の就学援助率は全国一の高さである。大阪の子どもたちは、貧困の広がりの影響をもろに被っている。もう一つの要因は、「つながり格差」（序章参照）の影響である。これらの社会経済的要因は、数年で改善できるような性格のものではない。先に緊急対策を「カンフル剤」とよんだのは、そうした理由からである。

大阪では全国調査の市町村別平均正答率が公表されているが、府内の市町村間格差は全国の都道府県間格差よりも大きい。大まかな傾向としていえるのは、学力水準の高い地域はホワイトカラーの多い地域や農村部で、学力水準の低い地域は中小零細の製造業やブルーカラーの多い地域だということである。客観的にみれば、自治体間の学力格差の背景には、家庭の経済力や教育力、地域の社会経済的状況の差異が存在している。

だから、学力の低い地域の学校や教育委員会は努力が足りないというのは、短絡的で的外れな見方である。しかし、教育行政や学校現場に身を置く人たちは、学校外の要因によって学力が左右されることを認めるのをためらう。自らの非力さを認めることになるからである。勢い、教育関係者は、学校でできること、教育にできることに神経を集中しがちになる。そして、背負いきれない責任に自縄自縛されるのである。

学校の力だけで「格差をこえる」ことなどできはしない。それを認めた上で、私たちは、学校でできることは何か、学校の内と外の努力を結びつけるために何をすべきかを考える必要がある。

以下では、まず、「授業」を中心とする学校での学力保障実践の課題を考える（二節）。次に、同和教育に端を発する学力保障の歴史を振り返りながら、学校以外での取り組みを含めた学力保障戦略の枠組みを考える（三節）。最後に、学力保障論を深化・発展させるための課題を論じる（四節）。

二 「授業で勝負」は難しい

「荒れ」と授業不成立の悪循環

「おそらく、現在、もっとも学力的に成功した学校を特徴づけるただ一つの最も重要な要素は、不利な家庭出身の生徒の比率が小さいことだけである」（ウィッティー 二〇〇四）。

これは英国のある教育社会学者の言葉であるが、そっくりそのまま日本にも当てはまる。実際、最近の研究でも、一人親家庭や貧困家庭（両者には重なる部分が多い。先進国の中で、日本は、一人親家庭の貧困率が極端に高い国である）の割合が高い学校ほど学校の力が発揮されにくいことが明らかになっている（志水 二〇〇九）。

大阪では教員の「授業力の改善」が学力施策の最重点課題になっている。確かに学校で授業をみていると、素人目にも「まずい」授業と「うまい」授業があることはわかる。授業がうまくいかないと、学習塾に通っていない子や保護者に勉強を見てもらえない子など、学校外での学習機会に恵まれない子は割を食う。だから、授業の充実は学力格差を縮小させるための不可欠の要素である。だが、授業づくりがなかなか進まないのには、それ相応の事情がある。

今から一〇数年前のこと、ある地域の「教育研究集会」でこんな出来事に出くわした。保護者は「子どもは学校の授業がわからないと言っている。わかる授業をしてほしい」と要望を出したのに対して、教師は「われわれも授業を大事にしている。けれども、遅刻、忘れ物、子ども同士のトラブルが多くて、授業がなかなか成り立たないのだ」と反論して、かなり激しいやりとりが交わされたのである。最後は「お互いにできることを考えてみよう」ということで両者痛み分けに終わったのだが、私にはなぜ議論がかみ合わないのだろうというもやもやした気分だけが残ってしまった。

この地域では、長年の間、同和教育を軸にした人権教育に力を入れ、学力保障に熱心に取り組んできた。授業が大切だということに誰も異論はない。だが、しんどい学校は授業以前の問題を沢山抱えてしまっている。「授業がうまくいかないから子どもが荒れる」というのは一面ではあたっているが、「子どもが荒れるから授業がうまくいかない」のも事実である。しんどい学校は「荒れ→授業不成立→学力不振→……」の悪循環に陥ってしまっている。さらにいえば、この悪循環の背景には、家庭での子育ての困難や保護者と教員のコミュニケーション不全がある。

悪循環を断つ

この悪循環を絶つためにはいくつかのアプローチがある。そのひとつは「荒れの克服」という生徒指導からのアプローチ、もうひとつは「わかる授業」という学習指導からのアプローチである。前者は人権学習や自主活動などを通じて仲間との信頼関係を育んだり、学校への帰属意識を持たせたりすることが、後者は成就感や達成感を実感させる学習指導の工夫が、中心課題になる。二つのアプローチのどちらを用いるかはケースバイケースだが、中学校では前者のアプローチが優勢になる傾向がある。中学生になってから小学校時代からの学習の遅れを取り戻すのはきわめて難しいし、「荒れ」の程度が小学校の比でないことが多いからである。

生徒指導からのアプローチには、「荒れ」を収めるということ以上に積極的な意味もある。勉強のわからない子が「わからない」と言えるような集団づくり、「わからない」と言う子がからかいやさげすみの対象にならないような集団づくり、一人一人の努力と達成が正当に評価される集団づくりは、すべての子が意欲的に学習に取り組む前提条件になるからである。集団づくりと学力保障は表裏一体・密接不可分の関係にある。

学校と家庭と地域がつながるという第三のアプローチもある。子育てについての相互学習や相互交流、保護者と学校が一緒に子どもの基本的生活習慣や学習習慣の形成に取り組むこと、就学前教育・保育から小中学校にかけての一貫したカリキュラムづくり、地域を学びの舞台にした人権学習や労働体験学習などが、その要素として考えられる。これらの活動の究極的なねらいは、教育や子育てに関わる活動を通じて人々の新しいつながりをつくることにある。問題を根本的に解決するのには適しているが、取り組みの成果が現れるまでには時間がかかるやり方である。

どのアプローチをとるにせよ、授業の充実は、学校教育活動の他の領域と切り離して進めようとしてもうまくいかない。学力の形成に直接関わるのは日々の授業だが、授業の充実は生徒指導や地域・

家庭連携の充実と一体のものだ。序章で出てきた「スクールバス」のモデルを思い出してほしい。学習指導はタイヤの一つである。残り三本のタイヤがパンクしていてはバスは走らない。

「授業力」はチームワークの産物

「授業力」なるものは、果たして個人の力なのだろうか。子どもの「学力」が個人単位で測定されたり評価されたりするのと同じように、「授業力」も教師個人の能力や資質として考えることができるのだろうか。

一人の教師による一斉授業とは異なる学習形態が、最近約一〇年の間に急速に広まっている。学級を少人数に分割しての授業、学習集団を習熟度によって分割する授業、複数の教員によるチーム・ティーチングなどがその例である。英語の授業にＡＬＴ（assistant language teacher）という補助教員が入るのは中学校では見慣れた風景だし、ＡＬＴが小学校の英語活動に携わることも珍しくない。総合的な学習の時間にゲストティーチャーを招いたり、地域に出かけていってフィールドワークや体験学習をしたりすることもある。また、この三、四年の間に、ボランティアによる放課後や休日の学習支援も増えている。

これだけ学習の形態や学習に関わるおとな（教師だけでなく学校外のボランティアも含まれる）が多様化すると、子どもの状況に関する情報交換や授業の進め方についての打ち合わせは、前にも増して重要になってくる。「授業力」を個人の資質や能力としてではなく、チームワークの産物として把握すべきなのはそのためである。

授業力をチームワークの産物として把握すべき理由はまだある。それは、学校の小規模化への対応である。一般的にいって中学校での授業研究は小学校よりも活発ではない。その理由としてよく指摘されるのは、教科の「壁」、すなわち専門教科が異なると教員同士でも授業の内容や方法について意見が言いにくいということである。特に中学校では学校規模の縮小は教科の「壁」の問題に拍車をかける。学校の規模が小さくなればなるほど同じ教科の教員の数は少なくなるから、教科の枠にとらわれていては授業研究はますます難しくなる。その状況を克服するために、教科や学年を超えた授業づくりが求められるわけである。

若手教員が学校現場に急増していることも、チームワークの産物として授業力を把握することが求められる理由の一つである。経験は浅いけれどもエネルギッシュで勉強熱心な教員が増えれば、ベテラン教員の刺激にもなる。ベテランの経験や知恵と、若手の意欲をうまく結びつける授業研究や研修を工夫することが求められている。

三　授業をこえる学力保障の戦略

「格差」という教育問題

教育社会学者の広田照幸氏と伊藤茂樹氏は、教育問題は、社会の多くの人たちが解決すべき問題だと見なすようになって初めて教育問題として浮上するのだと述べている。別の言い方をすれば、教育にかかわる特定の現象について、社会全体で解決すべき問題だと誰かが声をあげて、現象を記述・説明する言説が広まる中で、教育問題は「つくられる」のである（広田・伊藤二〇一〇）。

教育における「格差」も、この種の教育問題の一例である。最近約一〇年の間に、社会経済的な不平等や貧困を背景とする学力や進学機会の格差は、世人の注目を集め、政治の課題としても取り上げられるようになった。教育問題としての格差は高度成長期以降は注目されなくなっていたのだが、現在は、いったん忘れられた問題が「再発見」されているのだといえよう。

もっとも、大阪をはじめとする同和教育・人権教育の蓄積がある地域では、いささか事情が異なる。同和教育における学力保障とは、社会権としての「教育を受ける権利」の保障をめざす実践であり、その焦点となったのが同和地区と同和地区外の学力格差縮小だった。こうした実践の延長線上に、今、あらゆる格差を乗り越えようとする実践が展開されようとしているわけである（ただし、同和地区の子どもの学力不振という古くからの学力保障の課題は、解決されたわけではない。最近の調査では同和地区の子どもの低学力状況が深刻化していることが明らかになっているが、その背景や子どもの将来への影響を部落差別と関連づけて論じる人は少なくなっている。学力不振の実態が存在していても、だれもそれを取り上げなければ、世の人々は解決すべき問題として認知しない。そういう意味で、同和地区の学力不振は「忘れられた」教育問題になりつつある）。

学力保障の歩み

敗戦直後の同和教育の最重点課題は、長期欠席・不就学問題への対応であった。一九六〇年代に入るとこの問題は解決にむかったが、それに代わって浮上したのが低学力問題である。一九六五年の同和対策審議会答申（同対審答申）は、当時の同和地区の教育状況を次のように述べている。「学校教育における児童生徒の成績は、小学校、中学校のいずれの場合も、全般的にかなり悪く、全体的にみると上に属するものもいるが、大部分は中以下である。

中学生徒の進路状況は都市的地区、農村地区ともに就職者が大部分であって、進学者は少なく、進学率は一般地区の半分で、三〇％前後である。進学率の劣るのは、家庭の貧困か本人の学力不振によるものが多い。しかし、親の教育関心は極めて高く、八〇％前後の者は子女の進学を希望しているのは注目される」。

答申は、学力の向上が「将来の進学、就業、ひいては地区の生活や文化の水準の向上に深い関係がある」とし、教育条件の整備と学習指導の徹底を提言した。学力の向上（教育の機会均等の実質化）は、生活環境や就労状況の改善とならんで、同和地区の劣悪な生活実態を改善する鍵とされたのである。

一九六九年の同和対策事業特別措置法（特措法）の制定は、同和地区の子どもの教育環境整備に大きな役割を果たした。法律の制定を受けて、同和加配の配置、学校の施設・設備の充実、就学奨励・奨学金制度の創設などが行われた。これらの条件整備のもとで、同和地区の子どもの学力保障をめざす実践は大きな広がりをみせた。地域では保育所、児童館、教育集会所、青少年むけ社会教育施設などが整備され、環境改善事業や産業振興・就労対策事業も伸展した。こうした教育環境の改善と高校増設とがあいまって、同和地区の高校進学率は急上昇し、一九七〇年代半ばには同和地区内外の進学率格差は数ポイントにまで縮小した。

学力保障の実践は、部落解放運動の高揚と行政による特別対策の推進を背景に、一九七〇年代に大きく広がった。ところが、一九八〇年代に入ると、地区の子どもたちの学力不振は解決されてないのではないかという疑問の声が、地域住民、保護者、学校関係者からあがるようになる。当時問題になったのは、高校進学率の停滞、高校中退率の高さ、大学進学率の低さといったことがらであった。「高校は卒業してほしい」とか「大学にも行ってほしい」という保護者の素朴な願いに、学校は応えることができないでいたのである。こうして、大阪では一九八〇年代の末から、同和地区の子どもたちの学力保障のあり方を再検討するために、学力と生活の総合的な実態調査が行われるようになった(部落解放研究所 一九九六)。

実態調査が明らかにしたのは、家庭背景が子どもの学力に大きな影響を与えているという事実であった。調査では、幼児期からの文字文化との接触、基本的生活習慣と家庭学習の習慣、子どもの自己概念、保護者の進路期待などと学力の関連が明らかにされた。これらの調査結果を受け、学力の保障は学校だけではなく、家庭教育や地域教育運動においても取り組むべき課題だという認識が広まっていった。そして、一九九〇年代には、家庭の教育力の充実や地域における子育てのネットワークづくりが、同和地区の地域教育運動の中心的課題になった(高田 二〇〇八)。

当時、関心・意欲・態度を重視した「新しい学力観」が提唱された時期で、学校では授業改革の試みがさかんだった。さらに、二一世紀に入ると「生きる力を育む」という理念のもとで「総合的な学習の時間」が新設され、従来の「詰め込み」とは異なる学習のあり方が探求された。研究面での動きとしては、海外の人権教育における参加・体験型学習の思想、理論、方法が紹介されたり、自己肯定感（self-esteem）が学力に及ぼす影響についての研究がすすんだりもした。これらの動きを背景に、学習意欲や「自学自習」の力を重視した授業づくりや、幼児期から小学校低学年期の学びの連続性を意識したカリキュラムの検討が行われた。

地域で子どもを育てる

一九九〇年代には校区全体で学力保障に取り組む動きも広がった。行政施策としても、一九九五年に大阪府教委の事業として「ふれ愛教育推進事業（コミュニティ・チャイルド・プラン）」が始まった。これは同和地区を校区に含む中学校区での事業であったが、この事業の終了した二〇〇〇年度以降は「総合的教育力活性化事業」が大阪府内全域で展開されることになる。その推進母体は、学校、PTA、地域の子ども会や町会、ボランティアなどから組織された「地域教育協議会（すこやかネット）」であった。「地域教育協議会」の活動がめざしたのは、教育にかかわる「協働」を通じて多様な立場や世代・年齢の人たちの新たなつながりをつくりだすこと、子どもの教育を基軸にしてコミュニティを再構築することであった（高田 二〇〇五）。

こういった取り組みは、いっけん学力とは何の関係もないようにみえる。だが、過去の調査では、学校と地域の連携には、社会経済的に厳しい状況にある子が多い学校で不登校や問題行動を減少させる効果があることがわかっている（大阪府教育委員会 二〇〇七）。おそらく、学校と地域の人々が「気になる子」について情報を共有したり、地域活動への参加を通じて子どもたちに達成感や効力感を育んだりすることが、結果的に不登校や「荒れ」を減らすことにつながるのだろう。生徒指導上の課題がなくなったからといって、ただちに子どもたちの学力が伸びるわけではない。だが、不登校や「荒れ」の解消は、落ち着いた学習環境を用意するという意味において学習指導の前提条件であることは確かである。

複合的・重層的な困難を抱えた家庭に対して地域でどのような支援をしていくかということも考えていかなくてはならない。保護者の養育に問題があって、虐待ないしは虐待に近い状況にある家庭は、地域の中で孤立していたり親族との関係が希薄だったりする場合が少なくない。家族内の人間関係や子育て・教育の問題に加えて、経済的な問題や医療的な問題を抱えている場合もある。そういう家庭に育つ子どもの状況について、学校は色々な情報を持っている。だが、学校は、問題のありかがわかっていても、問題の解決に動くための経験や知識を持ちあわせていないことが多いのである。

ある児童福祉の関係者から、「学校の強みはすべての子どもの把握ができることだ」と聞かされたことがある。地域には民生・児童委員がおり、行政には児童福祉の仕事をするセクションや児童相談所がある。だが、地域の人が困難を抱えた家庭の状況を日常的につかむのは難しいし、当事者が自ら足を運ばなければ行政の施策は届かない。それに対して、学校はすべての子どもの生活背景を知ることができる立場にある。スクール・ソーシャル・ワークのような教育と福祉を結びつける実践が求められるゆえんである。

四　学力保障論の深化のために

部落問題の解決という個別具体的な課題に応えるべく始まった学力保障は、今、あらゆる格差・貧困の解消という普遍的課題に応える実践へと広がろうとしている。最後に、学力保障論の深化・発展にむけた課題を検討しておきたい。

「教育学的誤謬」の克服

社会学者の橋本健二氏は、教育関係者が格差問題を論じるときに陥る落とし穴を「教育学的誤謬」と呼んでいる（橋本 二〇〇六）。これは、学校教育の内部的要因を過大評価し、社会経済的な格差拡大の持つ意味を過小評価する議論のことである。例えば、若年層で無業者や不安定就労者が増加した根本的な理由は、企業が新規学卒者の正規雇用を絞り込んで低賃金の非正規雇用を増やしたことにある。だが、「教育学的誤謬」にとらわれている人たちは、これらの要因に目を向けず、若者の職業意識や職業的能力の向上によって問題が解決できるかのように考えてしまう。学力不振は学校現場や教育委員会の責任だという主張も、経済的格差の拡大、子どもの貧困の広がり、コミュニティの弱体化などの社会経済的要因を軽視するという意味で、「教育学的誤謬」の一例である。

前節で触れたように、同対審答申以来、学力不振の克服は、同和地区の社会経済的状況の改善において戦略的な位置を占めるとされてきた。そして、学習指導の充実は、教育条件の整備を前提とするものであった。同対審答申では「学力の向上措置」のために必要な条件整備として、次の八点を挙げている。①進路指導、②保健・衛生、③就学・進学援助、④学校への教員配分における配慮、⑤教職員の資質向上・優遇措置、⑥学校施設・設備の整備、⑦同和教育研究指定校、⑧同和教育研究団体等に対する助成、である。

また、答申は同和対策を長期的展望のもとで進めるために「総合計画」をつくるよう政府に提言したが、特に教育分野で行政組織の連携が欠けていることも指摘していた。その箇所の記述は次の通りである。

「学校教育における長欠、不就学の処置は、厚生省所管の生活保護ならびに社会保障との関連を必要とし、中学卒、高校卒の就職は、進路指導にともなって、労働省関係の職業訓練、就職斡旋と関係する。社会教育については、社会教育関係団体である青年団体、婦人団体との連携を密にし、厚生省所管の隣保館などの福祉施設と、文部省所管の公民館ならびに集会所との関係など、調整を要する場面も少なくない」。

半世紀近く前、同和地区における学力不振問題の解決は、学習指導の充実とそのための条件整備、さらに文部行政と厚生・労働行政の連携という文脈の中で展望されていた。学力問題に対するこのような認識が、もし、日本の教育界に広まっていれば、今さら「教育学的誤謬」を指摘する必要などなかったはずである。では、何が問題だったのだろうか。

第一には、普遍的な格差解消策が打ち立てられないまま今日に至ったことである。特別対策としての同和行政の根拠法は二〇〇二年三月に失効した。当時は、一般行政施策の中で同和問題の解決を図っていくことが考えられていたが、格差解消策を総合的にすすめるという考え方は、一般行政施策には浸透していかなかった。日本に包括的な格差縮小・貧困解消策がいまだ存在しないのは、過去の同和対策の成果や教訓が忘れられたことの「つけ」だといえるかもしれない。

第二の問題は、もっと教育に内在的な問題である。一九九〇年代以降の学力保障がめざしたのは、「地域の子どもを地域で育てよう」という目標を共有した人間のネットワークづくりであり、ネットワークのハブあるいは拠点として考えられたのが学校であった。だが、この一〇数年間でおきたのは、社会教育関連施策の縮小や廃止、同和地区の当事者運動の停滞、日本社会全体における経済的格差の拡大といった事態であった。学校教育の成果を測定可能な学力でのみ評価しようとする風潮も強くなった。このように学校を取り巻く環境や学校への社会的要請が変化していく中で、学校は外部からの支えを失って、目に見える成果を出すことに追われるようになっていった。

学力保障のために学校にできることは色々ある。ただし、それは「すべては学校の取り組み次第」という意味ではない。学校の中で働いている教師が目の前の子どもたちに関心を集中させるのは当然である。だが、教師たちの努力は、子どもの教育に関わる広範な人々との協働や、労働・福祉・医療・住宅等々を含む包括的な格差縮小策と結びついてこそ、実を結ぶのである。教育の実践は、他の領域の政策や実践と結びつかなければ、その力を十分に発揮できない。「格差をこえる」ための包括的な政策や実践をデザインすることも、学力保障の進展にとって必要なことである。

「めざす子ども像」の明確化

学力問題、とりわけ学力格差の問題を論じる際に見過ごされがちな論点がある。それは、学力を身につけることの目的や、学力を身につけた人材が社会の中で果たす役割に関するものである。例えば、全国調査で学力の「都道府県ランキング」は注目されるけれども、環境・福祉・人権といった生活課題の解決という観点から学力が論じられることはほとんどない。テストで測定される格差には注目が集まるが、学力の内実や学力を身につけた人の生き方が問われることはないのである。

かつて同和教育では、「めざす子ども像」をめぐる議論が盛んであった。学力と生き方は切り離されないものだと考えられていた。一九七〇年代の「解放の学力論」における「社会的立場の自覚」や「解放の自覚」をめぐる議論は、学ぶことと生きることを統一的にとらえようとする試みであった。一九九〇年代には、部落解放の担い手という「内向き」の人材育成だけでなく、「外」の世界で活躍できる人材の育成も必要だと言われるようになった。さらに二〇〇〇年頃からは、多彩な人権課題の学習を通じて、進路、生き方、まちづくりなどを探求する「人権総合学習」が展開されるようになった。しかし、その後、学力を身につけることの意味や学力保障の目的を問い直す議論は煮詰まらないまま現在に至っている。

今の学力保障をめぐる議論では、保障すべき学力の内実や育てるべき人材の像が明確になっていない。だが、手がかりはいくつかある。例えば、池田寛氏は民主主義の担い手を育てるという観点から市民性教育（citizenship education）の意義を論じ、市民性教育の実現を「協働的学校」と「教育コミュニティ」に託した（池田 二〇〇五）。本書の編者の志水氏も「生活の場」と「精神の志向性」の二軸で学校が育成する人材を類型化し、地方に生きつつ普遍的価値を追求する人たち（コスモポリタンなローカル）や、都市に生きながら出自や故郷に愛着を持ちつづける人たち（ローカルなコスモポリタン）を、これからの学校が育成すべき人材として構想している（志水 二〇一〇）。私自身もコミュニティの再構築という観点から、他者への関心や共感、他者を助けようとする意欲や姿勢を「つながる力」として論じたことがある（高田 二〇〇九）。国際社会に目を転じれば、社会関係資本の形成や市民参加を促進する教育の力を重視する論もある。学校での学習は、個人の能力を伸ばすだけでなく「社会的成果」をもたらすのである（ＯＥＣＤ 二〇〇八）。これらの学力論・人材論のキーワードをあげるなら、公正（equity）、正義（justice）、共生（living together）、協働（collaboration）、連帯（solidarity）といったものになるだろう。

一九八〇年代までの同和教育における「めざす子ども像」の議論は、「部落解放の担い手」を育てるという個別的課題に応える人材育成論として展開された。人権教育が様々な格差や差別の共通性とそれらを支える社会構造の変革を射程に入れるのであれば、それに対応した「めざす子ども像」を構想する必要がある。上で挙げたような学力論・人材論を手がかりにして「めざす子ども像」を再検討することは、今後の学力保障研究の中心的課題の一つである。

部落解放研究所編　一九九六『地域の教育改革と学力保障』解放出版社
橋本健二　二〇〇六『階級社会――現代日本の格差を問う』講談社
広田照幸・伊藤茂樹　二〇一〇『教育問題はなぜまちがって語られるのか？――「わかったつもり」からの脱却』日本図書センター
池田寛　二〇〇五『人権教育の未来――教育コミュニティの形成と学校改革』解放出版社

解放教育研究所編（長尾彰夫・池田寛・森実責任編集）一九九八『シリーズ解放教育の争点 ④解放の学力とエンパワーメント』明治図書
志水宏吉編 二〇〇九『「力のある学校」の探究』大阪大学出版会
志水宏吉 二〇一〇『学校にできること——一人称の教育社会学』角川書店
高田一宏 二〇〇五『教育コミュニティの創造——新たな教育文化と学校づくりのために』明治図書
高田一宏 二〇〇八「教育保護者組織とは何か」『部落解放研究』第一八二号
高田一宏 二〇一〇「学校・地域社会は、子どもに何ができるか」『都市問題』二〇一〇年二月号
大阪府教育委員会 二〇〇七『平成18年度大阪府学力等実態調査報告書』
ジェフ・ウィッティー（堀尾輝久・久冨善之監訳）二〇〇四『教育改革の社会学——市場、公教育、シティズンシップ』東京大学出版会
ＯＥＣＤ教育研究革新センター編著（ＮＰＯ法人教育テスト研究センター監訳）二〇〇八『学習の社会的成果——健康、市民・社会的関与と社会関係資本』明石書店

一五章　同和教育の精神を学校づくりにどう生かすか

志水宏吉
（大阪大学教授）

一　私たちが生きる現代社会

私の手元に一冊の英語の本がある。二〇〇九年にイギリスで出版された『社会関係資本・専門職性・多様性』（Social Capital, Professionalism and Diversity）というタイトルの研究書である。そのタイトルにこめられたメッセージをわかりやすく言うなら、次のようになる。「専門職たる教師が中心となって、学校の内外に新たなつながりを構築し、多様性を第一の特徴とするような現代社会を柔軟に生き抜く人間をつくっていこう！」

ここで言う「多様性」とは、「コミュニティのなかでさまざまな民族集団や階層に属する人々がともに生活している状態」を指す。経済のグローバル化が進行するなかで、人々の国境をこえる動きは極限にまで増大し、いやが上にも貧富の格差は拡大していく。そのような状況のなかで、学校・教師は生まれ変わらなければならない。その際のキーワードとなるのが、「社会関係資本」（＝つながり）

の構築である。このように説くその本のスタンスは、本書に集った私たちのものとぴったり重なる。「グローバル化」とならぶ現代社会のキーワードが「個人化」である。個人化とは、人々がさまざまな「しがらみ」から自由になった状態を指す。現代は「自分なりの夢」や「自己実現」が推奨され、人々の「個性」や「好み」が尊重される時代である。諸個人を不幸な境遇に押し込める身分秩序や封建的な社会制度はもはや存在せず（少なくとも公的には）、個人は思いのままに自分の進路やライフスタイルを選ぶことができるとされている（少なくとも理論上は）。

とはいうものの、「選択」には必ず「リスク」が伴う。自分の選んだ道が「間違った」道であれば、その失敗の責任は自分自身がとらなければならない。社会や人のせいにするわけにはいかない。その意味で、自由と選択に満ち溢れた現代は、「自己責任」の時代でもある。「よい学校に入り、よい会社に入れば、幸せな生活が待っている」という「大きな物語」が崩れ去ってしまった今、若者たちに示される指針や「海図」はいまだ断片的なものにとどまっており、多くの若者は手探り状態のまま社会の荒波に自らの舟を漕ぎ出していかなければならなくなっている。

そこで改めて問われるのが、学校の役割である。新しい時代に求められる公教育とは、どのようなものでありうるか。私たち大人は、子どもたちや若者たちに何を提示できるのか。本書の執筆者の一人である島﨑英夫さんは、「少し大きめの物語」という言葉でそれを表現している。昔のものほど「誇大」ではなく、かと言って個人化された「それぞれの物語」ではないレベルに存在する「公的な物語」、それを提示することが学校・教師の大切な役割だと思う。そして、その一つの答えが、関西が育んできた同和教育の伝統のなかにすでにある、と私は考えるのである。

以下、終章にあたる本章では、これまで展開されてきた一四人の執筆者たちの文章を参考にしながら、「同和教育の精神を学校づくりにどう生かすか」という表題に掲げたテーマについての私なりの整理を行い、本書が全体として読者の皆さんに伝えたいメッセージを明確にしたいと思う。

二　同和教育の精神

「同和教育の精神」とは、四章で原田琢也さんが使っている言葉である。「それは一つは、子どもの課題を社会的背景に即して見ていこうとする見方。もう一つは、その解決を個人的にではなく、集団的に図っていこうとする方法である」（九八頁）。原田さんが主張しているのは、「個人の教育ニーズ」を強調する「特別支援教育」の見方が、社会的にきびしい立場に置かれた子どもたちを教育のメインストリームから排除してしまう可能性をもつという点である。

長きにわたって日本の教育界を理論的に支配してきたのは、教育哲学や教育方法学を内実とする「教育学」、および子どもの発達や人格の形成を考察の対象とする「心理学」であった。それに対して、上で言われている「同和教育の精神」は、すこぶる「社会学」的な見方である。教育の社会学は、戦後日本の教育界のなかでは、周辺的な位置しか占めてこなかったといえる。しかし近年、各種の格差問題が日本社会のなかで顕在化するにいたって、社会学あるいは教育社会学のプレゼンスは大いに高まってきている。端的に言って、時代が社会学を要請しているのである。私が、「古い」同和教育のなかに、新たな時代を切り開くカギが内包されていると考えるのも、そのような時代認識に立ってのことである。

目を欧米に転じるなら、ある教育システムのパフォーマンスを評価するために、「公正」（equity）と「卓越性」（excellence）という二つの基準が設定されることが一般的である。「公正」とは、「社会的平等」に通じる概念で、「すべての子どもが適正な教育機会を獲得・享受できているか」を問う視点、一方の「卓越性」とは、「質の向上」と関連する考え方で、「子どもたちの力をどのくらい伸長させることができているか」を問う視点と位置づけることができる。たとえば学力向上に躍起となっている現代のイギリスでは、「平均点を押し上げること」を「卓越性」、「集団間の格差を縮めること」を「公正」の指標と捉え、新自由主義と呼ばれるやり方で教育現場を駆り立てることが熱心に行われている。

話を同和教育に戻そう。同和教育の精神とは、欧米で言うところの「公正」を重視する考え方と等しいというのが、私の意見である。日本の教育界は、意図してかどうかは別として、主として「卓越性」を追求する路線でやってきたわけである。そして実際、ある時代までは、「公正」の側面はかなりの程度までおのずと達成されていたと言いうる。つまり、日本の子どもたちの学力は押しなべて「粒揃い」だったのである。そうした状況のなかで、同和問題を抱える関西では事情がやや違った。「差別の結果として、私たちの子どもらの学力が十分に伸ばされていない」という異議申し立てが、同和地区の住民から提出されたのである。そして、その声を受けて、学校・教師は自己点検を行った。その結果花開いたのが、同和教育実践である。同和教育は、その意味で日本のなかでは例外的な存在である。なぜならそれは、「公正」原理の追求を、第一のミッションとしていたからである。

序章で述べたように、同和教育の理念をベースにした学校づくりのエッセンスを凝縮したものが、スクールバス・モデルである。以下では、「集団づくりと学力保障」「連携活動と行政の役割」「学校の組織力と次世代教員の育成」という三つのテーマを設定して、本書の各章で展開されている議論や具体的提案の整理を試みたい。右の三つのテーマは、それぞれスクールバスの「前輪」(＝「教育指導」のタイヤ)、「後輪」(＝「外部連携」のタイヤ)、「操作系」(＝エンジンとハンドル)と大まかに対応していると考えていただきたい。

三　集団づくりと学力保障

集団づくりと学力保障は、同和教育実践の両輪であると序章でも指摘した。「格差をこえる」という目標の実現のためには、「さまざまな人とつながり、よい社会をつくっていこう」という志向性をもつ人を育てる(「ライフスタイル」の側面)一方で、学力を中心とする、一人ひとりのさまざまな能力を最大限に伸長させる(「ライフチャンス」の側面)ことが必要である。その両側面は、今日の関西の学校現場では、具体的にどのように取り組まれているだろうか。

まずは「集団づくり」の側面から見ていこう。中学校教員の手による一〜三章は、いずれも集団づくりを主題としている。

一章で土田光子さんが展開しているのは、古典的とも言ってよい、伝統的な同和教育の集団づくりの手法である。この点に関しては、土田さんはほとんど「無形文化財」(!?)の域に達しているのではないかと思う。同和教育の集団づくりが、他の集団づくりの手法と一線を画すのは、「生活を語り合う」側面を強調する点にある。さまざまな立場をもつ子どもたち、いろいろな課題をかかえる子どもたちがホンネでつきあえる関係を築き上げることが、集団づくりの眼目となる。三一～三三頁に出てくるAくんの事例に、そのエッセンスが結実している。

ただし、土田さんは伝統や慣習に固執するタイプの人間ではない。自らの実践を、「キャリア教育」という新しいパッケージに上手につつみこんだうえで、若い先生たちとともに「売り込み」を図っている。言い換えるなら、自分たちの実践に、新たな言葉や意味づけを付与することで、その「よさ」を現代的な味付けのもとにアピールしようとしているのである。「キャリア教育とは自分探しのことである」「キャリア教育は、つけた力を活用するところにまで高めた人権・同和教育のことなんだ」といった表現は、そうした土田さんのしなやかさ・したたかさを如実に示している。

一方三章で小林光彦さんが試みているのは、集団づくりの革新、その手法のバージョンアップである。小林さんは、稀代のアイディアマンであり、戦略家である。本書の母体となっている、「中学校づくり研究会」が立ち上がって間もないころ、私たちは新潟県のある中学校に見学に行ったことがある。その学校では、生徒たちは通常の学級のほかに、生活指導面での単位となる別の集団にも所属するという形がとられていた。小林さんは、そこで「ユニット制」の着想を得たのだと思う。「ユニット」という生徒たちの基本的な所属集団を二〇人以下に設定し、集団づくりのベースにする。そしてそれを上手に運用・活用することによって、「荒れ」への対処のみならず、「低学力克服」へのきわめて有効な手立てとなしえたのである。

従来の集団づくりの主要なタイプを、「集団の秩序・安定を重視するお世話型アプローチ」と「集団に正義の柱を打ち立てることを重視するカリスマ型アプローチ」の二つに整理したうえで、ユニット制がめざすものを「自立育成アプローチ」と名づける。そのポイントは、生徒たちの自立的・自主的活動を徹底的に推奨することである。安心できる少人数の集団のなかで、生徒たちは自主性・創造性を育む機会をふんだんに与えられる。小林さんの言うように、ユニット制と自主活動の間にはたしかに必然的なつながりはない。しかしながら、「集団づくりは個としての生徒の成長を具体的に図るための手法である」という小林さんの哲学のもとに組織されたユニット制によって、子どもたちの力は飛躍的に伸びているというのが、寝屋川四中を訪問した際の私の偽りのない心境であった。

お二人と比べると、かなり若い世代に属する田中宏和さんが一二章でつづっているのは、「授業」を切り口とした集団づくりの可能性である。その際に理論的な支柱となったのが、佐藤学氏の「学びの共同体論」である。なぜ「授業」だったのか。それに対して、学校づくりの「司令塔」役であった田中さんは、「教職員の入れ替わりと子どもたちの変化により、学校づくりの基盤である集団づくりがやや形骸化していた中で、新しいスタイルの集団づくりの実践と理論が必要であった。学校づくりにすべての教職員が主体的に参画していくためにも、「授業」を軸とした学校改革の必要性を自分自身感じていた」（五一二頁）と述懐している。

同和教育のなかには、「しんどい子」と「リーダー的な子」を組み合わせてつくる五～七人からなる「生活班」の考えがある。他方、「学びの共同体論」では、四人の「学習班」はランダムに編成されるのがよいとされている。本論で展開されているように、田中さんの豊川中では、ある時期に「生活班」と「学習班」が統一された。「豊川中バージョンの学びの共同体にチャレンジした」(五二頁)のである。私および私の研究室と豊川中のお付き合いは長く、私たちは間近でその「産みの苦しみ」を見聞させてもらった経緯がある。豊川中の「授業づくり」を軸とした「集団づくり」の試みは、現在も続いている。

次に、「学力保障」の側面である。これに関しては、五章の、山田勝治校長の手による西成高校の事例が注目される。五章で述べられているように、西成高校は同和教育の「最先端」を走り続けてきた学校である。その西成高校の現在を示す象徴的な言葉が「反貧困学習」である。これは、「従来の人権学習を「反差別」から「反貧困」へと再構成したもの」(一一五頁)と説明されている。具体的には、「ストリートチルドレン」「シングルマザー」「ネットカフェ難民」「生活保護」等がトピックとして取り上げられ、「自らの生活を意識化する」「社会を想像するための主体を形成する」ことを目的として、対話的な授業が展開される。

山田さんは、「社会性と社会力をともに育むことが本校のミッション」(一一七頁)だと述べる。これらの言葉は、門脇厚司氏のもので、「社会性」とは「社会が支持する生活習慣、価値規範、行動規範などによって行動できるという社会的適応性」、「社会力」とは「既存の社会の革新を志向する概念」とされる。通常は「学力」とは対置されることが多い「社会性」や「社会力」といったものが、西成高校では、授業のなかで獲得されるべき力の主要なものだとされている点が興味深い。家庭背景に課題をかかえ、中学校まで低学力にあえいでいた生徒たちが多く集まってくる西成高校では、「学力」の内実までもが常に問い直されているのである。そして、生徒たちにとって真に必要な力は何かという問いにもとづいてカリキュラム・授業が再構成されているのである。ここに脈々と息づく「学力保障」の精神を見てとることができる。

それと関連して、七章で津田仁さんが手際よく整理しているのが、高校段階における「進路保障」の取り組みの過去と現在である。進路保障とは、学力保障の延長線上にある考え方であり、すべての生徒が希望する進路につけるための手立て・取り組みの総体をあらわす。本論で述べられているように、大阪の経済状況はきびしく、高卒後の進路は不安定な状態にあるが、中途退学者を減らす試みや「日本版デュアルシステム」の展開など、進路保障の取り組みは着実に進化を遂げているようである。

小・中学校段階における学力保障というトピックに関しては、一〇章で三田耕一郎さんが、A市における学力データを「効果のある学校」論の枠組みから分析し、「授業の質を高める」ことが最も重要であるという結論を出している。授業をおろそかにすると、中・低位層の学力の伸長が図れないからである。

この点にかかわって、私の同僚である高田一宏さんは、本章に先立つ一四章で、研究者としての視点からの考察を行っている。そこでの主張の骨子は、「授業だけでは難しい」というものである。授業が大切だということにだれも異論はないが、学力向上を個々の教師の授業力に還元することは、不適切だし、非生産的だと高田さんは言う。そして、「授業力はチームワークの産物として把握すべき」（二七〇頁）という視点を提示し、授業をこえる学力保障の戦略についての構想を展開している。その中心にくるのは、教育にかかわる広範な人々と教師との連携あるいは協働である。
そこで次に、スクールバスの後輪にあたる「連携活動」について見てみることにしよう。

四　連携活動と行政の役割

本書のなかで、「連携活動」を考察の焦点に据えているのは、八章の「小中連携」をテーマとした佐古清さんの文章である。ここには二人のキーパーソンが登場する。一人は、中学校だけでは諸課題の解決が難しいと感じ、小中連携について強力なリーダーシップを発揮した中学校の校長。そして、特命の指導主事として、校長とともに「学びのネットワークづくり」に奔走した佐古さん自身。

八章二節の見出しは「小・中の教職員が裸になって力を合わせる」とある。必ずしも順風満帆ではなかったと思われるが、何年かにわたる地道な取り組みの結果として、一六八頁で述べられているような、保育園と中学校の先生が一緒に「しんどい家庭」への家庭訪問をするという姿が生まれてきたのだろう。印象深いエピソードである。

今日では、小中一貫教育の重要性がうたわれ、いくつかの地域では真新しい小中一貫校が設立されてもいる。そうでなくても、日本じゅういたるところで、小中連携の必要性が叫ばれており、さまざまな取り組みがなされつつある。しかしながら、小中連携に対する温度差は、地域によってきわめて大きいというのが私の実感である。そのなかで、小中連携がかなり進んでいる地域があるとすれば、それは大阪である。答えは簡単。同和問題を背景に、小学校と中学校がつながらなければ、同和地区の子どもたちの「荒れ」をなくし、「低学力」を克服することができなかったからである。八章の事例でも、「学力格差の解消」が校区の小・中学校の悲願であった。そのもとで、中学校のリードのもとに小中連携が進んでいったわけである。その際に忘れてはならないのが、行政のバックアップである。小中連携のための特命の指導主事を配置すること、さらには連携推進のために「ジョイントアップ事業」の指定を受けることは、行政のサポートがなければなしとげられることではない。

本書の九章、一一章は、自治体行政（教育委員会）の役割に焦点をあてた論考である。そのうち九章は、大阪府茨木市の小中学校が一丸となって学力向上に取り組んだ「茨木っ子プラン22」の全貌を記したものである。筆者の加藤拓さんは、その三年計画の企画立案および実施の中心を担った人物である。このプランにはいくつもの特色があるが、特に注目されるのは、「正答率四〇%以下の児童・生徒の割合を三年間で三割減少させる」という数値目標を設定したことである。「低学力層の解消」をうたうこの方針は、社会的公正の実現をめざすものであり、きわめて価値あるものと言わねばならない。小中学校の双方で学力向上には着実な成果が見られたものの、上記の目標は、中学校において達成されたとは言えない状況である（一八五頁）。しかしながら、多数のスクールソーシャルワーカーの配置など、そのために市教委が打った施策は学校現場にとって、とても意義あるものだったに違いない。

一方、尼崎市の取り組みについての一一章では、学力水準がかなり低位に置かれた段階からの「巻き返し」の物語が、徳田耕造さんの手によってつづられている。「しんどい学校とやる気のある学校に手厚くする」（二一三頁）という支援の基準はわかりやすく、かつ説得的である。自らが尼崎市生まれで、教員としても尼崎市一筋である德田さんは、このたび市の教育長をつとめることになった。「尼崎市を愛し、誇りに思っている教師がたくさんいる限り、尼崎市の教育はよくなるし、それに伴って学力も向上すると信じている」（二二四〜二二五頁）という氏の教育長としての手腕が、ますます期待されるところである。

五　学校の組織力と次世代教員の育成

話を学校づくりに戻したい。私たちのスクールバス・モデルでは、車の最も大事な部分（エンジン）にあたる部分として、「気持ちのそろった教職員集団」という要因を当てはめた。大人たちのベクトルが揃っていることが、学校づくりの最も大事な要素と考えたのである。

ベクトルがバラバラであれば、いくらそれぞれのベクトルが大きくても、全体のベクトルは決して大きいものとはならない。逆に、一本ずつのベクトルがそれほど大きくなくても、すべてのベクトルが同じ方向を向いていれば、全体のベクトルはきわめて大きなものとなる。学校にも同じことが言えるだろう。教師のベクトルが揃っていれば、学校として大きな力を発揮することができる。それがとりも直さず、「力のある学校」ということである。

学校の組織力を引き出すものは何か。その主要な一つのものが、校長のリーダーシップである。島崎英夫校長が六章で描いている二つの高校の事例は、校長のリーダーシップが学校を変えた好例を提供してくれている。「どこの学校にもある「しんどい」課題から受けるパッションを学校づくりのミッションの拠りどころとしなければならない」という島崎さんの主張はきわめて明確であり、かつ説得的である。

また、一二章で佃繁さんが扱っているA教諭の事例は、校長のリーダーシップとは異なるリーダーシップの可能性を提示してくれている。すなわち、管理職ではない一教員が学校づくりの核となっているこのケースは、全国的に見ればレアケースかもしれないが、「同担」（同和教育担当教諭）が学校運営の要をなすことが多かった大阪では「さもありなん」と思わせる。「個人実践家（＝自分の目的を第一において仕事をする教師）はいらない」というA教諭のスタイルは、同和教育では一般的なものである。なぜなら、一人の教員だけが「成功」し、「個人的賞賛」を浴びても、意味がないからである。「子どもたち全体を支える」「教師がチームとして働く」のが、同和教育の精神である。団体スポーツのように、「個人の業績」よりも、「チームの勝利に貢献する」ことを大事に考えるのが、同和教育が培ってきたセンスである。

大阪では、教員の年齢分布がU字カーブを描くようになってきている。すなわち、五〇代のベテランと二〇代の若手が多く、三〇〜四〇代の中堅が非常に少ないという、いびつな年齢構成となっているのである。そこで、若手教員をいかに育てるかという課題が大きくクローズアップされるようになってきている。本書の文脈に即して言うなら、「集団づくり」や「学力保障」の精神と具体的手法を我がものとし、さまざまな人との「かかわり」のなかで子どもたちを支えていこうとする志をもった次世代の教員を、どう創り出していくかという問題である。

一三章で神村早織さんは、教員養成大学での自らの実践を紹介している。これから教員になろうとする大学生をどう養成するか、さらにすでに現場に出ている若手教員たちをどう養成するか、それが神村さんにとっての実践的課題である。その課題に対して、神村さんは、「つながる力」「つながりを見る力」「子どもの背負うカバンの中を想う力」をキーワードに大学での授業づくりを進めている。ここでもまた「つながり」が焦点化されていることに興味深さを感じるのは、私だけではあるまい。

一章の土田さん、二章の田中さんなどの文章のなかにも、若手教師をどう育てるかというテーマが主題化されている。「子どもたちの集団をどうつくるか」という課題を、同僚間の協働作業のなかで探究していく過程で、「若手教師自身にいくつもの気づきを与え、彼らの成長を促す」ことが試みられている。「子どもが集団のなかで育つ」過程と「若手教師が集団のなかで育つ」過程は、ひとつのプロセスの表裏をなしているのである。

六　最後に

本章で私が取り上げた「同和教育の精神」に対して、本書のすべての執筆者が同一の見解を有しているとはかぎらない。もっと言えば、異なる捉え方をしている方もおられるかもしれない。しかしそれは、いわば当たり前のことである。私が本章でしたかったのは、私なりの視点からの、各実践についてのエッセンスの抽出である。

それぞれの章がよって立つ「ルーツ」のようなものを、私は同和教育の精神という言葉で指し示したかった。公立学校の存立基盤をゆるがしかねない社会・経済・政治状況のもとで、また、対象とする家庭や子どもたちの今日的変容を目の当たりにしながら、各執筆者は懸命に自らの実践を組み立てようとしている。その共通性を、私としては「同和教育のリニューアル」と名づけたいと考えている。

混迷する現代社会の教育問題をとくひとつのカギが同和教育にあることは、教育社会学者としての私にとってのひとつの確信である。

あとがき

携帯が鳴った。「コーキチ、久しぶり。来週空いてへんか。タッケンが新しい店出したんやて。シローセンセイ誘って、行こうや」。

ナッカンとタッケンは、中三の時のクラスメート。中国に一〇〇円ショップの品物を輸出しているナッカンは、中学校時代から親分肌。バスケ部の彼。サッカー部の私。私たち二人が男子のまとめ役だった。サッカー部の仲間タッケンは、学内でも有数のやんちゃ。高校を一年ほどで卒業？したのちは、板前ひとすじ。駅近くに新しい料理屋さんを開いたのだ。

急な誘いであったにもかかわらず、当日七人のメンバーが集まった。男子では、私たち二人のほかに、イワシとトッチャン。イワシは私立高校の工業科を出たあと、ずっと大手自動車メーカーの販売店につとめている。間もなく店長になるようだ。トッチャンは大手企業の会社員。毎日神戸の西にある自宅から会社のある大阪まで電車にゆられて通勤している。そして女子では、アッちゃんとケイコ。いつも朗らかなアッちゃんは、女子のまとめ役。ターミナル駅前にできた巨大ショッピングモールで、新たな仕事を見つけたようだ。そして中学時代から大人びていたケイコは、天職の「スナックのママ」

を一休みして、ゴルフとダンスに余念がない。担任だったシロー先生は、間もなく七〇歳になるというのにかくしゃくたるもの。野球部の熱血顧問だった先生のおかげで、私たちは五〇歳を過ぎた今でもつき合える、気のおけない仲間を得ることができた。

ずいぶん酔いがまわってきたころ、先生が言った。「あのクラスは、男子二一人、女子一八人、全部で三九人いたはずや。思い出してみい！」。ずいぶん時間はかかったが、何とか全員の名前が出てきた。「まだまだぼけてない」、変な満足感を胸に、私たちは家路についた。

若いころタッケンは、飲み会になるといつもこう言って、みんなを笑わせた。「ワシは賢いから一六歳で学校を卒業したけど、コーキチはアホやったから二七歳まで卒業でけへんかったんやで！」。正確に言うとそうではない気もするが、それはどうでもよいことだ。一九七四年の春、兵庫県西宮市のある公立中学の三年三組に集った私たちの多くは、あの一年間をかけがえのないものとして、互いのきずなの拠り所としている。

この本の執筆に集った方々は、私と高田さんを除いて、みな関西の教育現場でがんばってきた（まだまだがんばっている）人たちである。数多くの「ナッカン」や「タッケン」とハダカでかかわり、立派な大人に育ててきた教師たちだ。本論でも述べたように、私は、「格差をこえる」筋道は、子どもたちのなかに二つの力を育むことにあると考えている。ひとつは「しっかりとした学力」、今ひとつは「人に共感し、つながれる力」である。個々人に前者をつけさせるだけでは足りない。「シロー先生」のように子どもたちに働きかけ、前者だけではなく、後者の力をも育むことができた時、その人は「恩師」と称されうる存在となる。関西の、いや日本の学校は、そうした多くの「恩師」と呼ぶことのできる人たちによって支えられてきた。そしてこれからも、支えられていくに違いない。

タッケンの店での「プチ同窓会」の数日後、私は寝屋川四中の卒業式に、学校評議員の一人として出席した。三章を書いた小林さんのアイディアである「ユニット学級制」で三年間を過ごした第一期生が巣立っていく卒業式である。式典プログラムの最後に位置づけられた「担任あいさつ」。一組担任である若い女性の先生が話をしようとするのだが、感極まって言葉が出てこない。すかさず、クラスのやんちゃ系の男子が「○○センセイ、がんばれ！」と、大声で激励する。一瞬場が和み、先生は、初めて担任した生徒たちを送りだす万感の想いを涙声で語ることができた。そして最後に、三組の担任・小林さんの出番。「皆さんは私が泣くかどうか、楽しみにしているでしょうが、私は教職歴三十数年、いまだ生徒の前で泣いたことはないのです！」。どっと沸く会場。三年生たちと三人の担任の先生方との涙あり、笑いありの「かけあい」に、私は「さすが大阪の中学校！」といううれしい思いを禁じ得なかった。

卒業生退場の場面、おもむろに、三組に在籍する、学年でおそらく最もやんちゃな男子が表彰状を携えて、担任・小林先生に対面した。「三年間よく私たちを面倒みてくれた」という卒業生一同の総意を、彼がおもしろおかしく表現してくれたのである。

"Mind the gap, please!" 今私は、ロンドンに来ている。

ロンドンの地下鉄に乗った経験のある人なら、あの独特の抑揚のあるアナウンスを思いだすことができるだろう。「ホームと電車のスキ間にご注意ください！」という意味の言葉である。

この本を仕上げた今、私は、「学力格差の縮小」をテーマとした研究的な本を、一〜二年かけて次に書きたいと考えている。そのタイトルは、「マインド・ザ・ギャップ！」だと決めている。この国イギリスでは、「学力格差をどう是正するか」というテーマが、この十年ほどの教育改革の最優先課題とみなされてきた。反面教師となる部分もふくめて、日本が学ぶべき点は数多くあると、私は考えている。

今回もまた、大阪大学出版会の落合祥堯さんには大変お世話になった。ベテラン編集者の落合さんは、この本の「志」を高く買い、この素敵な本をプロデュースしてくださった。また、写真を寄せてくださったのは、福岡県田川市金川小学校教諭の熊谷正敏さんである。熊谷さんの撮る写真のなかの子どもたちは皆、とてもよい表情をしている。教師・熊谷を信頼し、全面的に心を開いているからである。熊谷さんの写真を見るたびに、私はあたたかな気持ちになる。

「格差をこえる」という現代的課題に対する一つの答えを提示しているこの本が、一人でも多くの方々の目にとまることを心から願っている。

二〇一一年三月

志水宏吉

津田　仁（つだ　ひとし）
1955年生まれ。大阪府立高校教諭、大阪府教育委員会指導主事、大阪府立松原高等学校長を経て、2009年、2010年大阪府教育委員会高等学校課長、2011年から同委員会教育振興室長。また2007年から大阪教育大学大学院実践学校教育専攻非常勤講師をつとめる。大阪府教育委員会では、府立高校の総合学科の設置、特色づくり・再編整備計画の策定と実施、義務教育活性化推進方策の策定等に従事。

佐古　清（さこ　きよし）
1959年生まれ。1983年より京都府内の中学校教諭（国語科）。2006年より地教委の課長補佐兼指導主事を経て、現在、城陽市立東城陽中学校教頭。2004～06年、京都府「まなび教育推進プラン」検討委員など、児童生徒の学力向上にかかわる。

加藤　拓（かとう　たく）
1964年生まれ。茨木市立白川小学校教諭、豊川小学校教諭を経て、茨木市教育委員会指導主事、2010年より茨木市教育委員会学校教育推進課参事。茨木市教育委員会では、「学力向上グループ」を担当している。

三田耕一郎（さんだ　こういちろう）
1952年生まれ。教育学修士。公立中学校教諭、校長を経て、市教育委員会中等教育係首席指導主事、現在は指導係指導主事。主として「わかる授業」「小中連携」事業を担当。学校背景に応じた授業改善、学校改善に取り組んでいる。

徳田耕造（とくだ　こうぞう）
1950年兵庫県尼崎市生まれ。1973年神戸大学卒。尼崎市立中学校教諭、市教育委員会指導主事、市立中学校教頭及び校長を経て、市教育委員会課長、部長、教育次長。2011年1月より教育長。1987・88年、尼崎市立O中学校にて、文部省研究指定「地域改善対策としての教育」を研究主任および同和教育担当として発表。志水宏吉・徳田耕造編著『よみがえれ公立中学』（有信堂高文社）。

佃　　繁（つくだ　しげる）
1956年生まれ。教育学修士。大阪府の公立中学校数学科教員、シアトル日本語補習授業校教員、市教育委員会事務局指導主事、中学校校長を経て、プール学院大学国際文化学部子ども教育学科准教授。専門領域は教育哲学、教育課程論。著書に「学級経営・学校経営の機能と構造」（西川信廣・長瀬美子編『学生のための教育学』ナカニシヤ出版所収）など。

神村早織（じんむら　さおり）
1958年生まれ。大阪大学人間科学部卒業。大阪府内の中学校教員、大阪府教育センター主任指導主事を経て、現在、大阪教育大学教職教育研究開発センター准教授（大阪府教育委員会との交流人事）。「発達的ネットワークにおける内省支援ツールの開発と活用」（『大阪教育大学・教育実践研究』第5号）など。

高田一宏（たかだ　かずひろ）
1965年生まれ。人間科学修士。大阪大学人間科学部助手、姫路工業大学環境人間学部講師などを経て、現在、大阪大学大学院人間科学研究科准教授。専門は教育社会学、同和教育論、地域教育論。著書・論文に「同和地区における低学力問題」（『教育学研究』第75巻第2号）、『教育コミュニティの創造』（明治図書）など。

著者略歴（執筆順）

志水宏吉（しみず　こうきち）
1959年生まれ。教育学博士。大阪教育大学教育学部助教授、東京大学教育学部助教授等を経て、現在、大阪大学大学院人間科学研究科教授。著書に、『学校にできること――一人称の教育社会学』（角川選書）、『学力を育てる』（岩波新書）、『「力のある学校」の探究』（編、大阪大学出版会）などがある。

土田光子（つちだ　みつこ）
1952年生まれ。1977年より中学校国語科教員。八尾市立成法中学校、八尾市立桂中学校を経て、現在八尾市立曙川中学校に勤務。20坪の教室で繰り広げられるドラマの背景には、子どもたちの背負う生活があることを同和教育から学び、生活丸ごとでつながる集団づくりに取り組み続けてきた。著書『私を創ったもの』（明治図書）など。

田中宏和（たなか　ひろかず）
1972年生まれ。1996年より茨木市にて公立中学校の教員となる。豊川中学校では、地域連携担当者として、地域との窓口をしながら小中連携のチーフを担う。その後、担任を経て人権教育部長を5年間務め、学校改革をすすめる。現在は大阪府教育センター教育企画部人権教育研究室指導主事。

小林光彦（こばやし　みつひこ）
1952年兵庫県生まれ。神戸市外国語大学中国学科卒。1980年より寝屋川市の中学校教員（社会科）。教育社会学会、教育経営学会所属。著書に『格差を越える中学校』（解放出版社）。

原田琢也（はらだ　たくや）
1962年生まれ。1988年京都市に採用され、京都市立久世中学校に着任。現在、同校指導教諭。教員を続けながら教育社会学を学び、2001年に大阪大学人間科学研究科で博士（人間科学）を取得する。博士論文は『学校改革と教師文化に関するエスノグラフィー』。著書に『アイデンティティと学力に関する研究』（批評社）。

山田勝治（やまだ　かつじ）
1957年生まれ。1981年から府立高校教員。1990年代より識字教室（よみかき教室・堺）の運営に15年間かかわる。2005年大阪府立西成高等学校に教頭として赴任。2009年より同高等学校長（現職）。

島﨑英夫（しまざき　ひでお）
1956年生まれ。大阪府立3高校で「国語」を講じ、1997年より、大阪府教育センター及び府教委指導主事として「人権教育」「指導力不足等教員対策」「学校経営相談」を担当する。2003年、校長として岬高校に赴任、Effective Schoolへの脱皮をめざした。06年より、府教委高等学校課参事。学校経営支援グループをたちあげる。09年より堺西高校校長。「Breakthrough 堺西！」を標榜し、学校改革に奮闘。2011年4月より大阪教育大学教授。

阪大リーブル 28

格差をこえる学校づくり
関西の挑戦

発 行 日 2011年4月25日 初版第1刷
2012年2月10日 初版第2刷

編 者 志 水 宏 吉

発 行 所 大阪大学出版会
代表者 三成賢次
〒565-0871
吹田市山田丘2-7 大阪大学ウエストフロント
TEL 06-6877-1614（直通）
FAX 06-6877-1617
URL：http://www.osaka-up.or.jp
印刷・製本 尼崎印刷株式会社

ISBN 978-4-87259-311-2 C1337

021 古代語の謎を解く 蜂矢真郷 著 定価2,415円

022 地球人として誇れる日本をめざして 日米関係からの洞察と提言 松田武 著 定価1,890円

023 フランス表象文化史 美のモニュメント 和田章男 著 定価2,100円

024 懐徳堂 漢学と洋学 伝統と新知識のはざまで 岸田知子 著 定価1,785円

025 ベルリン・歴史の旅 都市空間に刻まれた変容の歴史 平田達治 著 定価2,310円

026 下痢、ストレスは腸にくる 石蔵文信 著 定価1,365円

027 セルフメディケーションのための くすりの話 那須正夫 著 定価1,155円

028 格差をこえる学校づくり 関西の挑戦 志水宏吉 編 定価2,100円

029 リン資源枯渇危機とはなにか リンはいのちの元素 大竹久夫 編著 定価1,785円

030 実況《ライブ》・料理生物学 小倉明彦 著 定価1,785円

031 夫源病 こんなアタシに誰がした 石蔵文信 著 定価1,365円

032 ああ、誰がシャガールを理解したでしょうか? 二つの世界間を生き延びたイディッシュ文化の末裔 圀府寺司 編著 定価2,100円

（四六判並製カバー装。定価は税込。以下続刊）